Studien zum Strafrecht Band 34

Frank Meyer

Demokratieprinzip und Europäisches Strafrecht

Zu den Anforderungen des Demokratieprinzips an Strafrechtsetzung im Mehrebenensystem der Europäischen Union

Nomos

DIKE

Die Deutsche Bibliothek verzeichnet diese Publikation in
der Deutschen Nationalbibliografie; detaillierte bibliografische
Daten sind im Internet über http://d-nb.de abrufbar.

ISBN 978-3-8329-4808-5 (Nomos Verlag Baden-Baden)

ISBN 978-3-03751-179-4 (Dike Verlag Zürich/St. Gallen)

1. Auflage 2009

Vorwort

Als ich 2006 mit den Vorarbeiten zu dieser Abhandlung begann, war das Forschungsziel ein fundierter Aufsatz, der sowohl die Brücke zur Diskussion im öffentlich-rechtlichen Schrifttum schlagen, als auch Erkenntnisperspektiven jenseits des argumentativen Gerangels um die Kompetenzen in EG- und EU-Vertrag eröffnen sollte. Dieses Vorhaben entwickelte jedoch eine Eigendynamik, der erhebliche Erweiterungen und Vertiefungen des eigenen Ansatzes geschuldet waren. Am Ende steht nun eine kurze Monographie. Die im Laufe der Arbeit gesammelten Einblicke und Eindrücke schienen mir jedoch eine sehr breite, weit ausholende und tiefgehende Annäherung an die Thematik zu gebieten. Gerade die Unschärfe in den demokratietheoretischen Prämissen, die aus meiner Sicht fragwürdige Rezeption des Maastricht-Urteils oder die behaupteten Konturen eines allgemeinen Rechtsgrundsatzes *nullum crimen sine lege* gaben Anlass zur Wahl dieser Herangehensweise. Ob dieses Vorhaben gelungen ist, wird die Aufnahme der Arbeit in Wissenschaft und Rechtspolitik zeigen. Für den Moment bleibt die Hoffnung, dem Strafrecht tiefer liegende Schnittflächen mit dem öffentlich-rechtlichen Schrifttum erschlossen und einen grundsätzlicheren, rechtsprinzipiellen Blickwinkel auf die demokratische Legitimation Europäischen und europäisierten Strafrechts eröffnet zu haben.

Herrn Prof. Dr. Urs Kindhäuser und Herrn Prof. Dr. Martin Böse danke ich für die engagierte Unterstützung bei der Publikation dieser Arbeit und ihre Aufnahme in die Schriftenreihe „Studien zum Strafrecht“.

Dieses Vorwort bliebe notwendig lückenhaft, wenn es nicht noch mit einem ganz besonderen Dank beschlossen würde. Ohne Verzicht im Privaten hätte diese Monographie nicht neben den üblichen Aufgaben als wissenschaftlicher Referent und später wissenschaftlicher Assistent geschrieben werden können. Als Hauptleidtragende verdient daher meine Verlobte, Frau Marina Schmidt, besondere Erwähnung. Ihr dieses Buch zu widmen, ist das Mindeste, was als dankbare Anerkennung geboten ist.

Bonn, im Mai 2009 *Frank Meyer*

Inhaltsverzeichnis

Abkürzungsverzeichnis

a.A.	andere Ansicht
AllgMRErkl.	Allgemeine Menschenrechtserklärung von 1948
Anm.	Anmerkung
AöR	Archiv des öffentlichen Rechts
Art.	Artikel
Aufl.	Auflage
Bd.	Band
BVerfG	Bundesverfassungsgericht
BVerfGE	Amtliche Sammlung der Entscheidungen des Bundesverfassungsgerichts
bzgl.	bezüglich
bzw.	beziehungsweise
Chap.	Chapitre
COREPER	Comité des représentants permanents
ders.	derselbe
d.h.	das heißt
dies.	dieselbe
DÖV	Die öffentliche Verwaltung
DVBl.	Deutsches Verwaltungsblatt
EG	Europäische Gemeinschaft
EGV	Vertrag zur Gründung der Europäischen Gemeinschaft
EJIL	European Journal of International Law
EMRK	Konvention zum Schutz der Menschenrechte und Grundfreiheiten
et al.	et alii/aliae/alia
EU	Europäische Union
EuGH	Europäischer Gerichtshof
EuGRZ	Europäische Grundrechte-Zeitschrift
EuR	Europarecht
EUV	Vertrag über die Europäische Union
EuZW	Europäische Zeitschrift für Wirtschaftsrecht
f.	folgende
ff.	fortfolgende
Fn.	Fußnote
FS	Festschrift
GA	Goltdammers Archiv für Strafrecht
GG	Grundgesetz
GS	Gedächtnisschrift
Hrsg.	Herausgebergeber

ICJ Rep.	Amtliche Sammlung der Entscheidungen des International Court of Justice
IGH	Internationaler Gerichtshof
IPBPR	Internationaler Pakt über bürgerliche und politische Rechte
i.S.v.	im Sinne von
JuS	Juristische Schulung
JZ	JuristenZeitung
Kap.	Kapitel
KJ	Kritische Justiz
KOM	Kommission
KritV	Kritische Vierteljahresschrift
KZfSS	Kölner Zeitschrift für Soziologie und Sozialpsychologie
lit.	Buchstabe
Liv.	Livre
MdB	Mitglied des Bundestags
mwN	mit weiteren Nachweisen
NJ	Neue Justiz
NJW	Neue Juristische Wochenschrift
Nr.	Nummer
NStZ	Neue Zeitschrift für Strafrecht
Para	Paragraph
RabelsZ	Rabels Zeitschrift für ausländisches und internationales Privatrecht
Rn.	Randnummer
Rs.	Rechtssache
S.	Seite
Slg.	Amtliche Sammlung des Europäischen Gerichtshofs
s.o.	siehe oben
StV	Strafverteidiger
u.	und
v.	versus
vgl.	vergleiche
VVDStRL	Veröffentlichungen der Vereinigung der deutschen Staatsrechtslehrer
WHI	Walter Hallstein-Institut
wistra	Zeitschrift für Steuer- und Wirtschaftsstrafrecht
ZaöRV	Zeitschrift für ausländisches öffentliches Recht und Völkerrecht
ZEuS	Zeitschrift für Europarechtliche Studien
ZIS	Zeitschrift für Internationale Strafrechtsdogmatik
ZP	Zusatzprotokoll
ZRP	Zeitschrift für Rechtspolitik
ZStW	Zeitschrift für die gesamte Strafrechtswissenschaft

Kapitel 1: Einleitung

Die Europäisierung des Strafrechts hat zuletzt durch die Entscheidungen des EuGH zum Rahmenbeschluss über den Schutz der Umwelt durch das Strafrecht und den Rahmenbeschluss zur Bekämpfung der Verschmutzung durch Schiffe neue Schubkraft erfahren.[1] Mit dem Inkrafttreten des Lissabonner Vertrages, das durch das irische Referendum wohl lediglich verzögert werden wird, nähme die Strafrechtsverfassung der EU sogar noch festere und supranationalere Konturen an.[2] Den Organen der EU stünden dann Einwirkungsmöglichkeiten auf das nationale Strafrecht in einem Ausmaß zur Verfügung, das kritische Beobachter der Entwicklung noch vor kurzem unter Verweis auf die mangelnde demokratische Legitimation der Rechtsetzungsprozesse in der EU für undenkbar hielten.[3] Vor dem Hintergrund dieser Konsolidierung mehren sich jedoch Stimmen, wonach Kompetenzkatalog und demokratische Legitimation der EU nunmehr hinreichten und einer Strafrechtsetzung durch die EG (und künftig die EU) keine normativen Hindernisse mehr entgegenstünden.[4]

Ob die genannten Umwälzungen eine solche Schlussfolgerung zu tragen vermögen, ist freilich nicht ausgemacht, denn geklärt ist durch EuGH und Reformvertrag nur die primärrechtliche Frage der Kompetenzen; und auch dies nicht abschließend für alle Streitfälle. Ob die Rechtsetzung auf dieser Grundlage dem Demokratieprinzip genügt, ist damit nicht gesagt. Es gilt insofern, die in der Auseinandersetzung häufig anzutreffende Verschränkung der rechtsprinzipiellen Frage hinreichender demokratischer Legitimation mit der völkervertraglichen Frage der Kompetenzübertragung zu vermeiden.[5] Der entscheidende Punkt der Kompetenzdiskussion ist nicht, ob eine etwaige EG-Strafgesetzgebung gemessen am derzeitigen Zustand der Rechtsetzungs- und Politikprozesse auf EU-Ebene in hinreichender Weise demokratisch legitimiert wäre, sondern, ob die Mitgliedstaaten der EG die Befugnis zur Straf-

1 EuGH, Rs. C-176/03, EuZW 2005, 632 ff.; EuGH, Rs. C-440/05, Urteil v. 23.10.2007; dazu *Dawes/Lynskey*, Common Market Law Review 45 (2008), S. 131 ff.

2 Vgl. zur Kompetenzlage nach dem Lissabonner Vertrag *Eisele*, JZ 2008, 251 (254); *Heger*, Die Europäisierung des deutschen Umweltstrafrechts, S. 160 f.; ohnehin sind der erworbene Rechtsbestand und die umfangreiche Forschung zum Gegenstand des EU-Verfassungsvertrags und des Lissabonner Vertrags infolge ihrer Nichtratifikation nicht Makulatur geworden. Als Entwicklungsordnung bleiben sie Leitlinien für die Zukunft des europäischen Strafrechts.

3 Vgl. *Schünemann*, GA 2004, 193 (200 f.); *Lüderssen*, GA 2003, 71 (74 f., 84); *Braum*, GA 2005, 681 (688 ff.); *Albrecht/Braum*, KritV 98, 460 (471); siehe ausführlich zur Diskussion mwN *Fromm*, Der strafrechtliche Schutz der Finanzinteressen der EG, S. 227 ff.

4 *Böse*, GA 2006, 211 (217 f.); *Kubiciel*, NStZ 2007, 136 (140); schon zuvor eine Kompetenz zur Strafrechtsetzung zum Schutz der EG-Finanzinteressen bejahend *Zieschang*, ZStW 113 (2001), S. 255 (260 f.); sowie *Tiedemann*, FS Roxin, S. 1401 (1406).

5 Besonders markant tritt die blickverengende Verquickung dort hervor, wo bei der Erörterung des Demokratieprinzips vorrangig auf die nationalen Zustimmungsgesetze abgehoben wird.

rechtsetzung völkervertraglich übertragen haben.[6] Das Demokratieprinzip verlangt demgegenüber viel grundsätzlicher, dass alle Entscheidungsprozesse innerhalb des jeweiligen, primärrechtlich fixierten Kompetenzrahmens, der als Vorfrage zu klären ist, demokratisch legitimiert sein müssen - unabhängig davon, auf welcher Ebene sie nach der Kompetenzordnung ablaufen. Es handelt sich hierbei um ein grundsätzliches, rechtsprinzipielles Problem, das sich weder durch das Faktum eines Reformvertrags noch durch Entscheidungen des EuGH oder nationaler Verfassungsgerichte[7] erledigt hat. Die Frage nach der demokratischen Legitimation europäischer Strafrechtsetzung ist der Kompetenzordnung vorgelagert. Völkervertragliche Kompetenzregelungen können nicht positivistisch eine Legitimation schaffen, die rechtsprinzipiell nicht verfügbar ist.[8] Die Grundfrage, die es nach wie vor zu klären gilt, bleibt somit, ob und, wenn ja, unter welchen Prämissen es überhaupt ein demokratisch legitimiertes Europäisches oder europäisiertes Strafrecht geben kann. Die wissenschaftliche Debatte leidet jedoch gerade in dieser Hinsicht an zwei Grundübeln.

6 *Hecker*, Europäisches Strafrecht, S. 158; ebenso *Schröder*, Europäische Richtlinien und deutsches Strafrecht, S. 133, der aus systematischen Gründen eine Lösung des Kompetenzproblems anhand des Legitimationskriteriums ablehnt. Auch *Schünemann* rügt, dass viele Vertreter des Europarechts und der Strafrechtswissenschaft diese Problematik übersehen oder ignorieren und auch der EuGH die zentralen Legitimationsfragen zu Kompetenzfragen reduziert, ZIS 2007, 535.

7 Vgl. zum Beispiel die legitimatorischen Judikate des BVerfG zum Maastricht-Vertrag und zum Europäischen Haftbefehlsgesetz. Auf die Bedeutung dieser Entscheidungen des BVerfG für die Diskussion wird im weiteren Verlauf der Untersuchung näher eingegangen.

8 Verfolgt wird ein normorientierter (idealistischer) gegenüber einem faktenorientierten (apologetischen) Ansatz. Das Voranschreiten der Dogmatisierung des europäischen Rechts - angetrieben von der deutschen Kommentartradition - darf nicht über dessen wackliges Fundament hinwegtäuschen.

Kapitel 2: Problemaufriss

Zum einen herrscht Mangel an klaren und konsentierten Konzeptionen demokratischer Legitimation und ihrer Anpassung an die supranationalen Strukturen des EU-Mehrebenensystems. Zum anderen ist die Diskussion über das Demokratiedefizit in Wahrheit bereits eine Auseinandersetzung über die Prämissen demokratischer Herrschaft sowie die Natur und endgültigen Ziele des europäischen Integrationsprozesses. Solange diese Prämissen nicht geklärt oder zumindest offen gelegt sind, wird man die Diskussion nicht in der Tiefe und Schärfe führen können, die sie erfordert. Auch die Erörterung von Reformvorschlägen ist mit dieser verborgenen Wurzel divergierender Auffassungen belastet, denn abhängig von den jeweiligen Prämissen kann derselbe Vorschlag als Panazeum oder Teufelswerk erscheinen. Erst die Aufdeckung der Standards, Prämissen und Ordnungsvorstellungen, die von den beteiligten Wissenschaftlern und politischen Akteuren unterstellt oder selbst gesetzt werden, ermöglicht eine vertiefte Auseinandersetzung darüber, in welchem Maß die Positionen untereinander anschlussfähig oder hoffnungslos inkompatibel sind und in welchem Rahmen sich ein demokratisch legitimiertes Europäisches oder europäisiertes Strafrecht damit letztlich verwirklichen lässt.

Mit dieser Aufhellung ist aber nicht nur intendiert, die Diskussion über die maßgeblichen Standards und ihre Bedeutung für das Strafrecht als Materie europäischer Integration anzustoßen. Sie bezweckt auch, einen gemeinsamen Bezugspunkt mit der Paralleldiskussion im öffentlichen Recht zu schaffen, um durch die Verknüpfung der bislang getrennten Diskurse, das gesamte Reservoir der gehandelten Argumente fruchtbar zu machen. Das Bemühen des deutschen und internationalen Schrifttums im Europarecht, das Regieren in Mehrebenenstrukturen besser zu erfassen und legitimationsorientiert adäquate Demokratiemodelle für die EU auszuarbeiten, wird bislang nur begrenzt zur Kenntnis genommen. Diese Separierung der intradisziplinären Diskurse muss verwundern, denn das Demokratiedefizit steht jeweils im Zentrum der Diskussion um die Legitimation von Rechtsetzungsprozessen in der EU. Mit diesem Beitrag soll daher ein Versuch unternommen werden, die Erkenntnisse des Europarechts gründlicher für das Strafrecht zu erschließen, um eine vertiefende rechtsprinzipielle Auseinandersetzung zum demokratischen Legitimationsstatus des europäischen Strafrechts zu eröffnen.

Um die Relevanz der Prämissen besser verständlich zu machen und dabei auch die Interdependenz zwischen diesen und aktuellen Reformbemühungen zu verdeutlichen, nimmt die Untersuchung ihren Ausgang bei der Beschreibung des Demokratiedefizits, wie es gegenwärtig wahrgenommen wird. Vor diesem Hintergrund werden die Prämissen der Staats- und Strafrechtler aufgezeigt und erläutert, die eine Demokratiefähigkeit der EU beim derzeitigen Entwicklungsstand *a priori* ausschließen. Sie werden im Anschluss mit den Prämissen derjenigen Wissenschaftler konfrontiert, die der EU zumindest Demokratiefähigkeit attestieren. Dabei werden auch die beschlossenen Modifizierungen der politischen Entscheidungsprozesse im Vertrag von Lissabon einbezogen und dessen Auswirkungen für den demokratischen Legitimationsstatus des europäischen Strafrechts analysiert. Auf dieser Grundlage lässt sich abschließend mit größerer argumentativer Klarheit und normativer Sicherheit beurteilen, ob und innerhalb welchen Entwicklungsrahmens eine Europäisierung der Strafrechtsetzung demokratisch legitimiert werden kann. Die Abhandlung wird darauf aufbauend mit dem Vorschlag eines differenzierteren Ansatzes enden, der größeres Gewicht auf die unterschiedlichen Spielarten transnationalen Strafrechts legt und sie ins Verhältnis zu den Herrschaftsmodi setzt, die in der EU existieren.

Kapitel 3: Die Standardbeschreibung des Demokratiedefizits

Die Erregung über das Demokratiedefizit (*democratic deficit*) ist ein noch recht junges Phänomen.[9] In den Zeiten vor der Einheitlichen Europäischen Akte herrschte die unbefangene Annahme, dass demokratische Legitimation von der demokratischen Natur der Mitgliedstaaten abgeleitet werden konnte.[10] Der demokratische Legitimationsstatus der EU rückte erst später in den Blickpunkt, als das Tal der Stagnation europäischer Integration in den siebziger und achtziger Jahren durchschritten war und die Europäischen Gemeinschaften mit der Einheitlichen Europäischen Akte zu neuen Ufern aufbrachen.[11] Heute ist es ein Gemeinplatz, dass die EU unter einem Demokratiedefizit leidet.[12]

Mit dem Fortschreiten der europäischen Integration und der Verlagerung von Regierungsaktivitäten und Lenkungsentscheidungen aus dem Nationalstaat heraus auf eine europäische Ebene ging ein tiefgreifender Wandel sozialer und politischer Integration einher.[13] An die Stelle des souveränen Nationalstaats ist ein Geflecht institutionalisierter Kooperationseinheiten getreten, das sich der gemeinsamen Suche nach problemangemessenen Lösungen für eine kontinuierlich wachsende Anzahl staatsübergreifender Aufgabenstellungen verschrieben hat.[14] Es hat sich ein Regierungssystem mit eigenen Grundlagen und Strukturen herausgebildet, in dem Union und Mitgliedstaaten in einen mehrstufigen Politikprozess, der nach Politikbereichen variiert, eingebunden sind. Es kommt dadurch zu einer Fusion, bei der Regierungen und Verwaltungen mehrerer (nationaler und supranationaler) Ebenen (qua-

9 *Majone*, European Law Journal 4 (1998), S. 5 (12). Die Wortschöpfung des democratic deficit wird *David Marquand* zugeschrieben, vgl. *Mény*, Journal of Common Market Studies 41 (2003), S. 1 (8). Zur Verzahnung und Vermischung von Demokratie-, Legitimations- oder Legitimitätsdefizit, *Schliesky*, in: Schliesky/Schürmann (Hrsg.), Rechtsprobleme der Verzahnung von Herrschaftsgewalt in Mehrebenensystemen, S. 23 (25 ff.).

10 *Majone*, European Law Journal 4 (1998), 5 (12); siehe aber auch *Rittberger* zur Bedeutung des Europäischen Parlaments in dieser Phase, Building Europe's Parliament, S. 143 ff.

11 *Haltern*, Europarecht – Dogmatik im Kontext, Rn. 85 ff.; *Rittberger*, Building Europe's Parliament, S. 146 ff.; *Zürn*, Regieren jenseits des Nationalstaats, S. 246; *Majone*, European Law Journal 4 (1998), S. 5 (8).

12 Vgl. dazu die Ausführungen bei *Follesdal/Hix*, Journal of Common Market Studies 44 (2006), S. 533 (534 ff.), *Weiler/Haltern/Mayer*, European Democracy and its Critique – Five Uneasy Pieces, EUI Working Paper RSC No. 95/11; *Bleckmann*, JZ 2001, 53 ff; *Ress*, GS Geck, S. 625 ff.; *Streinz*, in: Dannecker (Hrsg.), Lebensmittelstrafrecht und Verwaltungssanktionen in der Europäischen Union, S. 219 (220).

13 *Hobe*, Archiv des Völkerrechts 37 (1999), S. 253 (256); *Delbrück*, Indiana Journal of Global Legal Studies 1 (1993), S. 9 ff. *Slaughter*, European Journal of International Law 6 (1995), S. 503 (537).

14 *Dupuy*, European Journal of International Law 9 (1998), S. 278 (282); *Denninger*, JZ 2000, 1121.

si)staatliche Handlungs-, Steuerungs- und Regelungsinstrumente gemeinsam nutzen.[15] Die Wahrnehmung von Regierungsaufgaben auf Gemeinschafts- bzw. Unionsebene steht damit in deutlichem Kontrast zum Modell der parlamentarischen Demokratie und der Gewaltengliederung im Nationalstaat. Die beteiligten Organe lassen sich gemessen an ihrer Funktion nicht mehr in das klassische Muster der Gewaltenteilung einordnen. Die Kommission ist weder Regierung noch rein bürokratische Verwaltung, und der Rat ist zugleich Exekutive und Legislative. Auch das Monopol der Kommission zur Initiierung von Rechtsetzung findet kein Pendant in Nationalstaaten.[16] Die Gewährleistung parlamentarischer Partizipation und Kontrolle innerhalb dieses europäischen Mehrebenensystems erfolgt wiederum nicht durch ein zentrales beherrschendes parlamentarisches Organ, sondern über gesplittete, sich vorgeblich komplementierende Mechanismen, insbesondere die variierenden Beteiligungsformen des Europäischen Parlaments und die indirekte Kontrolle der nationalen Ratsvertreter über nationale Parlamente.[17] In der Klage über das Demokratiedefizit verknüpfen sich die drei essentiellen Konsequenzen, die aus einer solchen fortwährenden Übertragung von Regierungsaufgaben auf eine überstaatliche Ebene resultieren, zu einem einheitlichen Topos. Gemeint sind damit namentlich die Verlagerung parlamentarischer Entscheidungsmacht auf gubernativ-technokratisch geprägte Institutionen, die Schwächung der institutionellen Rückkopplung über unmittelbar demokratisch legitimierte Parlamente sowie mangelnde inhaltliche Responsivität;[18] kurz: der Mangel an *government by, of, and for the people*.[19]

15 *Wessels*, Die Öffnung des Staates, Modelle und Wirklichkeit grenzüberschreitender Verwaltungspraxis, 1960-1995, S. 123; *ders.* in: Ohr (Hrsg.), Europäische Integration, S. 14 (40 ff.).

16 *Majone*, Dilemmas of European Integration: The Ambiguities and Pitfalls of Integration by Stealth, S. 44 f. Die entscheidenden Weichenstellungen für den Inhalt legislativer Entscheidungen fallen im Rat. Auch die politische Initiative für die Mehrheit der Basisrechtsakte geht über Art. 208 EGV vom Rat aus, *Möllers*, Gewaltengliederung, S. 265; *von Bogdandy/Bast/Arndt*, ZaöRV 62 (2002), S. 140 ff.

17 *Moravcsik*, Journal of Common Market Studies 40 (2002), S. 603 (611 f.); dazu im Überblick *Haltern*, Europarecht – Dogmatik im Kontext, Rn. 251 ff.

18 *Ress*, GS Geck, S. 625 (657 ff.); *Crawford*, Democracy and International Law, in: Brownlie/Bowett (Hrsg.), British Yearbook of International Law 64 (1993), S. 113 ff. – Es bündelten sich eine Reihe disparater, teils diffuser Ängste zu einem allgemeinen Unbehagen gegenüber der europäischen Entwicklung. Dazu zählen die Verwaltungslastigkeit und Macht der Kommission, das Fehlen einer politischen Gemeinschaft, mangelnde Transparenz; *Hix* benennt insgesamt fünf Komponenten des Demokratiedefizits, The Political System of the European Union, S. 177 f.

19 Zu diesen Dimensionen *Rittberger*, Building Europe's Parliament, S. 29 f. Als Grundprinzipien legitimer demokratischer Herrschaft sind sie in dieser Form von *Abraham Lincoln* in seiner Gettysburg Address am 19.11.1863 formuliert worden.

A. No Government by the people

Der skizzierte Modus der Regierungsführung verschafft den Regierungsvertretern der Mitgliedstaaten einen dominanten Einfluss auf die Inhalte der Rechtsetzung[20] und hat gleichzeitig einen Machtverlust für nationale Parlamente zur Folge.[21] Der Einfluss auf (grundrechtsrelevante) Rechtsetzung, die im nationalen Kontext parlamentarischer Zustimmung bedarf, nimmt mit dem kontinuierlichen Wachstum der Kompetenzen seit Ende der 80er Jahre und der Wiederbelebung des Mehrheitsprinzips durch die Einheitliche Europäische Akte zunehmend ab.[22] Damit schwindet auch die Funktion des Parlaments als Forum zur Ausbildung des Gemeinwillens. Die klassischen prozeduralen Mechanismen zur Gewährleistung von Partizipation und Repräsentation werden durch den Abfluss an Entscheidungsgewalt nachhaltig geschwächt. Neben dieser Einbuße an Repräsentativität und Gestaltungsmacht schwächt die Isolierung gubernativer Entscheidungen auf EU-Ebene auch die parlamentarische Kontrolle durch nationale Parlamente.[23] Während die Regierungen dem Wähler im nationalen Kontext über das nationale Parlament zur Rechenschaft verpflichtet sind, unterliegt Regierungstätigkeit auf EU-Ebene keiner vergleichbaren Kontrolle.[24] Der Verlagerung der Entscheidungsfindung auf die Union und ihre Institutionen wird mithin eine höchst schädliche Wirkung auf nationale Demokratieprozesse und das Gleichgewicht zwischen Legislativ- und Exekutivorganen des Nationalstaats zugeschrieben.[25] Durch Entziehung von Sachkompetenzen zu Gunsten der supranationalen Ebene erstreckt sich die Entscheidungsmacht der nationalen Parlamente auf eine stetig geringer werdende Entscheidungssubstanz. Diese Entparlamentarisierung führe zu einem Teilhabe- und Kontrollverlust, der auf überstaatlicher Ebene bislang nicht hinreichend kompensiert worden ist.[26] Die Konstituierung eines Europäischen Parlaments (EP) und die Ausweitung seiner Kompetenzen wer-

20 *Ress* hat hierfür den Terminus „Législation du Gouvernement (Gesetzgebungsbefugnis der Exekutive)" geprägt, GS Geck, S. 625 (627).

21 *Kirchhof*, NJW 2001, 1332; *Peters*, Common Market Law Review 41 (2004), S. 37 (67).

22 *Weiler*, Yale Law Journal 100 (1991), S. 2403 ff.

23 Europäische Integration schwächt zwei parlamentarische Funktionen, Rechtsetzung und Kontrolle, verschärft durch mangelnde Transparenz, *Peters*, Elemente einer Theorie der Verfassung Europas, S. 626; vgl. ferner *Herdegen*, VVDStRL 62 (2003), S. 9 (11, 26); *Ossenbühl*, DVBl. 1993, 629 (635 f.) – durch Verlagerung von Entscheidungen auf Ebene der Union, werden Prozesse der politischen Kontrolle weit stärker entzogen als im nationalen System. Die Gestaltungsmacht nationaler politischer Institutionen nimmt jedenfalls durch Stärkung und Emanzipation transnational operierender gesellschaftlicher, insbesondere ökonomischer Akteure ab, *von Bogdandy*, ZaöRV 63 (2003), 853 (862).

24 Verbunden ist mit der fortschreitenden Integration also nicht notwendigerweise eine Entstaatlichung, wohl aber eine Entparlamentarisierung, da die Gubernative die tatsächlich treibende Kraft des Prozesses ist.

25 *Weiler/Haltern/Mayer*, European Democracy and its Critique – Five Uneasy Pieces, EUI Working Paper RSC No. 95/11, S. 6.

26 *Peters*, Elemente einer Theorie der Verfassung Europas, S. 627 – In der Gesamtschau ergebe sich ein Netto-Kompetenztransfer von den Parlamenten an die Exekutive.

den nicht als effektiver parlamentarisch-demokratischer Ersatz angesehen.[27] Es sei zu schwach, um den relativen Machtverlust parlamentarischer Institutionen gegenüber der Exekutive aufzufangen. Es fehlten wichtige Kontrollbefugnisse gegenüber Kommission und Rat und wesentliche Gestaltungsrechte wie z. B. ein legislatives Initiativrecht.[28] Das Europäische Parlament kann zwar mittlerweile zumindest im Mitentscheidungsverfahren den Erlass eines Rechtsaktes verhindern, doch zu erzwingen vermag es ihn nicht. Der Rat kann daher in einigen Bereichen ohne das EP, niemals aber das EP ohne den Rat Recht setzen. Im Übrigen tauge das EP schon wegen seiner Komposition und des Wahlverfahrens nicht als Forum gemeineuropäischer Willensbildung.[29] Das Europäische Parlament sei auch kein vollentwickelter Ort politischer Deliberation. So gebe es weder europäische Parteien noch einen Kampf um europäische Meinungsführerschaft.[30] Wahlen zum Europäischen Parlament sind daher (noch) keine „europäischen" Wahlen, sondern werden durch nationale Themen beherrscht.[31] Eine wirkliche Wählerentscheidung über die künftige Ausrichtung der Politik auf EU-Ebene findet in Ermangelung rivalisierender Agenden nicht statt. Die Wahlen haben mithin kaum Einfluss auf die Bestimmung der politischen Agenda und Führung der EU,[32] wodurch diese keine hinreichende Repräsentativität gewinnen kann.

27 Der Rat ist gegenüber dem Parlament nur bedingt politisch verantwortlich und kann als Repräsentationsorgan der Mitgliedstaaten nicht vom Parlament abgewählt werden. Vom EuGH wird die Beteiligung des Europäischen Parlaments gleichwohl als wesentlicher Ausdruck eines gemeinschaftsrechtlichen Demokratieprinzips gesehen, vgl. EuGH, Roquette Frères v. Rat, Slg. 1980, 3333, Rn. 33; Kommission v. Rat (Titanoxid), Slg. 1991, I-2867, Rn. 20.

28 *Huber*, in: Drexl (Hrsg.), Europäische Demokratie (Ius Europeum 6), 1999, S. 27 (30); zumindest in nuce besteht ein Inititativrecht über Art. 192 II EGV, *Streinz-Huber* EGV, § 192 Rn. 14; Im Vergleich mit dem vergleichbaren Recht des Rats in Art. 208 EGV wird hiervon aber nur selten Gebrauch gemacht, dazu *Corbett/Jacobs/Shackleton*, The European Parliament, S. 209.

29 Die Struktur und Größe des Europäischen Parlaments wirft die Frage auf, ob es gegenwärtig überhaupt in der Lage ist, demokratische Legitimation zu vermitteln, insbesondere im Hinblick auf die fehlende Gleichheit der Wahl und die fehlende Einheitlichkeit der nationalen Wahlrechte, *Callies*, FS Ress, S. 399 (413).

30 *Hix*, The Political System of the European Union, S. 181 ff., 186 ff.; *Pollak/Slominski*, Das politische System der EU, S. 140 f. - Parteipolitische Handlungsverbünde finden sich im Europaparlament weit seltener als im nationalen Bereich. Andererseits gibt aber wohl auch keine rein nationale Interessenverwaltung, *Oeter*, ZaöRV 55 (1995), S. 659 (682).

31 *Weiler/Haltern/Mayer*, European Democracy and its Critique – Five Uneasy Pieces, EUI Working Paper RSC No. 95/11, S. 7; *Moravcsik*, Journal of Common Market Studies 40 (2002), S. 603 (604).

32 Zudem sind die politischen Prozesse innerhalb der EU stark fragmentiert, wodurch der Einfluss von Wahlen per se an Gewicht verliert.

B. No Government of the people

Überdies ist die institutionelle und psychologische Distanz zwischen EU und Bürger nachwievor zu groß. Mit Hinzufügung einer Regierungsebene jenseits des eigenen Nationalstaats durch Mitgliedschaft in übernationalen Gemeinschaften geht als Kehrseite automatisch eine Entfernung von den Bürgern in den Mitgliedstaaten und den nationalen Entscheidungsmechanismen einher.[33] Da Europas Bürger nur wenig Einfluss auf die Ausgestaltung der europäischen Institutionen und ihre Verfahren haben,[34] kann diese Kluft nur schwer überwunden werden. Die beschleunigte Integration bei gleichzeitigem Fehlen einer öffentlichen Debatte über europäische Angelegenheiten lässt die Schere immer weiter auseinandergehen. Das eigentliche Problem liegt aber noch tiefer, denn der Bürger versteht die EU als solche nicht und kann sich nicht mit ihr identifizieren.[35] Die Institutionen und ihre hybride Natur bleiben ihm fremd. Ein Verständnis und Bewusstsein von Gemeinschaft i.S. sozialer Kohäsion ist allenfalls im Ansatz entwickelt. Es fehlt an politischem Gemeinsinn und einer einenden Idee, was Mitgliedschaft des einzelnen Bürgers in der EU ausmacht.[36] Solange keine politische Gemeinschaft der Bürger der EU-Staaten über die nationalen Grenzen hinweg existiert, noch deren Genese absehbar ist, wird es politischen Gremien kaum möglich sein, „Volkes“ Stimme zu erhören und dem Gemeinwohlinteresse der Bürger Europas zu folgen.[37]

33 *Weiler/Haltern/Mayer*, European Democracy and its Critique – Five Uneasy Pieces, EUI Working Paper RSC No. 95/11, S. 6 – z. B. durch neuartige Regelungen der Abstimmung unter den Repräsentanten der Mitgliedstaaten auf übernationalem Parkett; dieser inverted regionalism übe einen delegitimierenden Effekt aus, der durch drei Faktoren verstärkt wird: Die übernationale Gemeinschaft dringt in Bereiche vor, die als sozial-konstruierte und kulturell gebundene Domänen des Nationalstaats galten. Die Selbstverwaltungsmacht erfährt eine drastische Reduzierung. Bürger nehmen ein Fehlen effektiver Begrenzung des übernationalen Zugriffs wahr, S. 7.

34 *Peters*, Elemente einer Theorie der Verfassung Europas, S. 627; *Mény*, Journal of Common Market Studies 41 (2003), 1 (7) - es fehle bei den gegenwärtigen Strukturen an direkter Verantwortlichkeit gegenüber den Bürgern.

35 *Ross*, Journal of Common Market Studies 46 (2008), 389 (408) - fehlendes Bewusstsein von Natur und Funktion der europäischen Institutionen.

36 Hierbei handelt es sich um eines der Kernprobleme europäischer Integration und demokratischer Legitimation, denn die Wahrnehmung eines Zwiespalts zwischen beschleunigter Integration und Fehlen eines öffentlichen europäischen Gemeinwillens ist in der Sache eine Frage der Identitätsbildung, *Mayer/Palmowski*, Journal of Common Market Studies 42 (2004), 573 (574).

37 *Satzger*, Die Europäisierung des Strafrechts, S. 126. Zuweilen wird dieser Aspekt direkt am Fehlen eines europäischen Staatsvolkes oder demos festgemacht, S. 125.

C. No Government for the people

Die Europäische Integration rufe schließlich eine Entscheidungsdynamik hervor, die von den politischen Präferenzen der Bürger wegtreibt (*policy drift*) und zu Ergebnissen führt, die nicht mehr von der Mehrheit der Bürger geteilt werden.[38] Es existiert auf europäischer Ebene kein Gremium, das als öffentliches Forum tauge, in dem Schwerpunktbildungen der Politik sich effektiv an den Sorgen der Bürger ausrichten und bei politischen Richtungsentscheidungen und Problemlösungen die Interessen und Präferenzen angemessen berücksichtigt werden.[39] Die maßgeblichen Entscheidungen werden vielmehr in wenig transparenter Form im Ministerrat getroffen bzw. schon im Ausschuss der Ständigen Vertreter (COREPER, Art. 207 I EGV) vorgeklärt.[40] Diese Prozesse sind oft technokratisch geprägt und selten responsiver politischer Natur.[41]

Diese komprimierte Schilderung des Demokratiedefizits bündelt die Argumente, die in der juristischen Auseinandersetzung dominieren. Sie dürfte der Sicht der Mehrheit unter den Europarechtlern entsprechen.[42] Bei den Vertretern der Straf-

38 Ausführlich hierzu *Scharpf*, Crisis and Choice in European Social Democracy (1991); *Follesdal/Hix* vermuten, dass diese Argumentation vor allem von sozialdemokratisch orientierten Wissenschaftlern vorgebracht wird, weil die Ergebnisse oft rechts des nationalen politischen *status quo* liegen, Journal of Common Market Studies 44 (2006), S. 533.

39 *Majone*, Dilemmas of European Integration: The Ambiguities and Pitfalls of Integration by Stealth, S. 25; *Weiler/Haltern/Mayer*, European Democracy and its Critique – Five Uneasy Pieces, EUI Working Paper RSC No. 95/11, S. 6.

40 *Callies*, FS Ress, S. 399 (406); *Möllers*, Gewaltengliederung, S. 268; *Etzioni*, Journal of Common Market Studies 45 (2007), 23 (38) – Entwicklung dürfe nicht mehr hinter geschlossenen Türen ablaufen.

41 *Moravcsik*, Journal of Common Market Studies 40 (2002), S. 603 (605); *Mancini*, European Law Journal 4 (1998), S. 29 (40).

42 Es soll gleichwohl nicht verheimlicht werden, dass dieser Version im Schrifttum auch widersprochen wird oder zumindest die Bewertung einzelner Elemente bei einem Vergleich im Detail sehr unterschiedlich ausfallen kann; siehe insbesondere *Moravcsik*, Journal of Common Market Studies 40 (2002), S. 603 (604 ff.) – Besorgnisse über das Demokratiedefizit seien unbegründet. Sie resultierten eher aus einer Tendenz zur argumentativen Bevorzugung des Abstrakten gegenüber dem Konkreten, S. 621. Gemessen an den Standards moderner Industrienationen im Kontext eines Mehrebenensystems, nicht hingegen an Idealtypen parlamentarischer oder plebsizitärer Demokratie, erfülle die EU die maßgeblichen Legitimationserfordernisse in hinreichendem Maß. Es existiere ein austariertes System der *checks and balances* mit engen Kompetenzen, fiskalischen Beschränkungen und der Notwendigkeit qualifizierter Mehrheiten in Abstimmungsprozessen, S. 603. Auch nach Auffassung *Majones* wohnt dem Integrationsprozess ein nicht-majoritärer Schwerpunkt inne. Danach müssten sich auch die Legitimationsstandards ausrichten. Solange die Bürger einen supranationalen Staat ablehnen, wohl aber wirtschaftliche Integration wünschen, ist der Weg der Entpolitisierung nicht nur notwendig, sondern auch demokratisch legitimiert, weil von der Mehrheit der Bürger befürwortet, *Majone*, European Law Journal 4 (1998), S. 5 (7). Explizit gegen diese Positionen wenden sich *Wincott*, European Law Journal 12 (2006), S. 743 (745); *Hix/Follesdal*, Journal of Common Market Studies 44 (2006), S. 533 ff. Dezidiert gegen ein solches Verständnis der

rechtswissenschaft sieht es nicht anders aus. Die Mehrheit im Schrifttum greift bei ihrer Argumentation dieselben Defizite auf.[43] In der ersten Säule sei der gubernativ-technokratisch agierende Rat einerseits nicht unmittelbar demokratisch legitimiert, während das Europäische Parlament anderseits zwar unmittelbar legitimiert, aber außerstande sei, eine Legitimationswirkung zu entfalten, die nationalen Parlamenten vergleichbar ist.[44] Auch in der dritten Säule weise das Rechtsetzungsverfahren erhebliche Demokratiedefizite auf, da primär der Rat rechtsetzend tätig werde und den legislativen Spielraum nationaler Parlamente stark verenge, während das Europäische Parlament nur am Rande beteiligt wird.[45] Anders als der Einklang bei der Beschreibung des Defizits suggeriert, sind die Legitimationsanforderungen des Demokratieprinzips an Regierungstätigkeit und Rechtsetzung im EU-Mehrebenensystem aber weder in ihren Prozeduren noch in ihren Grundlagen geklärt. Die Schwierigkeiten fangen an dieser Stelle vielmehr erst richtig an, denn die Beschreibung des Demokratiedefizits ist immer auch eine Frage der angelegten Standards.[46] Diese können krass divergieren.

EG als unpolitische Gemeinschaft, die sich auf technisch-fachliche Gegenstände im Bereich der *low politics* beschränkt, argumentiert auch *Peters*, Elemente einer Theorie der Verfassung Europas, S. 117 ff. – die EG sei keine reine Verwaltungs- und Marktgemeinschaft, sondern von Beginn an als politisches Projekt gedacht und als Friedensordnung und Wertegemeinschaft erschaffen worden. Dieser Charakter nehme eher zu. Denn nicht nur wirtschaftliche und politische Freiheit werden in der EG verknüpft, sondern auch zunehmend Kompetenzen im Sektor der *high politics* übertragen und Normierungen von allgemeinen Rechtsprinzipien und Menschenrechte in den Verträgen vorgenommen.

43 Vgl. *Satzger*, Die Europäisierung des Strafrechts, S. 124 ff.; *Hecker*, Europäisches Strafrecht, S. 134; *Fromm*, Der strafrechtliche Schutz der Finanzinteressen der EG, S. 227 ff.

44 *Ambos*, Internationales Strafrecht, § 11, Rn. 4, sieht den Vorwurf fehlender demokratischer Legitimation zumindest seit Einführung des Mitentscheidungsverfahrens als geschwächt an; ebenso *Tiedemann*, FS Roxin, S. 1401 (1406).

45 Ausdrücklich *Schünemann*, GA 2004, 193 (200 f.); *Braum*, GA 2005, 681 (688 ff.); siehe ferner *Lüderssen*, GA 2003, 71 (74 f., 84); *Albrecht/Braum*, KritV 98, 460 (471); a.A. *Böse*, FS Tiedemann, S. 1321 (1333 f.).

46 *Rittberger*, Building Europe's Parliament, S. 51 ff. Zum Problem der Bewertungsstandards siehe auch *Majone*, Dilemmas of European Integration: The Ambiguities and Pitfalls of Integration by Stealth, S. 29; *ders.*, European Law Journal 4 (1998), S. 5 (6). Zu den „standard standards" gehören Analogien zu nationalen Institutionen, Orientierung am Mehrheitsprinzip, Ableitung demokratischer Legitimation von den Mitgliedstaaten, soziale Standards.

Kapitel 4: Die Bedeutung von Standards und Prämissen

Obgleich das Modell der liberalen Demokratie als Staats- und Regierungsform in allen Mitgliedstaaten akzeptiert ist, sind die inhaltlichen Anforderungen und Voraussetzungen von Demokratie als Rechtsprinzip höchst strittig. Seine Grundlagen sind im nationalstaatlichen Kontext erarbeitet worden.[47] Als Staats- und Regierungsform besagt Demokratie, dass das Volk nicht nur Ursprung und letzter Träger der politischen Herrschaftsgewalt ist, sondern die politische Herrschaftsgewalt auch selbst ausübt.[48] Durch die Strukturprinzipien der Selbstherrschaft und Selbstregierung, der Gleichheit der politischen Mitwirkungsrechte und des Mehrheitsprinzips hat sie eine weitere Konkretisierung erfahren.[49] Allerdings kann gerade die demokratische Legitimation staatlichen Handelns unterschiedliche Formen annehmen, um einen effektiven Einfluss des Volkes i. S. einer Selbstregierung auf die Ausübung der Staatsgewalt zu sichern.[50] Man unterscheidet in der Staatsrechtslehre funktionell-institutionelle,[51] organisatorisch-personelle[52] und sachlich-inhaltliche Legitimation.[53]

47 Zu den ideengeschichtlichen Quellen der Demokratie, *Uhle*, Freiheitlicher Verfassungsstaat und kulturelle Identität, S. 204 ff. Bei Aristoteles war der Gedanke individueller Freiheit als Schutzgut der Demokratie noch nicht der zentrale Aspekt. Der Wandel im 18. Jahrhundert war vorgeprägt durch die Tradition des Christentum, der die individuelle Freiheit und Gleichheit aller Menschen eigen ist. Letztere werden dann in Abgrenzung zum althellenischen Demokratiebegriff zum Bezugspunkt moderner demokratischer Verfassungen, S. 216.

48 *Böckenförde*, in: Isensee/Kirchhof (Hrsg.), Handbuch des Staatsrechts, Bd. 2, Demokratie als Verfassungsprinzip, § 24 Rn. 8 - Es genügte nicht, wenn die Staatsgewalt nur zum Wohle des Volkes ausgeübt würde. Das Volk herrscht und regiert, so dass die Demokratie als Konsequenz und Verwirklichung der Volkssouveränität, d. h. als Identität von Regierenden und Regierten, verstanden werden darf; *Badura*, in: Isensee/Kirchhof (Hrsg.), Handbuch des Staatsrechts, Bd. 2, Die parlamentarische Demokratie, § 25 Rn. 27 ff.; 34 ff.

49 Zu diesen Wesensmerkmalen der Demokratie siehe *Badura*, in: Isensee/Kirchhof (Hrsg.), Handbuch des Staatsrechts, Bd. 2, Die parlamentarische Demokratie, § 25 Rn. 29 ff.; *Rittberger*, Building Europe's Parliament, S. 29 ff. Umstritten ist, ob Demokratie als Staats- und Regierungsform neben ihren Strukturprinzipien auch vorgelagerte soziokulturelle Voraussetzungen kennt, von deren Vorhandensein die Lebens- und Funktionsfähigkeit des Organisationsprinzips abhängt, so *Böckenförde*, in: Isensee/Kirchhof (Hrsg.), Handbuch des Staatsrechts, Bd. 2, Demokratie als Verfassungsprinzip, § 24 Rn. 35 ff. - Demokratie sei keine apriorische Gegebenheit, sondern eine Hervorbringung geschichtlicher Entwicklung und Kultur. Notwendige vorrechtliche Voraussetzung demokratischer Herrschaft sei ein gewisses Maß an gemeinsamen Grundauffassungen der Bürger über die Art und Ordnung ihres Zusammenlebens. Ihre Basis könne ethnisch-kultureller oder sprachlich-kultureller Natur, geschichtlich oder religiös geprägt sein.

50 *Böckenförde*, in: Isensee/Kirchhof (Hrsg.), Handbuch des Staatsrechts, Bd. 2, Demokratie als Verfassungsprinzip, § 24 Rn. 14; zu diesem numerus clausus der Legitimationsarten auch Baumbach, Vertragswandel und demokratische Legitimation, S. 133 ff.

51 Im Einzelnen ist unter funktionell-institutioneller demokratischer Legitimation die Aufteilung der Gewalten und ihre Aufgabenzuweisung durch den Verfassungsgeber selbst zu verstehen.

Diese Elemente stehen nicht in einem Exklusivitätsverhältnis, sondern können auch nebeneinander und miteinander wirken. Das Demokratieprinzip fordert keine bestimmte Art der Legitimation, sondern die Wahrung eines bestimmten Gehalts an demokratischer Legitimation durch Einsatz dieser Elemente.[54] Von entscheidender Bedeutung ist deshalb, dass man die einzelnen Komponenten als Teilbeiträge zur ef-

Im Vordergrund der rechtsdogmatischen Entwicklung der Gewaltengliederung stand die Funktionentrennung, die zu der Aufteilung der Staatstätigkeit in die drei materiellen Rechtsfunktionen führte, auf der die Gewaltenteilung basiert. Die Legitimationserfordernisse einzelner Staatstätigkeiten wurden deshalb bei den Funktionen angeknüpft, so dass stets die Zuordnung von Organ und Funktion in den Vordergrund trat, *Jellinek*, Allgemeine Staatslehre, S. 609 f. Dieses Verständnis liefert einen wesentlichen Beitrag zur Fokussierung der demokratischen Legitimation der Normsetzung auf das Parlament, vgl. BVerfGE 95, 1 (15 f.), da es die funktionelle Legitimation erhöht bzw. gewährleistet, wenn staatliche Entscheidungen von den geeigneten Organen getroffen werden.

52 Die organisatorisch-personelle Legitimation fordert eine ununterbrochene Legitimationskette zur Herstellung eines Zurechnungszusammenhangs zwischen Volk und staatlicher Herrschaft, BVerfGE 83, 60 (72); 93, 37 (66). Danach müssen alle Amtswalter individuell legitimiert werden. Diese Legitimation muss allerdings nicht unmittelbar sein. Hinreichend ist eine Rückbindung über eine Legitimationskette. Die Zahl der Kettenglieder ist dabei prinzipiell unerheblich, solange ein Verantwortungszusammenhang über Parlament vermittelt wird. In parlamentarischen Regierungssystemen ist das Parlament das zentrale Repräsentativorgan und dadurch notwendiges Glied in der Legitimationskette. Es vermag als Spender und Mittler von Legitimität zu agieren. Deutlich wird insofern auch, dass Institutionen und damit ihre Entscheidungen verschieden hohe demokratische Dignität genießen können, *Böckenförde*, in: Isensee/Kirchhof (Hrsg.), Handbuch des Staatsrechts, Bd. 2, Demokratie als Verfassungsprinzip, § 24 Rn. 20; vgl ausführlich *Burmeister*, Herkunft, Inhalt und Stellung des institutionellen Gesetzesvorbehalts, S. 81 ff.

53 Das Erfordernis einer ununterbrochenen Legitimationskette gilt nicht nur in personeller, sondern auch in sachlich-inhaltlicher Sicht, *Baumbach*, Vertragswandel und demokratische Legitimation, S. 112. Um eine Verselbstständigung der Gewalten gegenüber dem Souverän zu verhindern, müssen auch die Organwalter und ihre Tätigkeiten innerhalb der Gewalten dem Legitimationserfordernis unterworfen werden, um ein Fortwähren der Legitimation sicherzustellen. Diese Funktion erfüllt die sachlich-inhaltliche Legitimation. Die sachlich-inhaltliche demokratische Legitimation verlangt nicht weniger, als dass die Ausübung der Staatsgewalt auch ihrem Inhalt nach vom Volk herzuleiten ist, denn die bloße Staatlichkeit eines Aktes vermag keine Legitimität zu stiften, *von Bogdandy*, Gubernative Rechtssetzung, S. 24., *Böckenförde*, in: Isensee/Kirchhof (Hrsg.), Handbuch des Staatsrechts, Bd. 2, Demokratie als Verfassungsprinzip, § 24 Rn. 21. Sie verlangt daher, dass die getroffene Entscheidung sachadäquat ist und sich in ihr der Volkswille aktualisiert und zur Darstellung gebracht wird. So verstanden erfordert inhaltliche Repräsentation, dass Auseinandersetzungen und Lösungsfindung in gesellschaftlichen und politischen Fragen des Zusammenlebens in einer Weise erfolgen, die der Allgemeinheit gestattet, sich mit Gang und Ergebnis des Beratungsprozesses zu identifizieren. Diese inhaltliche Rückbeziehung wird auch als Responsivität (*responsiveness)* bezeichnet, *Böckenförde*, Isensee/Kirchhof (Hrsg.), Handbuch des Staatsrechts, Bd. 3, Demokratische Willensbildung und Repräsentation, § 34 Rn. 33.

54 *Emde*, Die demokratische Legitimation der funktionellen Selbstverwaltung, S. 327 ff.; BVerfGE 83, 60 (72); 89, 155 (182); zu Bedeutung und Begriff des „Legitimationsniveaus" ausführlich *Schliesky*, Souveränität und Legitimität von Herrschaftsgewalt, S. 302 ff.; sowie kritisch *Lepsius*, Steuerungsdiskussion, Systemtheorie und Parlamentarismuskritik, S. 25 ff.

fektiven demokratischen Legitimation begreift,[55] die aggregiert den Anforderungen des Demokratieprinzips genügen müssen. Die Bausteine können mithin von Sachproblem zu Sachproblem variieren, ohne dass dies verfassungstheoretische Folgen hätte, solange die „kritische Masse“ demokratischer Legitimation gewahrt bleibt.[56] Auch zwischen den Mitgliedstaaten können sich aufgrund dessen trotz des gemeinsamen Bekenntnisses zu den Prinzipien demokratischer Herrschaft erhebliche Divergenzen bei der konkreten Ausgestaltung politischer Ordnungen innerhalb dieses Rahmens ergeben.[57] Die Mischverhältnisse des *government of, by, and for the people* lassen sich sehr unterschiedlich gestalten,[58] um dem jeweiligen nationalen staatstheoretischen Rahmen und der politisch-rechtlichen Eigenart des konkreten Sachproblems Rechnung zu tragen.

Neben dieser inhärenten Unschärfe demokratischer Legitimationsanforderungen an die Ausgestaltung legislativer und exekutiver Prozesse im nationalstaatlichen Kontext ist gänzlich ungeklärt, wie das demokratische Prinzip auf supranationaler Ebene zu verwirklichen ist.[59] Vor allem die Diskrepanz zwischen vertrauten Mustern

55 *Böckenförde*, in: Isensee/Kirchhof (Hrsg.), Handbuch des Staatsrechts, Bd. 2, Demokratie als Verfassungsprinzip, § 24 Rn. 23 – miteinander verzahnte Legitimationsfaktoren.

56 Plurale Legitimationsstränge ergänzen sich wechselseitig, *Schliesky*, Souveränität und Legitimität von Herrschaftsgewalt, S. 718; allerdings erweist sich die Aggregierung und Messung der einzelnen Komponenten demokratischer Legitimation als äußerst komplex und schwierig, *Lord*, Journal of Common Market Studies 39 (2001), 641 (645 ff.). *Lord* bemüht sich um die Ausarbeitung von kohärenten Prüfungsmustern und deckt dabei auf, dass auch die Messung wiederum von den Prämissen, die divergierende Politikmodelle bedingen, abhängt, S. 656. Er differenziert zwischen vier Erklärungen für das Defizit und damit verbundenen Ansätzen zu deren Heilung, S. 643. Grundsätzlich ablehnend *Baumbach*, Vertragswandel und demokratische Legitimation, S. 140 – die Bildung einer solchen Summe sei unpräzise und ermögliche keine scharfen Abgrenzungen, da sich über dieses Vehikel fast jedes Ergebnis begründen lasse, so auch *Blanke*, Funktionale Selbstverwaltung und Demokratieprinzip, in: Redaktion Kritische Justiz (Hrsg.), Demokratie und Grundgesetz. Eine Auseinandersetzung mit der verfassungsgerichtlichen Rechtsprechung, S. 32 (45). Von wechselseitiger Kompensation könne daher nicht gesprochen werden. *Baumbach* geht vielmehr davon aus, dass personelle und sachlich-inhaltliche Legitimation an verschiedenen Aspekten hoheitlichen Handelns ansetzen und sich ihre eigenen Niveaus in Wechselwirkung mit dem jeweils anderen Legitimationsstrang erhöhen, S. 139.

57 *Rittberger*, Building Europe's Parliament, S. 52.

58 *Rittberger*, Building Europe's Parliament, S. 30-34.

59 Es fehlte lange Zeit an systematischen Arbeiten zur Demokratie im supranationalen Raum. Eine frühe Ausnahme bilden *Weiler/Haltern/Mayer*, European Democracy and its Critique – Five Uneasy Pieces, EUI Working Paper RSC No. 95/11, 1995; Die Konzentration galt vielmehr der Mechanik der Systembildung und den *Bargaining*-Prozessen zwischen den nationalen Regierungen, *Pollak/Slominski*, Das politische System der EU, S. 176; vgl. jetzt aber *Dann*, Parlamente im Exekutivföderalismus (2004); *Peters*, Elemente einer Theorie der Verfassung Europas (2001); *Schliesky*, Souveränität und Legitimität von Herrschaftsgewalt (2004); *Sander*, Repräsentation und Kompetenzverteilung. Das Handlungsformensystem des Mehrebenenverbundes als Ausdruck einer legitimitätsorientierten Kompetenzbalance zwischen Europäischer Union und ihren Mitgliedstaaten (2005).

und Überzeugungen repräsentativer, parlamentarisch-demokratischer Herrschaftsausübung und den europäischen Entscheidungsprozessen wirft Fragen auf, wie die demokratischen Strukturen und Verfahren in dieser neuartigen Ordnung tatsächlich austariert werden müssen, um das notwendige Maß demokratischer Legitimation zu erzeugen. Die normative Urbarmachung dieser demokratietheoretischen *terra nullius* wurde lange Zeit auf den Rückgriff auf nationalstaatliche Analogien reduziert,[60] was sich nicht zuletzt aus der suggestiven Überzeugungskraft von Analogien zu den vertrauten nationalen Systemen erklärt.[61] So naheliegend es aus dem Blickwinkel der politischen Psychologie aber auch sein mag, in einer solchen Situation nationalstaatliche Legitimationserwartungen und -standards auf die europäische Ebene zu projezieren und mit Analogien zu nationalstaatlichen Standards zu arbeiten, je mehr die Aktivitäten übernationaler Gemeinschaften denen von Staaten ähneln, steht eine solche Herleitung von Legitimationsstandards doch auf tönernen Füßen.[62] Im staatstheoretischen Schrifttum kreist die Diskussion daher schon seit geraumer Zeit um die Frage der Übertragbarkeit staatsrechtlicher Figuren auf die Europäische Union.[63] Ihre Verwirklichung und Respezifizierung im Kontext des Mehrebenensystems der EU bereitet jedoch größte Schwierigkeiten.[64] Bis heute ist es nicht gelungen, die po-

60 *Lübbe-Wolff*, VVDStRL 60 (2001), S. 246 (285 ff.).

61 Gerne übersehen wird allerdings, dass auch die nationalstaatlichen Demokratien kein Fixpunkt sind, sondern selbst eine schleichende Transformation durchlaufen. Verursacht durch Globalisierung und global governance, staatsinternen Machtzuwachs nicht demokratisch legitimierter nichtstaatlicher Akteure, eine allgemeine Entwicklung zum verhandelnden Staat sowie kommunikations- und informationstechnische Entwicklungen werden die Möglichkeiten direkter, nicht-parlamentarisch vermittelter Einflussnahme durch Individuen erheblich gesteigert, *Peters*, Elemente einer Theorie der Verfassung Europas, S. 640 f. Die genannten Einflüsse sind bei der Formulierung des Demokratieziels zu beachten, da die Union nicht demokratischer sein könne als ihre Mitglieder, S. 644.

62 Im nationalen Kontext reduziert sich das Verständnis demokratischer Legitimation aufgrund des nationalstaatlichen Verständnisses von Parlamentarismus und Gewaltenteilung regelmäßig auf das personell-institutionelle Moment, *Schliesky*, Souveränität und Legitimität von Herrschaftsgewalt, S. 734 - sachlich-inhaltliche Komponenten werden ebenso wie funktionelle Legitimationskompenenten vernachlässigt. Andere sich wechselseitig verstärkende oder kompensierende Legitimationsstränge sind denkbar. Ihre Potentiale werden aber nicht ausgeschöpft. Das Legitimationspotential anderer Elemente des Demokratieprinzips erfährt wenig Aufmerksamkeit, *von Bogdandy*, Gubernative Rechtssetzung, S. 29. Diese Vernachlässigung oder besser Einseitigkeit der Auseinandersetzung mit den Optionen demokratischer Legitimation erstreckt sich bei Argumentation per Analogie auch auf die EU-Ebene.

63 Statt vieler *von Bogdandy*, FS Badura, S. 1033 ff.; *Wahl*, FS Hofmann, S. 113 ff.; *Grimm*, JZ 1995, 581 ff.; *Lübbe-Wolff*, VVDStRL 60 (2001), S. 246; *Peters*, Elemente einer Theorie der Verfassung Europas, S. 628 ff. stellt komprimiert die fünf wesentlichen Reaktionsmöglichkeiten auf das Demokratiedefizit vor, die gegenwärtig anzutreffen sind.

64 Vgl. *Schmidt*, Demokratietheorien, S. 399 ff. Um das Übertragbarkeitsenigma zu lösen, scheinen drei Schritte geboten. Es bedarf der Abstraktion der verfassungsrechtlichen Schlüsselinstitute, der Vergegenwärtigung der Ordnung des unionalen Gemeinwesens und der Respezifizierung der abstrakten Inhalte im Rahmen des unionalen Gemeinwesens, vgl. *von Bogdandy*, FS Badura, S. 1033 (1034). Dies erfordert auch die Ausformulierung der jeweiligen Prämissen.

tentiellen Verwirklichungsformen des Demokratieprinzips für Europa trennscharf in konsensfähiger Form herauszuarbeiten.[65] Es kann geradezu als ein Charakteristikum der europäischen Demokratiedebatte bezeichnet werden, dass über diese Standards keine Einigkeit herrscht.[66]

Es sind vor allem zwei wirkmächtige Einflussfaktoren, die in Diskussion und Bewertung einfließen und zur Konsequenz haben, dass völlig unterschiedliche Messlatten angelegt werden. Welche Potentiale in der rechtswissenschaftlichen Auseinandersetzung ausgemacht werden und welche Modelle legitim erscheinen, hängt zum einen maßgeblich vom demokratietheoretischen Vorverständnis des Autors und den damit teilweise verbundenen vor- und außerrechtlichen Voraussetzungen demokratischer Herrschaft ab.[67] Zum anderen konkurrieren divergierende Integrationsparadigmen von Föderalismus bis Neofunktionalismus.[68] Da auch Natur, Funktionen und endgültige Ziele des europäischen Integrationsprozesses nicht endgültig bestimmt sind,[69] sondern ständigen Anpassungen und Fortschreibungen unter-

65 Wegen des primär nationalen Bezugs und den verfassungsrechtlichen Überformungen des Verständnisses von Demokratie und Souveränität konnte sich bislang kein Konsens in Theorie und Prämissen einstellen, *von Bogdandy*, ZaöRV 63 (2003), S. 853 (858), vgl. aber die Ansätze zu einer Modellbildung in der gleichen Abhandlung. Darin unterscheidert *von Bogdandy* Koordinationsvölkerrecht, unitarisches Legitimationsmodell des Kooperationsvölkerrechts, pluralistisches Legitimationsmodell des Kooperationsvölkerrechts und kosmopolitisches Recht.

66 *Skach*, Journal of Common Market Studies 43 (2005), 149 (152); *von Bogdandy*, ZaöRV 63 (2003), S. 853 (876); *Peters*, Elemente einer Theorie der Verfassung Europas, S. 630; *Lord*, Journal of Common Market Studies 39 (2001), 641 (642) - diesen Aspekt zu unterschlagen, sei seinerseits ein Defizit der Debatte über das Defizit.

67 Konkurrierende Demokratietheorien und Demokratieideale werden in mannigfaltiger Form vertreten; vgl. dazu die ausführliche wie instruktive Darstellung bei *Schmidt*, Demokratietheorien, S. 161 ff. sowie im Vergleich in der Übersicht auf S. 492 f.; sowie *Weiler/Mayer/Haltern*, European Democracy and its Critique – Five Uneasy Pieces, EUI Working Paper RSC No. 95/11; als äußerst problembeladen erweist sich aber die Übertragung dieser Theorien auf die EU-Ebene. *Grande*, Demokratische Legitimation und Europäische Integration, Leviathan 24 (1996), S. 339 (341), spricht daher auch von einem Demokratietheoriedefizit.

68 Als divergierende Integrationsparadigmen konkurrieren Föderalismus, Intergouvernementalismus und Neofunktionalismus. Zu den Hauptvertretern und Begründern eines derartigen elitegesteuertes System mit gemeinsamem Management und technokratischer Zentrale zählt *Ipsen*, Fusionsverfassung Europäische Gemeinschaften, S. 60. Konsentierte Legitimation sei danach entbehrlich, da Gemeinschaftsgewalt einer solchen nicht zugänglich und vielleicht auch nicht bedürftig sei. Im Vordergrund müsse rationale und effektive Erledigung der übertragenen Aufgaben stehen, so *ders.*, Europäisches Gemeinschaftsrecht, S. 1044; in diese Richtung jetzt auch *Majone*, European Law Journal 4 (1998), S. 5 (10 f., 27 f.) – die sachbezogene Zweckhaftigkeit der EG/EU als Wirtschaftsgemeinschaft sei wenig offen für demokratische Willensbildung und Kontrolle. Die inhärente Demokratiefeindlichkeit dieser *méthode monnet* geißelt *Featherstone*, Journal of Common Market Studies 32 (1994), S. 149-170.

69 Bewertung und Behandlung des Demokratiedefizits unterliegen wegen der Dynamik und sukzessiven Reformierung des Unionsrechts der fortlaufenden aktualisierenden Anpassung. So machen die intergouvernementale und supranationale Komponente der EU noch unterschied-

liegen, tragen abweichende Vorstellungen über diese Grundsatzfragen ihrerseits zu einem noch stärkeren Auseinanderfallen der Bewertungsstandards bei.[70] Die Wahl solcher rechtstheoretischer Prämissen bestimmt sowohl die Nutzung und Konstruktion der Legitimationsmodelle als auch die Einschätzung der Überzeugungskraft vorgeschlagener Respezifizierungen des Demokratieprinzips.[71] Politikwissenschaftler sprechen diesbezüglich auch von *legitimating beliefs*.[72] Darunter werden individuelle Überzeugungen von der angemessenen Form verfassungsgemäßer Regierungstätigkeit verstanden.[73] Sie spielen eine hervorragende Rolle bei der Ausbildung von Präferenzen und Zielvorstellungen für künftige Bemühungen, das Demokratiedefizit abzubauen.

Diese Erkenntnis lenkt die Aufmerksamkeit zwangsläufig auf die Prämissen, die der Argumentation meist verdeckt zugrunde liegen. Unter ihrer Verborgenheit leidet die wissenschaftliche Diskussion im Europarecht, weitaus mehr aber noch im Strafrecht. Da sie die Wahrnehmung des Demokratiedefizits und die Einschätzung der Abhilfemöglichkeiten bedingen, müssen sie sichtbar gemacht werden, um die grundsätzliche Kluft zwischen den verfochtenen Auffassungen offenzulegen. Von vorrangigem Interesse sind dabei die Extrempositionen, also jene Lager, deren Prämissen eine demokratische Legitimation derzeit entweder ausschließen oder diametral entgegengesetzt die Demokratiefähigkeit des EU-Mehrebenensystems bejahen.

liche Argumentationsmuster notwendig, *Majone*, European Law Journal 4 (1998), S. 5 (6, 12) - die indirekte Legitimation über die demokratische Natur der Mitgliedstaaten und den internationalen Vertragsabschluss kann allenfalls die intergouvernementale Komponente rechtfertigen. Die Aufgabe der Säulenstruktur und die Erstreckung des Mitentscheidungsverfahrens auf weite Bereiche des Raums der Freiheit, Sicherheit und des Rechts und dessen Aufwertung zum ordentlichen Gesetzgebungsverfahren durch den Vertrag von Lissabon werden insoweit zu einer starken Annäherung führen. Allerdings wird auch der Vertrag von Lissabon keinen Endpunkt des Wandels markieren, sondern ebenfalls nur eine Zwischenstation auf dem Weg in die kaum prognostizierbare Zukunft Europas sein.

70 Dies wird besonders deutlich, wenn man sich die Begründungen derer vor Augen führt, die bereits das Vorliegen eines Defizits verneinen; so vor allem *Majone* und *Moravcsik*, siehe oben Fn. 42. Ursache des Dissenses ist schlicht die Zugrundelegung eines Integrations- und Politikmodells, das von der Mehrheit nicht geteilt wird.

71 Die Studie von *Ross* erhellt, dass sogar verschiedene Institutionen und Politiker oft spezifisch unterschiedliche Vorstellungen über Ideen für die Zukunft und Einschätzungen der Vergangenheit haben, *Ross*, Journal of Common Market Studies 46 (2008), 389 (391). Diese seien von größter Bedeutung, da sie unterschwellig bei Verhandlungen mitschwingen oder gar direkten Einfluss haben können. Hiervon hängt z. B. ab, ob der Kommission überhaupt irgendeine Rolle im Gesetzgebungsprozess eingeräumt werden darf oder ihre Bedeutung noch gestärkt werden muss, wie stark das Europäische Parlament auf- und umgebaut werden muss oder ob ihm überhaupt maßgebliches Legitimationspotential zukommt. Noch weit grundsätzlicher entscheidet die Festlegung bereits darüber, ob man das EU-Mehrebenensystem überhaupt als demokratiefähig ansehen kann.

72 *Rittberger*, Building Europe's Parliament, S. 51 f.

73 *Rittberger*, Building Europe's Parliament, S. 51 f. - Legitimating beliefs express a worldview and guide actors' institutional choices.

Die folgende Auseinandersetzung wird sich wegen ihrer grundsätzlichen Relevanz auf diese Positionen beschränken, die Schattierungen und Spielarten zwischen den Polen im Verlauf der Untersuchung aber zu Wort kommen lassen und an geeigneter Stelle in den Argumentationsstrang einflechten.[74]

Im folgenden Abschnitt werden daher in einem ersten Schritt die Prämissen offen gelegt, deren Zugrundelegung denknotwendig zum Verdikt fehlender Demokratiefähigkeit führt. Dies geschieht zunächst für das Staats- und Europarecht und im Anschluss für die Strafrechtswissenschaft. Diese Reihenfolge mag in einer strafrechtswissenschaftlichen Abhandlung überraschen. Sie erscheint jedoch geboten, da die Dekonstruktion der verwendeten Leitbilder aufdecken wird, dass die Argumente im Strafrecht eingehüllt in strafrechtstheoretische Begriffe von denselben staatstheoretischen Grundannahmen ausgehen.

74 Vermittelnde Auffassungen finden sich im Überblick bei *von Bogdandy*, ZaöRV 63 (2003), S. 853 ff.; und *Volkmann*, AöR 127 (2002), S. 575 ff.

Kapitel 5: Verneinung der Demokratiefähigkeit

A. Prämissen der Staatsrechtswissenschaft

Im Staatsrecht wird die Kritik von drei rechtsprinzipiellen und empirischen Grundannahmen getragen, die zum Gradmesser für die Demokratiefähigkeit der EU werden. Demokratie sei stets Parlamentarismus.[75] Internationalen oder supranationalen Formen der Organisation hoheitlicher Herrschaftsausübung müsse daher solange demokratische Legitimität abgesprochen werden, bis sich innerhalb dieser Organisationen ein parlamentarisches Repräsentationsorgan gebildet hat. Das demokratische Prinzip erschöpfe sich zudem nicht in den juridischen Teilkomponenten der Selbstherrschaft der Bürger und des Mehrheitsprinzips, sondern verlange auch nach vorrechtlichen Grundlagen für das Entstehen demokratischer Gemeinschaft als transpersonalem Zuschreibungssubjekt der *pouvoir constituant*. Das Fehlen eines *demos* – verstanden als organisch-homogene Einheit – als Träger sozialer Legitimität bezeuge daher schon den Mangel an notwendigen vorrechtlichen Voraussetzungen demokratischer Herrschaft auf EU-Ebene.[76] Dieser Aspekt wird oft unmittelbar mit dem Souveränitätsprinzip verbunden. Jede Form von Demokratie setze die Existenz eines *demos* als Träger der Volkssouveränität voraus. Diese Souveränität des Volkes sei nach Begriff und Wesen unteilbar. Die veränderten Strukturen der politischen Aufgabenerfüllung innerhalb von Mehrebenensystemen stellten den klassischen Souveränitätsbegriff hingegen auf die Probe. Souveränität wird auf eine supranationale Ebene transferiert, dort gepoolt und auf dieser Basis rechtlich unmittelbar verpflichtend auf die Mitgliedstaaten eingewirkt. Diese Form der Regierung könne mangels eines europäischen *demos* nicht mehr als Ausdruck der Volkssouveränität verstanden werden und sei daher eine unzulässige Einmischung von außen in eigene Angelegenheiten des Nationalstaats als derzeit einzig legitimer institutioneller Ausprägung von Volkssouveränität. Diese Sichtweise präkludiert jede Form eines supranationalen föderalistischen Systems, dessen Organe die nationalen Gemeinschaften demokratisch verpflichten könnten, Regelungen zu folgen, die nicht das Produkt nationaler Selbstbestimmung sind.

75 In parlamentarischen Regierungssystemen ist das Parlament das zentrale Repräsentationsorgan und dadurch notwendiges Glied in jeder demokratischen Legitimationskette, *Kirchhof*, NJW 2001, 1332 – Im Mittelpunkt der Demokratie steht das Parlament. Zu den bedeutendsten Vertretern dieser Auffassung gehören *Kirchhof*, JZ 2004, 981 (981 f.); *Di Fabio*, Der Staat 32 (1993), 191 (203); *Murswiek*, Der Staat 32 (1993), 161 (177), und *Grimm*, JZ 95, 581 (587 f.).

76 *Kirchhof*, Isensee/Kirchhof (Hrsg.), Handbuch des Staatsrechts, Bd. VII, Der deutsche Staat im Prozess der europäischen Integration, § 183 Rn 52.

Aus diesem Argumentationsgeflecht lassen sich drei Prämissen destillieren. Ein politisches System kann nur dann demokratische Legitimation gewinnen, wenn die Strukturbedingung des parlamentarischen Unitarismus erfüllt ist (I.), ein *demos* existiert (II.) und dessen souveräne Selbstbestimmung nach innen und außen abgesichert ist (III.).

I. Parlamentarischer Unitarismus

Der Parlamentsmonismus, der das nationale Parlament gegenüber Exekutive und Judikative als einziges legitimes Repräsentationsorgan einer politischen Gemeinschaft anerkennt und als exklusiven Hort legislativer Tätigkeit ansieht, ist staatstheoretisch im Konzept des unitarischen Nationalstaats verankert.[77] Den ideengeschichtlichen Hintergrund dieses Verständnisses bilden die Begriffe des Staates und der Gewaltenteilung, wie sie sich im Kontext der Entstehung moderner Territorialstaaten im 19. Jahrhundert entwickelt haben.[78] Die Trennung der Gewalten, die primär aus dem Rechtsstaatsprinzip fließt, hat durch das demokratische Prinzip eine normative Aufladung erfahren, die der strikten Zuweisung der Gesetzgebungsfunktion an das Parlament einen besonderen Gehalt verleiht[79] Aufgrund seiner alleinigen unmittelbaren demokratischen Legitimation genießt das Parlament einen Entscheidungsvorbehalt zu allen wesentlichen politischen Leitentscheidungen.[80] Damit gebührt ihm grundsätzlich auch die exklusive Zuständigkeit zur Rechtsetzung. Die Wahrung dieses Vorbehalts schließt es aus, den heterarchischen Entscheidungsstrukturen innerhalb staaten- und organisationsübergreifender Mehrebenensysteme, die entsprechende zentrale Rolle für das Parlament nicht vorsehen, demokratische Legitimität zuzugestehen. Der demokratisch angereicherte Gewaltenteilungsgrundsatz ist aber nicht die einzige Quelle des Parlamentsmonismus. Er ist zugleich separat an ein Verständnis angebunden, das die Kongruenz von einem zur Nation integrierten Volk und seinem, es organisierenden Staat zum dominierenden konzeptuellen Ausgangspunkt des

77 *Oeter*, Föderalismus, in: v. Bogdandy (Hrsg.), Europäisches Verfassungsrecht, S. 59 (76 f., 100).

78 Vgl. dazu *Zürn*, Regieren jenseits des Nationalstaats, S. 46 ff.; *Weber*, Wirtschaft und Gesellschaft: Grundriß der verstehenden Soziologie, S. 821 ff.

79 Das Gewaltenteilungsprinzip entfalte sich auf dem Boden des Demokratieprinzips, *Böckenförde*, in: Isensee/Kirchhof (Hrsg.), Handbuch des Staatsrechts, Bd. 2, Demokratie als Verfassungsprinzip, § 24 Rn. 87. Die strikte Trennung nach Funktionen ist dabei das Spezifikum der Gewaltenteilung; anders verhält es sich noch bei *Montesquieu*, der nach Personen und Institutionen trennt und nicht Gewalten, sondern Souveränität teilt. Da die Exekutive nicht vom Parlament eingesetzt wurde, wäre der Grundsatz der Volkssouveränität und damit das demokratische Prinzip in dessen Modell nicht gewahrt, vgl. *Baumbach*, Vertragswandel und demokratische Legitimation, S. 120 ff.; ebenso *Maus*, Zur Ideengeschichte der Gewaltenteilung und der Funktionsweise der Justiz, FS Abromeit, S. 224 (235) - die demokratischen Varianten der Gewaltenteilung seien von Kant, Locke und Rousseau eingeführt worden.

80 *Kirchhof*, NJW 2001, 1332 – verfassungsrechtliches Postulat.

Demokratieverständnisses gemacht hat.[81] Auf dieser Grundlage formte sich eine Symbiose von Nationalstaat und Volkssouveränität, die bis heute die meisten Demokratiekonzeptionen prägt.[82] Der Gedanke der Nation als die zu politischem Selbstbewusstsein gelangte kollektive Einheit und Trägerin der Souveränität begleitete eine große Zahl der Staatsbildungen auf dem europäischen Kontinent und wirkt bis heute fort.[83] In den meisten Nationalstaaten Europas herrscht eine tiefe Verquickung von Nationalstaat und parlamentarischer Demokratie.[84] Das Volk, d. h. die Nation, wurde zur Basis des modernen Staats und fand sein exklusives Sprachrohr im Parlament.[85].

Das Europäische Parlament, das weder an die nationalen Parlamente rückgebunden ist, noch eine Nation/Volk repräsentiert, könne vor diesem Hintergrund allenfalls eine ergänzende demokratische Abstützung liefern.[86] Es fehle für dessen wirksame Einrichtung als demokratisches Repräsentationsforum auf europäischer Ebene an den realen Voraussetzungen europaweiter Integration und Willensbildung, da es dazu eben eines europäischen Volkes oder einer politischen Gemeinschaft als Träger sozialer Legitimität und Voraussetzung demokratischer Herrschaft bedarf.[87] Die psychologisch naheliegende Abkürzung des „Legitimationswegs" durch Rekurs auf klassische, symbolträchtige Institutionen des Nationalstaats wie das Parlament führt

81 Zu diesem Legitimationsgegenstand siehe *Isensee*, JZ 1999, 265 (277) – Das „Volk" als Träger des Selbstbestimmungsrechts meint die Nation.

82 *von Bogdandy*, ZaöRV 63 (2003), S. 853 (855 f.); *Volkmann*, AöR 127 (2002), S. 575 (577).

83 *Böckenförde*, in: Isensee/Kirchhof (Hrsg.), Handbuch des Staatsrechts, Bd. 2, Demokratie als Verfassungsprinzip, § 24 Rn. 3. Die universalistischen Prinzipien der Demokratie und Menschenrechte vermögen diese Integrationsleistung nicht zu erbringen, weil sie sich von Staat und Volk in seiner raumzeitlichen Realität ablösen, *Hillgruber*, in: Isensee/Kirchhof (Hrsg.), Handbuch des Staatsrechts, Bd. 2, Der Nationalstaat in der überstaatlichen Verflechtung, § 32 Rn. 35. Eng verbunden ist dieses Verständnis mit dem Anspruch von Loyalität das Volk und Staat wechselseitig verbindet. Gerade das Erfordernis der Homogenität soll diese wechselseitige Loyalität gewährleisten, was zugleich die Unteilbarkeit von Loyalität impliziert. Damit einher geht die Absage an die Ausbildung multipler Loyalitäten. Die Existenz doppelter Staatsangehörigkeiten, mit dem die missbiligte Konsequenz doppelter Loyalitäten verbunden ist, gehört traditionell zu den Schreckgespenstern für Staatsrechtler.

84 Vgl. *Bleckmann*, JZ 2001, 53 ff. Der skizzierte strenge Parlamentarismus als deren Ausdruck ist insofern kein Spezifikum der Bundesrepublik Deutschland.

85 Als Ausdruck ihrer politischen Unabhängigkeit und Selbstbestimmung können nur Nationen Staaten haben und konstituieren. Der Staat gehört der Nation wie das Volk einem Staat zugehörig ist; ein Gedanke der schon bei *Schiller* anklingt: „Nur der Charakter der Bürger erschafft und erhält den Staat und macht politische und bürgerliche Freiheit möglich"; zitiert nach *Thym*, WHI-Paper 1/97, www.whi-berlin.de/thym.htm, Rn. 44 unter dortigem Verweis auf *J. Stern*, Völkische Rechts- und Staatsphilosophie, 1927, S. 3.

86 *Hillgruber*, in: Isensee/Kirchhof (Hrsg.), Handbuch des Staatsrechts, Bd. 2, Der Nationalstaat in der überstaatlichen Verflechtung, § 32 Rn 103; *Böckenförde*, Staat, Nation, Europa, in: ders., Staat, Nation, Europa, S. 11, S. 125 f; *Randelzhofer*, Zum behaupteten Demokratiedefizit in der Europäischen Gemeinschaft, in: Hommelhoff/Kirchhof (Hrsg.), Der Staatenverbund der Europäischen Union, S. 39 (54).

87 *Grimm*, JZ 1995, 581 (589); *Kirchhof*, Isensee/Kirchhof (Hrsg.), Handbuch des Staatsrechts, Bd. VII, Der deutsche Staat im Prozess der europäischen Integration, § 183 Rn. 53.

auf europäischer Ebene mithin ins Leere.[88] Wegen des Fehlens eines *demos* droht eine Stärkung des Europäischen Parlaments dieses Defizit also nicht zu beheben, sondern die Fremdbestimmung durch EU-Institutionen noch zu vergrößern.[89] Die notwendige demokratische Legitimation der Europäischen Gemeinschaften und der Europäischen Union muss daher trotz der Einrichtung des Europäischen Parlaments über einen Delegationszusammenhang vermittelt werden, der zwischen nationalen und europäischen Rechtsordnungen besteht.[90] Sie speist sich mittelbar aus den Ermächtigungen der Mitgliedstaaten in den Verfassungen und den nationalen parlamentarischen Zustimmungsgesetzen zu den Gründungsverträgen.[91] Nimmt dieser Verbund demokratischer Staaten hoheitliche Aufgaben wahr und übt der Verband diese Befugnisse aus, die ihm dazu eingeräumt worden sind, leitet sich die demokratische Legitimation dann über die nationalen Parlamente aus den Staatsvölkern der Mitgliedstaaten her.[92] Am Fortbestand dieser Rechtsform Europas als – in der Diktion des BVerfG – Staatenverbund, in den sich die Mitgliedstaaten mit ihrer souveränen Staatlichkeit einfügen, kann sich solange nichts ändern, wie die eingangs ge-

88 Vor diesem Hintergrund wird deutlich, warum zwar einerseits im Einklang mit dem unitarischen Verständnis eine umfassende Parlamentarisierung gefordert wird, andererseits jedoch ein Ausbau der Beteiligung des Europäischen Parlaments keinen Legitimationszuwachs verspricht, so *Grimm*, JZ 1995, 581 (586 ff.); *Ossenbühl*, DVBl. 1993, 629 (634). Es wäre nicht Repräsentant eines Volkes. Seine Beschlüsse könnten mithin nicht als Äußerung der Volkssouveränität gedeutet werden. Vielmehr sind sie – wegen des Machtabflusses – eine Bedrohung für die derzeit einzig legitimen Repräsentaten der *demoi* der Mitgliedstaaten: die nationalen Parlamente.

89 Eine doppelte Legitimation, wie sie vom BVerfG in der Maastricht-Entscheidung inkonsequent insinuiert wird, scheidet bei dieser Denkweise von vornherein aus. Eine weitere Parlamentarisierung der Union mediatisiere nationale Parlamente und hebe die Selbstbestimmung der in den Parlamenten repräsentierten Völker auf. Nur diese seien Träger der Volkssouveränität und Anknüpfungspunkte jeglicher Demokratie. *Kielmansegg* hält eine Kompensation der Einbußen an Parlamentskompetenzen demgegenüber zwar für wünschenswert, aber strukturell nicht zu verwirklichen, da mangels soziokultureller Homogenität und fehlender europäischer Öffentlichkeit kein europäisches Volk bestehe. Diesen Mangel könne kein organisatorisches Arrangement auf europäischer Ebene beheben, *Kielmansegg*, Integration und Demokratie, in: Jachtenfuchs/Kohler-Koch (Hrsg.), Europäische Integration, S. 47 (58).

90 Demokratische Legitimation europäischer Herrschaft sei daher nur über Vermittlung nationaler Parlamente konstruierbar, *Kaufmann*, Europäische Integration und Demokratieprinzip, S. 337 (362, 402 f.); *Randelzhofer*, Zum behaupteten Demokratiedefizit in der Europäischen Gemeinschaft, in: Hommelhoff/Kirchhof (Hrsg.), Der Staatenverbund der Europäischen Union, S. 39 (54).

91 Dies ist die Hauptursache für die Vermischung von Kompetenzfrage und rechtsprinzipieller Legitimationsfrage. Schlüssig ist sie nur, wenn dieser Prämisse gefolgt wird.

92 *Hillgruber*, in: Isensee/Kirchhof (Hrsg.), Handbuch des Staatsrechts, Bd. 2, Der Nationalstaat in der überstaatlichen Verflechtung, § 32 Rn. 102. Aus dieser Erkenntnis ergibt sich ein Erfordernis, europäische Hoheitsgewalt primär durch dasjenige Organ ausüben zu lassen, welches von den mitgliedstaatlichen Regierungen als Anknüpfungspunkt der Legitimationskette besetzt wird. Hieraus erklärt sich die zentrale Rolle des Rats.

nannten Prämissen nicht erfüllt sind. Am schwersten wiegt dabei die Interdependenz mit der Forderung nach einem europäischen *demos*.[93]

II. Demos

Die Existenz eines *demos* hat zugleich legitimierende und limitierende Funktionen. Das Mehrheitsprinzip, also das Recht, der Minderheit den Willen der Mehrheit aufzuzwingen, ist nur im Rahmen der politischen Grenzen legitim, die durch den Begriff des *demos* gezogen werden. Es lässt sich nur innerhalb eines *demos* begründen, da andernfalls nicht von einer *rule by the people* gesprochen werden kann.[94] Legitimation und Begrenzung der Mehrheitsherrschaft ergeben sich somit aus den politischen Grenzen, die über die Bestimmung des *demos* definiert werden. Das Parlament ist daher nicht bloß eine demokratische Institution, das als Forum für Repräsentation von Interessen und politische Willensbildung dient. Es ist die verkörperte Repräsentanz des *demos*. Ein Parlament ohne *demos* ist danach konzeptionell undenkbar. Seine Entscheidungen haben außerhalb der aufgezeigten politischen Grenzen keine normative Autorität. Das Vorliegen eines *demos* und die Beschränkung der Herrschaft auf diesen sind mithin Voraussetzung von Demokratie.[95]

Nicht zweifelsfrei geklärt ist in Staatstheorie und Politikwissenschaften allerdings, welche Voraussetzungen ein solcher *demos* zwingend erfüllen muss, um als Träger der verfassungsgebenden Gewalt einem verfassten Gemeinwesen demokratische Legitimation zu geben.[96] In Europa wird *demos* regelmäßig mit dem Erfordernis eines Staatsvolks bzw. einer staatstragenden Nation gleichgesetzt.[97] Dennoch hellt dieses Konzept den Begriff des *demos* kaum auf.[98] Die Kriterien, nach denen sich eine Nation zusammenfindet und von anderen abgrenzt, sind höchst divergent

93 Vgl. dazu *Augustin*, Das Volk in der Europäischen Union: Zu Inhalt und Kritik eines normativen Begriffs, S. 34 ff.

94 Minderheit und Mehrheit müssen zum selben *demos* gehören, damit die Herrschaft der Mehrheit nicht zu Tyrannei und Segregation verkommt.

95 Die Verfassung institutionalisiert und organisiert ein Gemeinwesen; die Berechtigung zu diesem Schritt und die Reichweite dieser Berechtigung sind durch das Vorhandensein eines homogenen Volks bedingt. Anders gewendet lässt sich daher formulieren, dass das Volk seine Verfassung quasi besitzt.

96 An dieser Scheidelinie prallen Auffassungen aufeinander, die *Rittberger* als *essentialist* einerseits und *constructivist* andererseits etikettiert, Building Europe's Parliament, S. 32.

97 Das Konzept der Nation bildet die Grundlage moderner nationalstaatlicher Demokratien in Europa, wonach die Nation und ihre Mitglieder die politische Gemeinschaft konstituieren, die den Rahmen für die Legitimation der Regierung durch die Mehrheit ihrer Mitglieder schafft.

98 Für die Romantik war die Nation das zur Person erhobene und anthropomorph gedeutete Volk, *Hattenhauer*, Die geistesgeschichtlichen Grundlagen des deutschen Rechts, Rn. 131. Etymologisch bedeutet Nation gemeinsame Abstammung und wird abgeleitet vom lateinischen Wort „natio", d.h. Geburt, Volksstamm, Gattung, Sippschaft.

und kontingent.[99] Definitorische Ansätze bemühen Natur, Kultur, Geschichte, Sprache, politischen Diskurs oder gemeinsame Werte.[100] Gemein ist ihnen eine gewisse Übereinstimmung bezüglich typischer Strukturelemente. Verlangt sind ein Kollektiv von Menschen von überpersonaler Konsistenz und historischer Dauerhaftigkeit, die eine reale Wirksamkeit aufweisen.[101] Als notwendig wird deshalb auch ein gewisses Maß an gemeinsamen Grundauffassungen der Bürger über die Art und Ordnung ihres Zusammenlebens[102] sowie ergänzend ein subjektives Moment des Zusammengehörigkeitsgefühls bzw. kollektiver Identität erachtet.[103] Deren Basis kann grundsätzlich ethnisch-kultureller oder sprachlich-kultureller Natur, geschichtlich, religiös, diskurstheoretisch oder werteorientiert geprägt sein.[104] Welche Kriterien sich letztlich durchsetzen, ist oft abhängig von fundamentalen Wertungen und Organisationsstrukturen in den betroffenen Geweinwesen und in historischer Perspektive vor allem von den gehegten Nationalstaatsabsichten.[105] In Europa konkurrierten insbesondere ein organischer Volksbegriff und ein republikanischer Nationsbegriff miteinander. Während das organische Konzept mit dem sprachlichen Volksnationalismus

99 *Peters*, Elemente einer Theorie der Verfassung Europas, S. 654, weist darauf hin, dass es sich um keine historischen Konstanten handelt, sondern Überschneidungen und Aufweichungen im Laufe der Zeit durchaus wahrnehmbar waren.

100 Zur Geschichte des Volksbegriffs *Grawert*, in: Isensee/Kirchhof (Hrsg.), Handbuch des Staatsrechts, Bd. 2, Staatsvolk und Staatsangehörigkeit, § 16 Rn. 8 ff.

101 *Grawert*, in: Isensee/Kirchhof (Hrsg.), Handbuch des Staatsrechts, Bd. 2, Staatsvolk und Staatsangehörigkeit, § 16 Rn. 2. Als Staats- und Regierungsform kennt Demokratie neben ihren Strukturprinzipien insofern auch vorgelagerte, soziokulturelle und ethische Voraussetzungen, von deren Vorhandensein die Lebens- und Funktionsfähigkeit des Organisationsprinzips abhängt, *Böckenförde*, in: Isensee/Kirchhof (Hrsg.), Handbuch des Staatsrechts, Bd. 2, Demokratie als Verfassungsprinzip, § 24 Rn. 60 ff., 75 ff. Komprimiert wird das Erfordernis nach einer solchen gesellschaftlichen Grundlage in der Forderung nach der Existenz eines demos, durch den und für den demokratische Meinungsbildung und Entscheidungsfindung stattfinden.

102 Dazu zählen die Ordnungsstruktur und Verfasstheit der betroffenen Gesellschaft und die geistig-bildungsmäßigen Gegebenheiten der Bürger dieser Gesellschaft. *Böckenförde* stuft das Vorhandensein einer gewissen Emanzipationsstruktur der Gesellschaft, die Abwesenheit theokratischer Religionsformen mit universalem Lenkungsanspruch sowie das Vorhandensein einer relativen Homogenität innerhalb der Gesellschaft als wesentliche gesellschaftliche Voraussetzungen ein, *Böckenförde*, in: Isensee/Kirchhof (Hrsg.), Handbuch des Staatsrechts, Bd. 2, Demokratie als Verfassungsprinzip, § 24 Rn. 60.

103 *Jellinek*, Allgemeine Staatslehre, S. 406 ff.; Böckenförde, Staat, Nation, Europa, in: ders., Staat, Nation, Europa, S. 11 (63); *Grimm*, JZ, 1995, 581 (590). Die subjektive Manifestation wird in einem Gefühl kollektiver Identität bzw. sozialer Zusammengehörigkeit aufgrund gemeinsamer Geschichte, Kultur, Sprache und Gemeinschaftsschicksals gesehen.

104 Demokratie ist keine apriorische Gegebenheit, sondern eine Hervorbringung geschichtlicher Entwicklung und Kultur, *Böckenförde*, in: Isensee/Kirchhof (Hrsg.), Handbuch des Staatsrechts, Bd. 2, Demokratie als Verfassungsprinzip, § 24 Rn 58.

105 *Grawert*, in: Isensee/Kirchhof (Hrsg.), Handbuch des Staatsrechts, Bd. 2, Staatsvolk und Staatsangehörigkeit, § 16 Rn. 14.

Herders, dem Ahnherren der Volkskunde, assoziiert wird,[106] fällt im Zusammenhang mit dem republikanischen Konzept nahezu zwangsläufig der Name *Renans* begleitet von einem Verweis auf dessen berühmte Sentenz vom „*plébiscite de tous les jours*". Man kann insofern auch von einer Juxtaposition von deutscher und französischer Konzeption sprechen.

Die hier erörterte Denktradition folgt der Einsicht, dass ein Staat nicht willkürlich durch Verfassungsakt begründet wird, sondern die Existenz eines Staatsvolks mit vorrechtlicher Gleichartigkeit als Träger der *pouvoir constituant* voraussetzt.[107] Diese Homogenität wird im natürlichen Sinn verstanden,[108] worin gerade ihr vorrechtliches Wesen aufscheint. Sie ist für viele deutsche Staatsrechtler sowie für das Bundesverfassungsgericht unverzichtbar.[109] Volk und Staat ließen sich nicht beliebig – auch nicht republikanisch deliberativ – bilden.[110] Die notwendige vorrechtliche Homogenität kristallisiere sich erst in einem langen Entwicklungsprozess heraus. Diese Sichtweise beruht auf Annahmen über das Wesen eines Staatsvolks, die in der deutschen Tradition der ethnisch-kulturell-sprachlichen Gemeinschaft begründet sind.[111] Nach den Vorreitern dieser Auffassung ist der *demos*-Begriff mithin organisch i.S.d.

106 Für *Herder* ist Volksgeist der bleibende Charakter der Völker und damit ein eher beharrendes Element im Prozess des historischen Wandels. Der Volksgeist ist ein genetischer Geist und bleibt als Charakter eines Volkes unauslöschlich, *Herder*, Sämtliche Werke, Suphan (Hrsg.), Bd. XIV, S. 38. Dieser Volksgeist oder die Volksseele kommt vor allem in seiner Sprache durch Volkslieder („Stimmen der Völker in Liedern"), Volksmärchen und Volksdichtung zum Ausdruck, *Hattenhauer*, Die geistesgeschichtlichen Grundlagen des deutschen Rechts, 4. Aufl. 1996, Rn. 131. Die Sprache ist nicht nur bloßes Ausdrucks- und Verständigungsmittel, sondern Inkarnation kollektiver Erfahrung und Identität. Folglich hatte für Herder jedes Volk, und damit jede Nation, eine eigene unveränderliche Identität, die sprachphilosophisch und anthropologisch begründet war. Dieser Volksgeist ist dem Einzelnen als Identität naturhaft gleichsam vorgegeben (genetische Individualität eines Volkes). Für die nationalistischen Bewegungen des 19. Jahrhunders war Herders organisches Konzept des Volksgeists deshalb von großer Bedeutung. Als Bedingungsfaktor legitimierte und begrenzte es Volkssouveränität; zu Herder vgl. auch *Zammito*, John, Kant, Herder and the Birth of Anthropology (2002); *Berlin*, Three Critics of the Enlightenment: Vico, Hamann, Herder (2000).

107 *Böckenförde*, in: Isensee/Kirchhof (Hrsg.), Handbuch des Staatsrechts, Bd. 2, Demokratie als Verfassungsprinzip, § 24 Rn. 47.

108 *Böckenförde*, Die verfassungsgebende Gewalt des Volkes – ein Grenzbegriff des Verfassungsrecht, in: Preuß (Hrsg.), Zum Begriff der Verfassung, S. 58 (63).

109 *Kirchhof*, Isensee/Kirchhof (Hrsg.), Handbuch des Staatsrechts, Bd. VII, Der deutsche Staat im Prozess der europäischen Integration, § 183 Rn 25 (28 f.). Dieses Verständnis scheint auch in der Maastricht-Entscheidung des BVerfG durch. Es enthüllt tieferliegende Vorstellungen über die Natur einer polity und die Kriterien der Mitgliedschaft in ihr. Jenseits des deutschen Verfassungstexts wird an ethno-kulturelle Kriterien angeknüpft, die über die Gestalt des demos und die Zugehörigkeit zu ihm entscheiden.

110 Jenseits formaler Argumente bedürfe es eines Vertrauens der Minderheit in die Mehrheit als Teile einer politischen Schicksalsgemeinschaft. Dieser Gemeinsamkeitsglaube gründet sich auf präexistente Gemeinsamkeiten, die eine kollektive Identität begründen, s.o. *Böckenförde*, Staat, Nation, Europa, in: *ders.*, Staat, Nation, Europa, S. 11 (111) - relative Homogenität, die die politische Ordnung und das soziale Miteinander trage.

111 *Peters*, Elemente einer Theorie der Verfassung Europas, S. 653.

Volksgeistlehre zu verstehen. Ein Volk ist eine vorstaatliche, vorrechtliche Größe, die nicht durch staatlichen Willen erzeugt wird, sondern dem Staat vorausliegt. Es ist in diesem Sinn Nation.[112] Die Nation bildet den Legitimationsgrund des Staates und in Form des Staatsvolks, das aus der Konstitutierung der Nation in einem Staat hervorgeht, die einzig mögliche Quelle der Legitimität von Herrschaftsgewalt gegenüber der Nation.[113]

Diesem Volk werden ein organisches Wesen und ein arteigener Volksgeist (bzw. kollektives Volksbewusstsein) nachgesagt.[114] Der Begriff des Volksgeists war ursprünglich mit der Reflexion über die Eigenheiten einer Nation und die Bedeutung und Facetten der Zugehörigkeit zu einer Gruppe verbunden.[115] Die Grundpositionen der Volksgeistlehre finden sich jedoch nicht nur bei *Herder*, sondern auch bei *Montesquieu*.[116] Zu den wesentlichen Thesen in *Montesquieus* „*De l'esprit des lois*" gehört, dass Gesetz und Recht im „*esprit de la nation*", d.h. in den Sitten, in der Kultur und in den Verhaltensgewohnheiten eines Volkes wurzeln.[117] Der Gesetzgeber muss diesem *esprit de la nation* folgen, um Tyrannei als Folge seiner Missachtung zu vermeiden. Diese Volksgeistidee blieb auch im ausgehenden 18. und beginnenden 19. Jahrhundert historisch orientiert und betonte die Kontinuität von Nation und Kultur. In diesem Sinne konvergieren Volk und Nation zu einem lebendigen, dynamischen Wesen.[118] Ab Beginn des 19. Jahrhunderts wurde sie jedoch zugleich zunehmend von Romantik und Nationalismus politisch radikalisiert und zum Kampfbegriff.[119] Nach konservativer Grundhaltung sollten Recht und Verfassung sich aus dem Volksgeist schöpfen, denn jedes Volk besitze seinen besonderen charakteristischen und unveränderlichen Geist.[120] Als Quelle von Recht und Verfassung ging der

112 *Isensee*, FS Roellecke, S. 137 (146).

113 *Isensee*, JZ 1999, 265 (277).

114 *Grawert*, in: Isensee/Kirchhof (Hrsg.), Handbuch des Staatsrechts, Bd. 2, Staatsvolk und Staatsangehörigkeit, § 16 Rn. 9.

115 *Würtenberger*, Zeitgeist und Recht, S. 55.

116 *Würtenberger*, Zeitgeist und Recht, S. 61.

117 *Montesquieu*, L'Esprit des Lois, in: Caillois (Hrsg.), Montesquieu: Oeuvres Complètes, Tome 2, Liv. XIX, Chap. 4, 5, zum Relativismus und Determinismus *Montesquieus* siehe vor allem Chap. 14.

118 Diese metaphysische Verbundenheit bewirkt eine Personifizierung des Volkes und veranschaulicht zugleich jenes Einheitsdogma, das den Staatslehren von *Hobbes* oder *Rousseau* eigen ist. Vor allem Letzterer hat einem organisch-holistischen Volksbegriff Vorschub geleistet, *Kielmansegg*, Volkssouveränität. Eine Untersuchung der Bedingungen demokratischer Legitimität, S. 231; zu *Rousseaus* Legitimationstheorie der Republik ausführlich *Gröschner*, Isensee/Kirchhof (Hrsg.), Handbuch des Staatsrechts, Bd. 2, § 23, Rn. 23 ff.

119 So hieß es bei *Fichte*: Ein Volk ist vor aller menschlichen Kunst vorher durch die bloße Natur mit einer Menge von unsichtbaren Banden aneinander geknüpft; es versteht sich untereinander und ist fähig, sich immerfort klarer zu verständigen, es gehört zusammen, und ist natürlich Eins und ein unzertrennliches Ganzes, Reden an die deutsche Nation, in: I. Fichte (Hrsg.), Fichtes Werke, Band VII, Rede 13, S. 460.

120 Auf dem staats- und geschichtsphilosophischem Fundament der Volksgeistlehre bauten die Staatsphilosophie der Romantik und die historische Rechtsschule auf. Gerade die Pflege der Rechtskultur eines Volkes gehörte zum Programm der historischen Rechtsschule, *Würtenber-*

„Volksgeist" damit eine eigentümliche Verbindung mit dem Prinzip der Volkssouveränität ein, die noch heute in der Argumentation der konservativen Staatstheorie fortlebt. Nicht abschließend konsentiert sind in der Gegenwart allein die notwendigen Zutaten und die genaue Rezeptur vorrechtlicher Homogenität. Im Einklang mit den intellektuellen Wurzeln in der organischen Definition des *demos*, dem von jeher ein Konzept zu Grunde liegt, das ethnisch-kulturell aufgeladen war und vorpolitisch-völkische Konnotationen aufweist,[121] gewinnt ein Volk seine Gleichartigkeit aus natürlichen Kriterien wie ethnischer Zugehörigkeit, kultureller Prägung oder Sprache.[122] Die gemeinsame Sprache ist nach Auffassung *Kirchhofs* dabei allerdings das wesentlichste Element vorstaatlicher Homogenität, da es erst die Grundlage und den kulturellen Rahmen für weitere Manifestationen des „Volk seins" schafft, insbesondere gemeinsame Herkunft, Geschichte, Bräuche und Sensibilitäten.[123] Die sozialpsychologische Komponente des subjektiven Zugehörigkeitsgefühls ruhe insofern ebenfalls in objektiven, organischen Elementen, die sich empirisch begründen lassen

ger, Zeitgeist und Recht, S. 65; vgl. insbesondere *v. Savigny*, Vom Beruf unserer Zeit für Gesetzgebung und Rechtswissenschaft, S. 8 ff. - ebenso wie Sprache, Sitte oder Lebensgewohnheiten gehören Recht und Verfassung zum Geist eines Volkes.

121 Historisch wichtigste Referenz für die Forderung vorstaatlicher Homogenität ist Carl Schmitt, *Pernice*, AöR 120 (1995), S. 100 (104). Volk, Nation und Staat sind für *Schmitt* eine natürliche Einheit, vgl. *Schmitt*, Verfassungslehre, S. 231, 251; *ders*., Die geistesgeschichtliche Lage des heutigen Parlamentarismus, S. 14. Zur Demokratie gehört danach notwendig erstens die Homogenität und zweitens – nötigenfalls – die Ausscheidung oder Vernichtung des Heterogenen; sehr kritisch daher *Weiler*, 1 European Law Journal (1995), 219 (251 f.) - gerade der Gedanke der organischen Zugehörigkeit zu einer Kultur und die damit verbundene Exklusionswirkung drohe stets Gefahr zu laufen, Nährboden für Chauvinismus und Rassismus zu bilden.

122 *Kirchhof* sieht Volk und Nation als Sprachgemeinschaft: die gemeinsame Sprache sei das wesentlichste Element vorstaatlicher Homogenität, da in der Sprachgemeinschaft zugleich eine Kulturgemeinschaft vorgefunden werde, in: Isensee/Kirchhof (Hrsg.), Handbuch des Staatsrechts, Bd. 2, Deutsche Sprache, § 20 Rn 5. Allein die sprachliche Verständigung befähigt eine Gruppe von Menschen zu einem Staatsvolk zusammenzufinden und damit eine Demokratie zu begründen, Rn 2. Staatsvolk und Nation entstehen und bestehen als Sprachgemeinschaft. Aus den Sprachen sind die Völker, nicht aus den Völkern die Sprachen entstanden, Rn 5.

123 *Kirchhof*, in: Isensee/Kirchhof (Hrsg.), Handbuch des Staatsrechts, Bd. VII, Der deutsche Staat im Prozess der europäischen Integration, § 183 Rn 25, ders., in: Isensee/Kirchhof (Hrsg.), Handbuch des Staatsrechts, Bd. 2, Deutsche Sprache, § 20 Rn 5, 112. Der Gedanke der organischen Volksnation, die hinreichend homogen ist, um einen gemeinsamen politischen Willen zu bilden, spielt auch für Grimm die entscheidende Rolle. Die vorrechtliche Basis der Identität einer Nation entspringe ihrer ethisch-politischen Kollektivität, deren wesentliches Band die gemeinsame Sprache sei, *Grimm*, JZ 1995, 581 (588 f.). Weiler weist darauf hin, dass eine umfassende Bestimmung und Addition dieser Momente die Essenz des Volksbegriffs nicht zu fassen vermag, da sie durch ein spirituell-mythisches Band zu einem größeren transpersonalen Ganzen raffiniert werden, Weiler, 1 European Law Journal (1995), 219 (246 f.).

müssen.[124] Eine so entstehende vorstaatliche Gemeinschaft drängt nach ihrem Verständnis auf ihre politische Organisation und findet sich als natürliche Einheit im Nationalstaat zusammen.[125] Der Nationalstaat ist danach der natürliche Ausdruck institutionalisierter Rechtseinheit und Handlungsfähigkeit der vorstaatlichen homogenen Gemeinschaft.[126]

Unverhandelbare Prämisse europäischer Demokratie ist daher für Verfechter dieser Meinung die Emergenz eines zusammengehörenden, weil vorrechtlich homogenen euopäischen Staatsvolks. Demokratische Legitimation kann entspechend ihrer holistisch geprägten Demokratiekonzeption auch auf europäischer Ebene nur von einem Staatsvolk als Legitimationssubjekt ausgehen, das eng, dauerhaft und schicksalhaft verbunden ist, sich jedoch nicht auf eine Mehrheit von Völkern stützen.[127] Diese demokratietheoretische *conditio sine qua non* vermag die Europäische Union nicht zu erfüllen. Sie ist kein Bund einer organisch-homogenen Gemeinschaft von europäischen Bürgern, die sich auch als eine solche verstehen würde. Die Verleihung zahlreicher Rechte und Freiheiten auf Unionsebene verschmilzt sie nicht zu einem Unionsvolk. Den Bürgern sind im Rahmen der EU zwar eine Unionsbürgerschaft und transnationale Individualrechtspositionen, insbesondere in Gestalt der Grundfreiheiten des Gemeinsamen Marktes, eingeräumt worden, auf die sich die „Marktbürger" ohne die Notwendigkeit eines zusätzlichen nationalen Rechtsakts berufen und die sie gegenüber entgegenstehendem nationalen Recht auch durchsetzen können.[128] Gewährt werden diese Rechte jedoch durch völkerrechtliche Verträge. Sie stehen zur Disposition der Mitgliedstaaten und schaffen keine Grundbeziehung zwischen Bürgern und Europäischer Union wie sie das Staatsbürgerverhältnis kennzeichnet.[129] In Ermangelung einer solchen sozialen Kohäsion – deren Emergenz die

124 *Böckenförde*, Die verfassungsgebende Gewalt des Volkes – ein Grenzbegriff des Verfassungsrechts, in: Preuß (Hrsg.), Zum Begriff der Verfassung, S. 58 (63); Grimm, JZ 1995, 581 (590).

125 Nation schafft politische Identität und kulturelle Einheit, *Rehm*, RabelsZ 72 (2008), S. 1 (23).

126 *Grawert*, in: Isensee/Kirchhof (Hrsg.), Handbuch des Staatsrechts, Bd. 2, Staatsvolk und Staatsangehörigkeit, § 16 Rn. 18. Man sieht die verfasste Staatsgewalt daher sogar in der Pflicht, die Identität des Staatsvolks auf Dauer zu erhalten; nicht zuletzt, indem die kulturelle Einheit der Nation gewährleistet wird, Hillgruber, in: Isensee/Kirchhof (Hrsg.), Handbuch des Staatsrechts, Bd. 2, Der Nationalstaat in der überstaatlichen Verflechtung, § 32 Rn. 22.

127 *Kirchhof*, in: Isensee/Kirchhof (Hrsg.), Handbuch des Staatsrechts, Bd. VII, Der deutsche Staat im Prozess der europäischen Integration, § 183 Rn. 33; *Di Fabio*, Der Staat 32 (1993), 191 (200 f.) - Staat und Demokratie sind untrennbare Einheiten. Herrschaft des Volkes sei nur im Staat zu verwirklichen. Der Staat ist die natürlich vorgegebene Einheit des politischen Lebens. Das Wesen der modernen deutschen Staatsidee beruht auf der Einheit von Staat und Volk. Der Staat ist das organisierte Volk.

128 *Hillgruber*, in: Isensee/Kirchhof (Hrsg.), Handbuch des Staatsrechts, Bd. 2, Der Nationalstaat in der überstaatlichen Verflechtung, § 32 Rn. 99.

129 *Hillgruber*, in: Isensee/Kirchhof (Hrsg.), Handbuch des Staatsrechts, Bd. 2, Der Nationalstaat in der überstaatlichen Verflechtung, § 32 Rn 99. Die Unionsbürgerschaft aus Art. 17 EGV komplementiert lediglich die nationale Staatsbürgerschaft.

Gründung eines europäischen Bundesstaates nicht nur ermöglichte, sondern geradezu verlangte – kann es mithin keine Demokratie in der EU geben.[130] Den Mangel an soziokultureller Homogenität könne kein organisatorisches Arrangement auf europäischer Ebene beheben.[131] Aktuell genießen und stiften daher allein die Mitgliedstaaten demokratische Legitimation, denn nur sie dürfen sich als verfasster politischer Arm eines souveränen Volkes verstehen.[132] Die Grundstruktur des europäischen Gesamtverbandes kann daher wiederum nur diejenige der zwischenstaatlichen Gemeinschaft sein. Ein Mittelweg, der die EG/EU gerade wegen der transferierten Rechte und wahrgenommenen Regierungsfunktionen zu einem komplementären Teilsouverän neben den Mitgliedstaaten erhöbe, scheint überdies auch aus einem weiteren Grund ausgeschlossen. Die beschriebene Souveränität des Volkes gilt nach ihrem Begriff und Wesen als unteilbar.[133]

III. Souveränität

Die Verteidiger unitarischer parlamentarischer Demokratie verkoppeln zum einen Volkssouveränität mit parlamentarischer Demokratie und sehen zum anderen Souveränität denklogisch als einheitlich und unteilbar an. Diese Lehre folgt dem Leitbild des nationalen Einheitsstaats.[134] In diesem Modell wird die Staatsgewalt immer aus einer höchsten, allumfassenden Gewalt abgeleitet. Die einheitliche, alles überragende Letztentscheidungsgewalt kann nur einem Herrschaftssubjekt zustehen. Staats-

130 Vgl. auch *Kirchhof*, Die rechtliche Struktur der Europäischen Union als Staatenverbund, in: *von Bogdandy* (Hrsg.), Europäisches Verfassungsrecht, S. 893 (910 f., 922 f., 927 f.).

131 *Kielmannsegg*, Integration und Demokratie, in: Jachtenfuchs/Kohler-Koch (Hrsg.), Europäische Integration, S. 47 (58). Die gegenwärtig noch dominante ethnisch geprägte Nationalidentität ist durch Integration mit der Zeit veränderbar, Böckenförde, Staat, Nation, Europa, in: *ders.*, Staat, Nation, Europa, S. 11 (34, 54 ff.). Hierfür bedürfe es aber eines längeren, spürbaren Veränderungsprozesses. Die notwendige relative Homogenität kann daher auch nicht durch Rechtsetzung oder Reformierung des Primärrechts herbeigeführt werden. Eine demokratische Rechtsordnung kann ihre vorrechtlichen Voraussetzungen nicht selbst schaffen, sondern muss sie vorfinden.

132 Da die sozialpsychologische Grundlage auf Ebene der Europäischen Union fehlt, ist eine input-orientierte Demokratie auf europäischer Ebene nicht zu verwirklichen, *Scharpf*, Governing in Europe - Effective and Democratic?, S. 18 f. Voraussetzung für das Entstehen originärer Legitimation seien europaweite Kommunikations- und Meinungsbildungsprozesse durch europäische Parteien und eine europäische Öffentlichkeit. Solche Strukturen seien derzeit nur auf nationaler Ebene vorzufinden, die aber von der Europäisierung bedroht seien, S. 20.

133 Ausführlich *Oeter*, Föderalismus, in: v. Bogdandy (Hrsg.), Europäisches Verfassungsrecht, S. 59 (78 ff.).

134 *Oeter*, Föderalismus, in: v. Bogdandy (Hrsg.), Europäisches Verfassungsrecht, S. 59 (84). Entsprechend dem Bismarck'schen Bundesstaatsmodell konnte dieser Bundesstaat nur noch als eine Art dezentralisierter Einheitsstaat begriffen werden, S. 83. Die strukturbildende Kraft des Territorialstaats für das europäische Staatensystem wirkt sich in diesem Punkt nachhaltig aus; zur etatistischen Grundprägung der deutschen Staatsrechtslehre, Peters, Elemente einer Theorie der Verfassung Europas, S. 98 ff.

theoretisch steht diese Unteilbarkeitslehre jedoch in einer absolutistischen Denktradition.[135] Unbeschränkbarkeit und Unteilbarkeit der Souveränität waren ein unbestrittenes Axiom der konstitutionellen Monarchie. Der klassische Begriff der Souveränität geht auf die politische Theorie der Frühneuzeit zurück und betont die faktische Macht des Staates, die in der Innehabung des staatlichen Gewaltmonopols gipfelt.[136] Danach ist Souveränität der Inbegriff von Gewaltmonopol und Letztbestimmungsmacht (bei *Bodin* des Königs als Träger der höchsten Gewalt) nach innen sowie Unabhängigkeit von externer Fremdbestimmung nach außen (ursprünglich gegen Kaiser und Papst).[137] Dieses Verständnis durchdringt später auch die Philosophie der Aufklärung[138] und erfährt dadurch eine Verknüpfung mit den bis heute kennzeichnenden staatstheoretischen Elementen republikanisch-demokratischer Provenienz.[139] Staatliche Souveränität (als Ausprägung von Volkssouveränität) und staatliche Legitimität bilden seither einen historisch festen Konnex.[140] Der hauptsächliche Grund für diese Ausrichtung dürfte darin liegen, dass der Entfaltung des Demokratieprinzips als Bezugssubstrat in der nach wie vor prägenden Staatstheorie des 19. Jahrhunderts eine Staatlichkeit zugrunde gelegt wurde, die wesentlich vom – immer noch absolutistisch verstandenen – Begriff der Souveränität her instruiert ist

135 *Oeter*, ZaöRV 55 (1995), S. 659 (672).

136 *Bodin*, Les six livres de la République, I. Buch, 8 Kap.; *Hobbes*, Leviathan, Part II, Chap. 17, 18. Auch der Souverän bei Hobbes genießt alle Attribute absoluter Herrschaft. Seine Souveränitätslehre nimmt allen anderen Gewalten ihre Eigenständigkeit. Alle politischen Anordnungsbefugnisse müssen vom Souverän angeleitet werden, erläuternd Hofmann, Einführung in die Rechts- und Staatsphilosophie, S. 141.

137 *Randelzhofer*, in: Isensee/Kirchhof (Hrsg.), Handbuch des Staatsrechts, Bd. 2, Staatsgewalt und Souveränität, § 17 Rn. 14, 16, 19. Gestützt wird dies auf die volkssouveräne Ausgestaltung der Verfassungsordnung von innen, verstanden als Ableitung der Herrschaftsbefugnis von den Herrschaftsunterworfenen. Sie hat interventionsausschließende Funktionen und sichert Impermeabilität der Körperschaft Staat nach außen. Diese Form der Selbstbestimmung ist bezogen auf eine vorausgesetzte Einheit, die sich als geschlossenes System einen Staatsbegriff konstituiert, in dem ein enger Wechselseitigkeitszusammenhang von Volksherrschaft, Volksbegriff und staatlicher Autonomie systemprägende Bedeutung hat, vgl. dazu Sander, Repräsentation und Kompetenzverteilung, S. 380. Der Staat präsentiert sich als geschlosseninstitutionelle Einheit von Volk, Herrschaft und Territorium. Die Geschlossenheit ist eine vom Volksbegriff als homogener Einheit vorgefasste Prägung, *Sander*, S. 381.

138 Bei *Hegel* verbürgt der Monarch als Verkörperung der Souveränität und Persönlichkeit des Staates die wirkliche Einheit des Staates, *Hegel*, Grundlinien der Philosophie des Rechts, §§ 279, 281. Nur die Person des Monarchen bot *Hegel* als Gestalt souveräner Selbstbestimmung und absoluter Selbstzweckhaftigkeit die vollkommene Souveränität, die alle Momente der Staatsgewalt in sich vereint, *Hofmann*, Einführung in die Rechts- und Staatsphilosophie, S. 182.

139 Diese Vorstellung von Homogenität und Einheitlichkeit der Staatsgewalt begründet das Machtmonopol des modernen Staates. Der Gedanke, dass die Staatsgewalt eine einzige sei, wirkt in der demokratischen Doktrin vom Volk als dem Träger der Staatsgewalt nach, *Hofmann*, Einführung in die Rechts- und Staatsphilosophie, S. 142.

140 Zur Entwicklung der Idee der Staatssouveränität, *Randelzhofer*, in: Isensee/Kirchhof (Hrsg.), Handbuch des Staatsrechts, Bd. 2, Staatsgewalt und Souveränität, § 17 Rn 20.

und das Wesen souveräner Staatlichkeit in der Exklusivität und Letztgültigkeit staatlicher Entscheidung für das Gemeinwesen sieht.[141]

Diese Souveränität war als *suprema potestas* ursprünglich im Monarchen konzentriert und allumfassender und ausschließlicher Anknüpfungspunkt staatlicher Herrschaft. Alle Staatsgewalt hatte sich aus ihr abzuleiten. Die Tendenz zum Gewaltenmonismus ist diesem Gedankenmodell mithin eingeboren. Mit dem Ende des Absolutismus wurde lediglich der Träger der Souveränität zu Gunsten des Volkes ausgetauscht,[142] nicht aber die Grundkonzeption verändert.[143] Das im Nationalstaat verfasste Staatsvolk brauchte als Herrschaftsverband nur noch anstelle des ursprünglichen Monarchen dessen Platz als Inhaber der Souveränität einzunehmen. Mit einem derart verengten Souveränitätsbegriff schafft man im selben Schritt eine präzise theoretische Grundlage für den Gewaltenmonismus der Parlamentssouveränität und eine scheinbar unauflösliche Verbindung von Volkssouveränität und Nationalstaatsprinzip, die heute als Produkt der liberalen Volksstaatsidee begriffen wird. Souverän ist ein Volk nach dieser Auffassung deshalb nur, wenn „sein" Staat nach innen die höchste, unabgeleitete, ungeteilte Herrschaftsgewalt innehat und nach außen unabhängig von anderen Staaten ist.[144] Jede Beeinträchtigung dieser Alleinstellung berührt die vitalen Lebensinteressen des Staates und ist mit einer Gefährdung der Volkssouveränität verbunden. Gerade die Parlamentarisierung der europäischen Willensbildungsprozesse und die Schaffung überstaatlicher Rechtsetzungsverfahren impliziert jedoch eine Konkurrenzsituation zu den nationalen Parlamenten, die die

141 Vgl. *Laband*, Deutsches Reichsstaatsrecht, S. 17 - Der Begriff der Souveränität als die oberste, höchste, nur sich selbst bestimmende Macht schließt ihre Unbeschränktheit logisch ein und folglich auch ihre Unteilbarkeit.

142 „Der Fürst überlebt die Aufklärung nicht, doch die Souveränität, die sich mit ihm verbindet, überlebt und wird an das Volk weitergereicht", *Haltern*, Was bedeutet Souveränität?, S. 84. An der Souveränität konnte teilhaben, wer sich tatsächlich am öffentlichen Leben beteiligen konnte. Unterschiede hinsichtlich der Partizipation wurden hierzu eingeebnet. Das Projekt der Volkssouveränität wurde für alle geöffnet, die Teil des Gemeinwesens waren. Der Rechtsunterworfene kann auf mystische Weise eins werden mit dem staatlichen Projekt. Die Bezeichnung für dieses *mysterium tremendum*, das sich nur imaginativ erklären lasse, heißt Souveränität.

143 In praxi folgt daraus ein Gewaltenmonismus, durch den der Staat als Herrschaftsverband zum eigentlichen Inhaber der Souveränität mutiert, *Oeter*, Föderalismus, in: v. Bogdandy (Hrsg.), Europäisches Verfassungsrecht, S. 59 (85).

144 *Merten*, Rechtsstaat und Gewaltmonopol, S. 33. Das Attribut der Souveränität soll dazu dienen, den Staat wesentlich von anderen Machtträgern zu unterscheiden. Souveränität ist nach *Jellinek* zwar kein notwendiges Staatsmerkmal, aber doch ein exklusives Merkmal von Staaten, Allgemeine Staatslehre, S. 486 ff.; diese Exklusivität als Wesensmerkmal von Staaten findet sich auch bei *Kelsen*, Allgemeine Staatslehre, S. 116; *Heller*, Die Souveränität. Ein Beitrag zur Theorie des Staats- und Völkerrechts, S. 110-117. *Weber* sieht im Gewaltmonopol das Spezifikum des modernen Staats, Wirtschaft und Gesellschaft: Grundriß der verstehenden Soziologie, S. 822. Staat sei diejenige menschliche Gemeinschaft, welche innerhalb eines Gebiets das Monopol legitimer physischer Gewaltsamkeit beansprucht; ähnlich *Isensee*, in: Isensee/Kirchhof (Hrsg.), Handbuch des Staatsrechts, Bd. 3, Gemeinwohl und Staatsaufgaben im Verfassungsstaat, § 57 Rn. 42 - differentia specifica des Staates.

Substanz fortbestehender staatlicher Souveränität in Frage stellt.[145] Die Rechtsetzungsbefugnis macht den Kern nationalstaatlicher Souveränität aus.[146] Mit der Einführung supranationaler oder internationaler Rechtsetzungsverfahren, die das nationale Parlament ersetzen oder wenigstens in gewissem Umfang binden, geht deshalb zwangsläufig ein Verlust an Volkssouveränität einher.[147] Schließen sich mehrere souveräne Staaten politisch zu einer Gemeinschaft zusammen, darf diese somit nur die Form eines Staatenbundes annehmen, solange die Souveränität nicht vollumfänglich von den Mitgliedstaaten auf einen supranationalen Staat abfließt. Ein Bundesstaat Europa ist nur als souveräner Staat unter gleichzeitiger Abgabe nationalstaatlicher Souveränität denkbar.[148] Ganz abgesehen vom Fehlen eines Unionsvolks als potentiellem Träger gesamteuropäischer Souveränität steht einer solchen Konstruktion die evolutiv-inkrementelle Konstituierung der Union entgegen.[149] Die EU könne daher nur konföderaler Natur sein, da im Ausgangspunkt immer noch die Mitgliedstaaten die Fixpunkte der europäischen Ordnung und Entwicklung bilden.

Nach Erläuterung der Prämissen des Staatsrechts kann im Anschluss der Blick auf die Strafrechtswissenschaft gerichtet werden. Auch hier sind es im Wesentlichen drei Prämissen, die die kategorische Absage an die demokratische Legitimationsfähigkeit europäischen Strafrechts tragen.

B. Prämissen der Strafrechtswissenschaft

Der Transfer strafrechtlicher Legislativaufgaben auf eine übernationale Ebene gilt als unvereinbar mit der Notwendigkeit parlamentarisch-demokratischer Legitimation von Strafgesetzen durch nationale Parlamente (I.) und der traditionellen – als untrennbar postulierten – Einheit von nationalstaatlicher Souveränität und Strafrechtsetzung, verkörpert durch das staatliche Gewaltmonopol (II.). Ein Eingriff der EU in ein solches Kompetenzrefugium, das als ureigene nationale Domäne wahrgenommen wird, ignorierte auch die Kulturgebundenheit des Strafrechts (III.).

145 *Steiger*, Der Staat 41 (2002), S. 331 (335).

146 Vgl. *Randelzhofer*, in: Isensee/Kirchhof (Hrsg.), Handbuch des Staatsrechts, Bd. 2, Staatsgewalt und Souveränität, § 17 Rn 39. Ursprünglich lag der Schwerpunkt auf der Machtposition des Staates. Das Gewaltmonopol war nach *Bodin* das entscheidende faktische Kriterium, den Staat der Neuzeit zu umschreiben und ihn von mittelalterlichen Herrschaftsverbänden abzugrenzen, *Merten*, Rechtsstaat und Gewaltmonopol, S. 32; *Quaritsch*, Staat und Souveränität, S. 234.

147 *Di Fabio*, Der Staat 32 (1993), 191 (200 f.). Intellektuell verwurzelt ist dieses Staatsverständnis in der politischen Philosophie *Hegels*, wonach der Einzelne nur innerhalb und durch den Staat frei und selbstbestimmt sein kann, siehe Grundlinien der Philosophie des Rechts, § 258.

148 *Heller*, Die Souveränität. Ein Beitrag zur Theorie des Staats- und Völkerrechts, S. 176.

149 Vgl. *Oeter*, Föderalismus, in: v. Bogdandy (Hrsg.), Europäisches Verfassungsrecht, S. 59 (98).

I. Strafgesetzlichkeit

Die Notwendigkeit der parlamentarisch-demokratischen Legitimation wird in der strafrechtlichen Diskussion auf den genuin strafrechtstheoretischen Begriff der Strafgesetzlichkeit zurückgeführt. Sie folgt für zahlreiche Strafrechtler aus einer Projektion der allgemeinen Prinzipien von Demokratie und Gewaltenteilung auf die besonderen Legitimationsbedürfnisse des Strafrechts.[150] Das strafrechtliche Gesetzlichkeitsprinzip gilt insofern als Ausfluss sowohl des Rechtsstaats- als auch des Demokratieprinzips.[151] Er hat in seiner Ausprägung als *nulla poena sine lege parlamentaria* nicht nur eine kompetenzwahrende Funktion gegenüber den anderen Gewalten, sondern die strikte Einhaltung dieser Grenzlinien auch demokratietheoretisch untermauert. Durch die innere Verschränkung von Demokratie- und Rechtsstaatsprinzip hat der Grundsatz *nulla poena sine lege parlamentaria* das sonst durch viele Relativierungen und Überschneidungen gekennzeichnete Prinzip der Gewaltenteilung für das Strafrecht strikt verbürgt.[152] Strafrecht bedarf wegen seiner stigmatisierenden Wirkung, der einzigartigen Eingriffsqualität und seines *ultima ratio*-Charakters einer höheren demokratischen Legitimation als andere eingriffsintensive Sanktionen.[153] Der außergewöhnliche Akt der Strafrechtsetzung verlange nach einem strengen Parlamentsvorbehalt als der höchsten demokratischen Legitimationsform, denn die Bestimmung der Eingriffsvoraussetzungen kann wegen der beschriebenen Intensität von Strafe nur bei der Instanz liegen, die das Volk als den Träger der Staatsgewalt am unmittelbarsten repräsentiert: dem Parlament als der gewählten Volksvertretung.[154] Straftatbestand und Strafe dürften deshalb nur durch Parla-

150 *Schünemann*, GA 2004, 193 (201).

151 *Grünwald*, ZStW 76 (1964), S. 1 (13); *Roxin*, Strafrecht Allgemeiner Teil, Band I: Grundlagen. Der Aufbau der Verbrechenslehre, § 5 Rn. 18 ff.; *Sieber*, ZStW 103 (1991), S. 957 (971) – Als deren Ausprägung ist der nullum crimen-Satz in allen westlichen Mitgliedstaaten verankert; vgl. zur Regelungsgeschichte auch Hugger, Strafrechtliche Anweisungen der Europäischen Gemeinschaft, S. 122 ff., der herausarbeitet, dass in historischer Perspektive gerade keine unmittelbare demokratische Legitimation verbürgt war.

152 *Grünwald*, ZStW 76 (1964), S. 1 (13 f.); *Krey*, Keine Strafe ohne Gesetz, S. 103 f; *Schünemann*, GA 2004, 193 (201). In seiner Ausprägung als nullum crimen sine lege parlamentaria hat dieser Grundsatz eine kompetenzwahrende Funktion, *Satzger*, Die Europäisierung des Strafrechts, S. 110, nach der ein strafrechtliches Gesetz durch ein demokratisch legitimiertes Organ erlassen werden muss, welches im Rahmen einer rechtsstaatlichen Ordnung die entsprechende Kompetenz hierfür übertragen bekommen hat.

153 *Grünwald*, ZStW 76 (1964), S. 1 (13 f.); *Schröder*, Europäische Richtlinien und deutsches Strafrecht, S. 125.

154 Nur ein solcher Repräsentant des Trägers der Staatsgewalt selbst besitzt die Legitimation, die strafrechtlichen Grundlagen für ein strafrechtliches Unwerturteil zu schaffen, *Grünwald*, ZStW 76 (1964), S. 1 (13 f.); *Lüderssen* GA 2003, 71 (82); *P.-A. Albrecht*, Die vergessene Freiheit, S. 48; *Schünemann*, Nulla poena sine lege?, S. 11; *Roxin*, Strafrecht Allgemeiner Teil, Band I: Grundlagen. Der Aufbau der Verbrechenslehre, § 5 Rn. 20; *Kubiciel*, NStZ 2007, 136 (139), und *Schröder*, Europäische Richtlinien und deutsches Strafrecht, S. 185 f., wollen hieraus zumindest einen kriminalpolitischen Gestaltungsspielraum des nationalen Parlaments gegenüber Kriminalisierungsanweisungen herleiten.

mentsgesetz geregelt werden.[155] Der Gesetzgeber müsse vor allem über das „Ob" der Strafbarkeit einer Handlung entscheiden.[156] Für Deutschland ergibt sich dies verfassungsrechtlich schon aus Art. 103 II GG, der eine materielle Entscheidung bzw. ein effektives Letztentscheidungsrecht des Parlaments als *conditio sine qua non* jeder Form von Strafgesetzgebung begreift. Da auch Art. 103 GG nicht allein rechtsstaatlich, sondern eben auch – wie der strafrechtstheoretische Grundsatz der Strafgesetzlichkeit – als Ausdruck eines fundamental demokratischen Grundsatzes verstanden wird, gilt es auf dem Gebiet des Strafrechts als unverzichtbare Bedingung der Demokratie, dass die Bürger nur solchen Eingriffen in ihre Freiheit ausgesetzt sind, die tatsächlich unmittelbar auf einen Beschluss ihrer Volksvertretung zurückgehen.[157] Dazu gehört als Selbstverständlichkeit, dass das Parlament im Gesetzgebungsverfahren von externen Bindungen frei ist.[158] Es droht jedoch ein Verlust dieses Letztentscheidungsrechts, wenn supranationalen Organen zugestanden wird, den nationalen Gesetzgeber – per Richtlinie, aber auch per Rahmenbeschluss – zur Änderung seines Strafrechts zu verpflichten und damit die kategorische Entscheidung für oder gegen den Einsatz des Kriminalstrafrechts vorwegzunehmen.[159] Der auf europäischer Ebene meist federführende Rat repräsentiert als Rechtsetzungsorgan eben nicht das Parlament, sondern die Gubernative, wodurch es zu einer Machtverlagerung innerhalb politischer Gemeinwesen auf gubernative Entscheidungsprozesse kommt.[160] Eine lediglich mittelbare Teilhabe der nationalen Legislative bei einer derartigen gubernativen Rechtsetzung der mitgliedstaatlichen Vertreter im Rat, ins-

155 *Krey*, Keine Strafe ohne Gesetz, 1983, S. 110 f.; BVerfGE 49 (89, 125) - Da nur die Legislative unmittelbare demokratische Legitimation besitzt, darf auch nur sie die wesentlichen Entscheidungen im Bereich des Strafrechts treffen. Heitzer ermittelt im Rechtsvergleich, dass starke Tendenz zur Anerkennung eines parlamentarischen Gesetzesvorbehalts auszumachen ist, da die Bestrafung als einschneidender Eingriff in die Freiheit auf einem Akt derjenigen Instanz beruhen soll, die das Volk als Träger der Staatsgewalt am unmittelbarsten repräsentiert, Punitive Sanktionen im Europäischen Gemeinschaftsrecht, S. 158 ff

156 *Schröder*, Europäische Richtlinien und deutsches Strafrecht, S. 126 f.

157 *Tiedemann*, Tatbestandsfunktionen im Nebenstrafrecht, S. 244; so auch *Roxin*, Strafrecht Allgemeiner Teil, Band I: Grundlagen. Der Aufbau der Verbrechenslehre, § 5 Rn. 20.

158 *Schünemann*, GA 2004, 193 (201).

159 *Hefendehl*, ZIS 2007, 161 (167) - Da ein Staat bei Anweisung per Richtlinie keine Möglichkeit mehr hätte, sich gegen eine Änderung seines Strafrechts zu sperren, degenerierte der nationale parlamentarische Gesetzgeber wirklich zu einem Lakaien von Brüssel. Von einer Demokratiespritze durch umfassende Sicherung der Kontrolle und Beteiligung des Europäischen Parlaments könne daher keine Rede sein. Auch *Heger* stimmt diesbezüglich Schünemanns Diktum vom Brüsseler Lakaien für Aktivitäten in der ersten Säule zu, JZ 2006, 310 (313). A.A. *Sieber*, der zwar supranationales Strafrecht im Verordnungswege wegen des damit verbundenen Einbruchs in die „Grundstrukturen des demokratischen Staats" ablehnt, ZStW 103 (1991), S. 957 (969), aber supranationale Anweisungen per Richtlinie für denkbar hält, ZStW 103 (1991), S. 957 (972); *ders.*, FS Geerds, S. 113 (125), da demokratische Legitimation aus dem nationalen parlamentarischen Umsetzungsakt gewonnen werde.

160 *Schünemann*, GA 2003, 299 (306 ff.); *Lüderssen*, GA 2003, 71 ff.; zu dieser (vermeintlichen) programmatischen Zielrichtung der Europäisierung des Strafrechts, *Braum*, Europäische Strafgesetzlichkeit (2003).

besondere über das Gesetz über die Zusammenarbeit von Bundesregierung und Deutschem Bundestag in Angelegenheiten der Europäischen Union (ZusEUBBG), wird der Bedeutung und Intensität des bis hin zur Zerstörung reichenden Eingriffs in die soziale Existenz des Bürgers nicht gerecht. Die Zustimmung des Europäischen Parlaments, die derzeit ohnehin nur in der ersten Säule erforderlich ist, wäre ebenfalls kein Ersatz.[161] Die Legitimationsbasis wird zwar erweitert, doch ändert dies nichts an der möglichen unentrinnbaren Bindung des nationalen parlamentarischen Gesetzgebers gegen seinen Willen.[162]

Derartige Aufweichungen des strengen Parlamentsvorbehalts können – zumindest in Deutschland – auch nicht mit dem Hinweis auf die Integrationsoffenheit des Grundgesetzes gem. Art. 23 GG gerechtfertigt werden, da hier die Struktursicherungsklausel eingreift. Wegen der Verwurzelung im Demokratieprinzip sei der Grundsatz *nullum crimen sine lege parlamentaria* selbst für verfassungsändernde Gesetze gem. Art. 79 III GG unantastbar.[163] Der *nullum crimen*-Grundsatz, der der Sonderstellung des Strafrechts Rechnung trägt, gehört zu dem gem. Art. 79 III GG unantastbaren harten Felsen der Rechtsstaatlichkeit.[164] Die öffentlich-rechtlichen Konzepte der gubernativen Rechtsetzung und der Mehrebenendemokratie können daran nichts ändern, denn die Verfassungsmäßigkeit der gouvernementalen Machtstrukturen bemisst sich für Deutschland nach Art. 23 GG.[165] Ein rechtsstaatliches und demokratisches Strafrecht, das für ganz Europa gelten soll, muss daher so lange warten, bis eine gesamteuropäische parlamentarische Legitimation gegeben ist.[166] An der Notwendigkeit unverfälschter nationaler demokratischer Legitimation führt somit derzeit kein Weg vorbei.[167] Man leitet aus dem Begriff der Strafgesetzlichkeit aber nicht nur die Notwendigkeit einer exklusiven parlamentarischen Autorisierung von Strafgesetzen ab, sondern auch die untrennbare Anbindung der Strafrechtset-

161 Solange das Europäische Parlament nicht zu einem echten Legislativorgan ausgebaut ist, bestehen auch für *Hecker* erhebliche Zweifel an der Existenz einer für die supranationale Strafgesetzgebung ausreichenden demokratischen Legitimation, Europäisches Strafrecht, S. 134 f.

162 *Heger*, JZ 2006, 310 (313).

163 *Krey*, Keine Strafe ohne Gesetz, S. 103.

164 *Schünemann*, GA 2004, 193 (201).

165 *Schünemann*, GA 2004, 193 (201).

166 *Lüderssen*, GA 2003, 71 (84). Die einzige Entwicklungsalternative zur Ausbildung einer eindeutigen bundesstaatlichen Staatsgewalt sieht *Lüderssen* in einem globalen (!), auf keine Gesamtsouveränität angewiesenen nicht-staatlichen System, das dann aber konsequenterweise auf „Strafrecht alten Stils" verzichten muss. Diese Option hält er aber für unrealistisch. Von seinem Legitimationsstatus her betrachtet ist Strafrecht immer noch öffentliches Strafrecht, dessen Grundlage die Staatsräson den Ideen der Aufklärung zum trotz geblieben ist, S. 74. Den Einsatz von Strafrecht als Mittel zum Schutz des Gemeinwohlinteresses unter Abkehr von der obrigkeitlichen Begründung des öffentlichen Strafrechts als möglicher alternativer Ansatz wird von *Lüderssen* kritisiert, da der Topos des Gemeinwohlinteresses einer genaueren Prüfung bedürfe, damit er vom Staatsinteresse abgegrenzt werden kann.

167 *Prittwitz*, ZStW 113 (2001), S. 774 (790).

zung an das Gewaltmonopol des souveränen Nationalstaats.[168] Dieser Konnex sichert die territoriale Exklusivität nationalstaatlicher Selbstbestimmung im Strafrecht und schützt damit die Volkssouveränität in zusätzlicher Weise.

II. Staatliches Gewaltmonopol

Die innere Souveränität ist in den Mitgliedstaaten nach wie vor ein Schlüsselmoment der Staatlichkeit, da die Entstehung moderner Staaten in Europa gerade durch die Begründung unbeschränkter Suprematie des Staates und des Monopols legitimer Gewaltausübung gegenüber seiner Gesellschaft geprägt war.[169] Vor allem das Strafrecht wird als „Bastion nationalstaatlicher Souveränität" stilisiert.[170] Es ist geradezu Symbol der Staatswerdung und des Staatseins, da die Setzung von Strafrecht als stärkste und strengste Ausprägung des nationalstaatlichen Gewaltmonopols gilt.[171] Als Ausdruck eines staatlichen Gewaltmonopols setzt es freilich das Vorhandensein eines Staates voraus.[172] Mit Blick auf Europa heißt das, dass die Ausübung der Strafrechtspflege als „furchtbarste" staatliche Gewalt nicht auf supranationale Instanzen übertragen werden kann, da sie keine Staatsqualität besitzen.[173] Ganz i. S. der Lehre *Jellineks* betont *Lüderssen*, dass Europa mangels Staatsgewalt und Staatsvolk noch nicht als Staat existiert.[174] Vielmehr solle ein neuer Hoheitsträger *sui generis*, der aber eben noch kein staatlicher Hoheitsträger ist, als Quelle der Legitimation von Strafrecht genügen.[175] Mit fortschreitender Inanspruchnahme von transnationaler Regierungsverantwortung und strafrechtlichen Rechtsetzungskompetenzen durch die EU wird die ursprüngliche legitimierende Einheit von Strafrecht und Gewaltmonopol jedoch brüchig. Inhalte und Formen supranationaler Aufgabenwahrnehmung werden zwar zunehmend „staatsähnlicher", doch lindert dies nicht die Legitimitäts-

168 Vgl. *Heger*, JZ 2006, 310 (311); *Lüderssen*, GA 2003, 71 (74); *Schünemann*, GA 2003, 299 (303).

169 *Randelzhofer*, in: Isensee/Kirchhof (Hrsg.), Handbuch des Staatsrechts, Bd. 2, Staatsgewalt und Souveränität, § 17 Rn 20 f.; *v. Bogdandy*, Gubernative Rechtssetzung, S. 78; zu den gegenwärtigen Herausforderungen aufschlussreich *Jachtenfuchs*, Das Gewaltmonopol: Denationalisierung oder Fortbestand?, in: Leibfried/Zürn (Hrsg.), Transformation des Staates?, S. 69 ff.

170 *Nelles*, ZStW 109 (1997), S. 727; *Perron*, ZStW 109 (1997), S. 281 (282); *Schünemann*, GA 2003, 299 (303); *Ambos*, Internationales Strafrecht, 2. Aufl. 2008, § 11, Rn. 4; *Jung/Schroth* betonen die historische Verknüpfung zwischen Staatsselbstverständnis und zentraler Strafgewalt, GA 1983, 241 (242 f., 253).

171 *Lüderssen*, GA 2003, 71 - Es ist als sein Essentiale ja sogar mit dem Staat entstanden; Braum, Europäische Strafgesetzlichkeit, 2003, S. 415.

172 *Prittwitz*, ZStW 113 (2001), S. 774 (789 f.).

173 *Schünemann*, ZIS 2007, 535; *Lüderssen*, GA 2003, 71.

174 *Lüderssen*, GA 2003, 71; zur Diskussion um die Staatsqualität der EU siehe *Weiler*, European Law Journal 4 (1998), S. 43-62; *Mancini*, European Law Journal 4 (1998), S. 29-42; *MacCormick*, European Law Journal 1 (1995), S. 259 ff.

175 *Lüderssen*, GA 2003, 71 (76).

mängel, sondern macht die aufgezeigten Defizite an demokratischer Legitimation und Staatlichkeit der EU nur noch akuter. Die öffentliche Aufgabe, durch Strafrecht gegen Rechtsgüterverletzungen zu schützen, könne angesichts ihres Umfangs und Gewichts nur von einer Institution erbracht werden, die mit dem Staat in seinem gegenwärtigen Entwicklungsstatus vergleichbar ist.[176] Die Entwicklung des öffentlichen Strafanspruchs, der zum Kern der Staatlichkeit gehört, zeigt, an welche Grenzen die Entstehung gesamteuropäischer Rechtssysteme hier stößt. Ein Gewaltmonopol ist der EU trotz der umfangreichen Übertragung von Souveränitätsrechten gerade nicht zugestanden worden. Eine Schaffung von Rechtsetzungskompetenzen auf dem Gebiet des Strafrechts, die den staatstheoretischen Grundlagen dieser *domaine réservé* zuwiderläuft, höhlte das konzeptuell unangetastete nationalstaatliche Gewaltmonopol sogar aus und könnte aus diesem Blickwinkel in eine schleichende Erosion der Staatlichkeit umschlagen. Sieht man die staatspolitische Rechtfertigung von Strafrecht gerade darin, dass es als Ausdruck des Rechtszwangs zu jeder auf Rechtsnormen gegründeten Gemeinschaft gehört, dass die Staatsgewalt verhindern muss, dass unerträgliche Rechtsbrüche sich offen behaupten können, um sich nicht selbst preiszugeben,[177] dann führt dies im Umkehrschluss zur Sorge, dass der Staat aufhört Staat zu sein, wenn ihm die Entscheidung über diese existentiellen Fragen aus der Hand genommen wird. Die Entstehung eines europäischen *ius puniendi* ist daher rechtsprinzipiell ausgeschlossen,[178] solange sich keine echte europäische Föderation entwickelt, die ihrerseits Souveränität und Gewaltmonopol über ihren Herrschaftsbereich, d. h. auch unmittelbar über Territorium und Bürger der Mitgliedstaaten, in sich vereint.[179]

Europäische Strafrechtsetzung wäre zum jetzigen Zeitpunkt aber nicht nur ein massiver Eingriff in die nationalstaatliche Souveränität,[180] sondern drohte auch, die Eigenheiten des Kriminalstrafrechts als Ausdruck nationaler Rechtsüberzeugungen zu negieren und das besondere Schonungsgebot auf diesem sensiblen Rechtsgebiet zu ignorieren.[181] Befürchtet wird deshalb ein Verlust an eigener (Straf-)Rechts-

176 *Lüderssen*, GA 2003, 71 (82).

177 Diese staatspolitische Rechtfertigung der Strafe liefern *Jescheck/Weigend*, Lehrbuch des Strafrechts, S. 64 - Ohne die Strafe würde das Recht aufhören, eine erzwingbare Ordnung zu sein und zu einer nur ethisch bindenden Norm herabsinken.

178 Der Begriff des *ius puniendi* bezieht sich dabei nicht auf ein subjektives Recht zu strafen, sondern bezeichnet den staatlichen Strafanspruch i.S. einer verfassungsrechtlichen Verpflichtung und Ermächtigung zur Strafrechtspflege, also die verfassungsmäßige Strafgewalt bzw. Kriminalhoheit über ein Territorium, siehe dazu *Klose*, ZStW, 86 (1974), S. 32 ff.; *Haas*, Strafbegriff, Staatsverständnis und Prozessstruktur: Zur Ausübung hoheitlicher Gewalt durch Staatsanwaltschaft und erkennendes Gericht im deutschen Strafverfahren, S. 51 ff.

179 Eine echte europäische Föderation könnte daher ohne weiteres eigenes Strafrecht schaffen. Insofern ist Kriminalrecht nationalstaatsneutral.

180 *Heger*, JZ 2006, 310 (311); vgl. auch schon *Dieblich*, Der strafrechtliche Schutz der Rechtsgüter der Europäischen Gemeinschaften, S. 250 ff.

181 *Heger*, JZ 2006, 310 (313).

kultur.[182] Deren Erhaltungswürdigkeit wird neuen Formen supranationaler Strafrechtssetzung aus dem Blickwinkel des Demokratieprinzips entgegengehalten, weil die Bindung an die gewachsenen sachlich-inhaltlichen Präferenzen eines Volkes selbst demokratische Legitimation stiftet sowie die Reichweite des Strafanspruchs des Staates begrenzt und dadurch Fremdbestimmung vorbeugt.

III. Kulturgebundenheit des Strafrechts

Strafrecht und Recht allgemein sind kulturgebunden[183] und von historisch-empirischer Relativität gekennzeichnet.[184] Theoretiker so unterschiedlicher ideologischer Provenienz wie *Montesquieu*, *Marx*, *v. Savigny* oder *v. Jhering* befanden übereinstimmend, dass jede Rechtsordnung singulär sei, weil sie jeweils durch eine einzigartige Mischung externer Faktoren wie Klima, geographische Lage, Kultur, politisches oder wirtschaftliches System beeinflusst ist.[185] Diese rechtssoziologische Grunderkenntnis wird im Verlauf der Bildung moderner Staaten als Struktur, in der sich eine Nation politisch und rechtlich organisiert, auf die Nation als Hauptquelle von Recht zugespitzt.[186] Recht könne nur im Lichte seiner Beziehung zur nationalen

182 Vgl. *Rüter*, ZStW 105 (1993), S. 30 ff. Der Begriff der Kultur ist freilich ein schillernder. Mit ihm sind keine klar umrissenen, unmittelbar evidenten Inhalte verbunden, *Hörnle*, ZStW 117 (2005), S. 801 f. Er eignet sich deshalb hervorragend als Projektionsfläche für allerlei Vermutungen, Sensivitäten und Mythen. In der Rechtsvergleichung versteht man unter Rechtskultur die zusammenfassende Bezeichnung für Ideen und Einstellungen in einer bestimmten Gesellschaft, die sich auf die Gestaltung des positiven Rechts und der Verfahrenspraxis auswirken, *Friedmann*, in: Nelken (Hrsg.), Comparing Legal Cultures, S. 33 (34).

183 So *Rüter*, ZStW 105 (1993), S. 30 (32), der als Kronzeugen *v. Savigny* und *Binding* benennt. Denn Recht werde nicht gemacht, sondern es wachse mit dem Volk (sic!), bilde sich aus mit diesem und sterbe endlich ab, so wie das Volk seine Eigentümlichkeit verliert, *von Savigny*, Vom Beruf unserer Zeit für Gesetzgebung und Rechtswissenschaft, S. 5; zur Bedeutung der historischen Rechtsschule, vgl. *Böckenförde*, in: FS Ritter, S. 9 ff.

184 Zur geschichtlichen Bedingtheit des Strafrecht, *Eb. Schmidt*, Einführung in die Geschichte der deutschen Strafrechtspflege, S. 17 ff.

185 *Rehm*, RabelsZ 72 (2008), S. 1 (12, 23 ff., 28); *Ewald*, American Journal of Comparative Law, 43 (1995), 489 (493). Erster Vertreter dieser sog. „Widerspiegelungstheorie“ – Recht spiegelt externe Einflussfaktoren, namentlich die natürlichen Lebensbedingungen wider – war *Montesquieu*, L'Esprit des Lois, in: Caillois (Hrsg.), Montesquieu: Oeuvres Complètes, Tome 2, Liv. XIX, Liv. I, Chap. 3 - vor allem die nationale Identität habe stark prägende Wirkung. Für ihn wäre es ein großer Zufall („un grand hasard“) gewesen, wenn die politischen und bürgerlichen Gesetze einer Nation für andere Nation passten.

186 *V. Savigny* hat die Nation aufgrund ihrer historisch bedingten Verwurzelung im Rechtsempfinden des jeweiligen Volkes als wesentlichen Faktor bei der Genese von Recht hervorgehoben, *v. Savigny*, Vom Beruf unserer Zeit für Gesetzgebung und Rechtswissenschaft, S. 5. Gleichwohl darf der politische Anlass für die Zuflucht zu Volkseigentümlichkeiten und ähnlichen Partikularismen bei *v. Savigny* nicht übersehen werden. Es galt die – aus seiner Sicht – Gefahr einer modernen Kodifikation, die sich als Idee aus Frankreich stammend ausbreitete, einzudämmen, *Knieper*, RabelsZ 72 (2008), S. 88 (109). Er selbst bewertete das nationale Element des Rechts als unvollkommen und beschränkt, weshalb es durch die Anerkennung

Kultur verstanden werden.[187] Der Staat schafft dabei die Sozialisationseinheit und den rechtlichen Rahmen, um die spezifischen nationalen Rechtsauffassungen, die durch die eingangs genannten Faktoren vorgeprägt sind, kohärent und authentisch umsetzen zu können.[188] Gerade für den Bereich des Strafrechts wird im Einklang mit dieser Sichtweise schon lange explizit darauf verwiesen, dass Strafgesetzlichkeit auch Ausdruck des Selbstbestimmungsrechts der Gemeinschaft in einem bestimmten (nationalstaatlichen) Strafrechtsraum und deshalb volksgebunden oder gesellschaftsbezogen ist.[189] Dabei herrscht die Annahme, dass das Strafgesetzbuch eines Volkes wegen der expressiven Funktion des Strafrechts und seiner natürlichen Anbindung an die elementaren Grundnormen eines Gemeinwesens besonders deutlich dessen nationale und kulturelle Entwicklung und Eigenheiten abbildet.[190] Strafrecht müsse deshalb aus der Tradition und den spezifischen gesellschaftlichen Rahmenbedingungen eines Staates heraus wachsen und könne nicht von außen oktroyiert werden.[191] Europäischer Strafgesetzgebung sind dadurch natürliche Grenzen gesetzt.[192]

der überall gleichen sittlichen Würde und Freyheit des Menschen und zur Beförderung des Verkehrs durch Gelehrtenrecht fortgeschrieben werden müsse, so *v. Savigny*, System des heutigen römischen Rechts I, S. 55 f.

187 *Legrand*, Maastricht Journal of European Comparative Law 4 (1997), S. 111 (115 ff.); *ders.*, Modern Law Review 58 (1995), S. 262-273.

188 Erst die Nationalstaaten mit ihrer territorialen und personalen Größenordnung sowie ihrem hochentwickelten inneren Organisationsgrad schufen die Voraussetzungen dafür, dass die Rechtsordnungen sich zu umfassenden, autonomen Systemen entwickeln konnten, die für alle anstehenden Probleme selbstständige, d.h. von fremden Rechtsordnungen und anderen sozialen Systemen unabhängige Lösungen bereitstellten, *Perron*, ZStW 109 (1997), S. 281 (288). Ihre Entstehung geht deshalb mit dem Aufkommen der Idee der umfassenden Gesetzeskodifikation und der Entwicklung moderner Rechtsordnungen, die allgemein als Ausdruck nationaler Kultur, Tradition und Selbstbestimmung gesehen werden, Hand in Hand.

189 *Köhler*, Strafrecht, Allgemeiner Teil, S. 74, 76; *Naucke*, Die Aufhebung des strafrechtlichen Analogieverbots 1935, in: Institut für Zeitgeschichte (Hrsg.), NS-Recht in historischer Perspektive, S. 71 (91 ff., 96 ff.). Auch Hassemer konstatiert eine Kulturabhängigkeit des Strafrechts. Es sei neben dem Familienrecht wohl das einzige Rechtsgebiet, welches so intensiv von den kulturellen Gegebenheiten und sozialen Normen der Regionen lebt, in denen es gilt, dass die Vielfalt seiner Normen und Instrumente und auch die Möglichkeiten eines Wandels von den jeweiligen Inhalten und Verfahren einer regionalen Kultur abhängen, *Hassemer*, Vielfalt und Wandel, Kommentar in: Höffe, Gibt es ein interkulturelles Strafrecht?, S. 157-180.

190 Die Betonung der Strafrechtskultur steht für die Wahrnehmung einer engen Verbindung zwischen Strafrecht und nationalen Traditionen, *Jung*, StV 1990, 509 (515); *Weigend*, ZStW 105 (1993), S. 774 (786). Die Behauptung, Strafrecht sei gerade wegen seiner besonders ausgeprägten Kulturbezogenheit stärker gegenüber Angleichungsbemühungen resistent als andere Rechtsgebiete, lässt sich für *Weigend* allerdings nur schwer belegen, S. 789; a.A. unter Ausnahme des Familienrechts *Hassemer*, Vielfalt und Wandel, Kommentar in: Höffe, Gibt es ein interkulturelles Strafrecht?, S. 157 - Das Strafrecht ist dasjenige Rechtsgebiet, welches stark kulturell verhaftet und deshalb kaum interkulturell beweglich ist. Man dürfe dies geradezu als eine Besonderheit der Gegenstände der Gebote und Verbote des materiellen Strafrechts ansehen, S. 157; ähnlich *Hildebrandt*, Criminal Law and Philosophy 1 (2007), S. 57 (65).

191 *Rüter*, ZStW 105 (1993), S. 30 (41); ferner *Jung*, StV 1990, 509 (515).

Die Völker Europas sind heute zwar stark integriert, doch hätten sie ihre Eigentümlichkeit nicht verloren.[193] Aller Bemühungen bei der Suche nach übergeordneten Legitimationsprinzipien zum Trotz kann Strafrecht von Staat zu Staat ganz unterschiedlichen Kulturüberzeugungen dienen.[194] Was in Europa heute als Strafrecht vorgefunden wird, ist immer noch oft etwas, das über lange Zeit unter Mitwirkung vielfältiger Kräfte im Rechtsbewusstsein der Völker gewachsen ist und dem Rechtsempfinden und Gerechtigkeitsgefühl eines Volkes als Teil der eigenen Identität Ausdruck verleiht.[195] Strafgesetzgebung ist mithin nicht allein von funktional-rationalen Erwägungen beherrscht, sondern unterliegt den Einflüssen von gewachsenen nationalen Traditionen oder auch Irrationalitäten.[196] Jeder Staat müsse daher eine stimmige Lösung für sein Land, seine Kultur, für seine Verhältnisse und für

192 Vgl. *Jescheck*, FS Eser, S. 991 (999), der sich gegenüber einer weit reichenden Überlagerung der gewachsenen, in der Landeskultur verankerten nationalen Strafrechtsordnungen durch eine in Brüssel zentralisierte Strafgewalt skeptisch zeigt. Eine ganz ähnliche Diskussion wird derzeit in Rechtsvergleichung und Rechtsreformberatung zu Möglichkeit und Grenzen der Transplantation von Rechtsinstituten geführt, vgl. *Watson*, Law Quarterly Review 92 (1976), S. 79 ff.; *ders.*, American Journal of Comparative Law 44 (1996), S. 335 ff.; *Kahn-Freund*, Modern Law Review 37 (1974), S. 1 ff.; *Legrand*, Maastricht Journal of European Comparative Law 4 (1997), S. 111-124; sowie jüngst *Rehm*, RabelsZ 72 (2008), S. 1 ff.; *Knieper*, RabelsZ 72 (2008), S. 88 ff.

193 *Rüter*, ZStW 105 (1993), S. 30 (33). Die Wertvorstellungen innerhalb Europas mögen zwar ähnlich sein, doch keineswegs identisch. Das Fehlen einer hinreichenden Annäherung wurde vor allem im Zusammenhang mit dem Deliktskatalog des Europäischen Haftbefehls deutlich, für den auf den Nachweis beiderseitiger Strafbarkeit verzichtet wurde, vgl. *Keijzer*, in: Blekxtoon et al. (Hrsg.), Handbook on the European Arrest Warrant, S. 137 (142 f.); *Peers*, 41 Common Market Law Review 5 (2004), 26 (34). Auch dort wo hinsichtlich bestimmter Grundwerte Übereinstimmung herrscht, können Kollisionsfragen doch sehr unterschiedlich beantwortet werden und überdies deutliche Unterschiede in Bezug auf die strafrechtliche Interventionsschwelle bestehen. Die positiven und negativen Entscheidungen über diese Schwellen bestimmen die Kultur eines Staates. Sie sind in Traditionen und Wertvorstellungen verankert und prägen die Atmosphäre des sozialen Zusammenlebens, *Weigend*, ZStW 105 (1993), S. 774 (789).

194 *Hefendehl*, ZIS 2007, 161; dagegen *Schünemann*, ZIS 2007, 528 (529) – Gegen die Argumentation, dass kulturelle Unterschiede einer Vereinheitlichung des europäischen Strafrechts entgegenstünden, bringt Schünemann vor, dass die Verfechter dieser Meinung einem fundamentalen Fehlverständnis aufgesessen sind, nämlich demjenigen, dass die Strafrechtssetzung mehr oder weniger im Belieben des nationalen Gesetzgebers stünde. Die skurrile Beliebigkeit regionaler Tradition könne den behaupteten Charakter des Strafrechts als in besonderem Maß von nationalen Traditionen gekennzeichnet nicht abstützen. Den wahren Grund für die enormen Unterschiede zwischen den nationalen Rechtsordnungen macht er in der unzulänglichen Respektierung des ultima ratio Grundsatzes aus. Hingegen bestünde eine gemeineuropäische Tradition, die Gesetzgebung im Strafrecht seit der Aufklärung an strenge Legitimationsvoraussetzungen knüpft, S. 535.

195 Vgl. *Frisch*, GA 2007, 250 (251).

196 *Rüter*, ZStW 105 (1993), S. 30 (35). Auch die Strafrechtsanwendung und Ahndung von Verstößen können kulturbedingt stark auseinanderfallen. Staatsverständnis und Gesellschaftsstruktur können erhebliche Divergenzen verursachen, S. 38, 39.

seine Bevölkerung finden.[197] Die sensible Beachtung solcher Wirklinien erzeugt gesellschaftliche Akzeptanz, die nicht bloß für die Erhaltung des Rechtsfriedens, sondern auch für die demokratische Legitimation der Rechtsetzung von Belang ist. Die Kulturgebundenheit des Strafrechts vermag demokratische Legitimation zu stiften, soweit sich die historisch gewachsenen im Volk akzeptierten Präferenzen sachlich-inhaltlich in einer Strafnorm niederschlagen.

Rechtstheoretisch wird dieser Zusammenhang auch als Bedingung der Normgeltung diskutiert. Für die Überzeugungskraft einer Norm ist ihre Transformation in die soziale Wirklichkeit entscheidend.[198] Um auf Rechts- und Gerechtigkeitsüberzeugungen einwirken zu können, muss Strafrecht den Anschluss an sozialethische Wertvorstellungen herstellen. Misslingt dieses Unterfangen, kann es der Norm am notwendigen Minimum sozialer Wirksamkeit mangeln.[199] Bei großflächigen Vereinheitlichungen strafrechtlicher Normen in Europa besteht daher die große Gefahr, dass es zu Widerständen gegen die von außen oktroyierte Strafrechtsordnung kommt,[200] wenn die für die Normbefolgung unverzichtbare Basis der Normkenntnis und -akzeptanz (noch) nicht besteht.[201] Eine Rechtsänderung erfordert mehr als nur die Änderung von Gesetzen. Nur Recht, das vertraut und akzeptiert ist, hat die

197 *Rüter*, ZStW 105 (1993), S. 30 (44). Solange diese Form der Eigentümlichkeit nicht verloren gegangen ist, müssen die fortbestehenden Unterschiede auch von der europäischen Kriminalpolitik respektiert werden.

198 In Bezug auf internationale Regeln der Korruptionsbekämpfung *Kubiciel*, ZStW 120 (2008), S. 429 (442). Nur bei Beachtung der gesellschaftlichen Angemessenheitsvorstellungen könnten neue Normen gesellschaftliche Anerkennung erfahren und auch nur dann läge in der Bestrafung eines Normbruchs die Wiederherstellung ihres Rechts, S. 444 f.

199 *Kelsen*, Reine Rechtslehre, S. 215 ff. Normen müssen reale Wirkkraft entfalten, wollen sie Recht sein, *Alexy*, Begriff und Geltung des Rechts, S. 142 ff.

200 *Frisch*, GA 2007, 250 (264). Es besteht insofern auch eine hartnäckige psychologische Barriere gegen Strafgesetzgebung durch supranationale Instanzen, *Weigend*, ZStW 105 (1993), S. 774 (785). Ähnlich ist das „psychologische Moment" bei Schünemann und Schröder zu verstehen. *Schünemann*, Nulla poena sine lege?, S. 11, bezeichnet es mit Bezug auf die Legitimation strafrichterlicher Entscheidungen als ein sozialpsychologisches Faktum allerersten Ranges, dass die nicht selten existenzvernichtenden Eingriffe der Strafrechtspflege durch den parlamentarischen Gesetzgeber, der die volonté général am besten repräsentiert, autorisiert sein müssen. Jeder Angeklagte werde eine Entscheidung, die nicht im Strafgesetz wurzelt, als Willkür empfinden. Auch Schröder betont die Bedeutung des sozial-psychologischen Moments, die in einem Strafurteil des Strafrichters steckt, das im Namen des Volkes verkündet wird. Der Gedanke an ein ausschließlich vom europäischen Parlament beschlossenes Gesetz als Urteilsgrundlage befremde sehr. Dies zeigt für Schröder, dass die Bürger europäische Rechtsetzung noch nicht als die ihre empfinden, Europäische Richtlinien und deutsches Strafrecht, S. 131 f. Da ein sozial-psychologisch vermitteltes Identifikationsdefizit mit den Akten europäischer Rechtssetzung bestehe, würde auch eine europäische lex parlamentaria kein Strafgesetz legitimieren können, S. 132. Im Hinblick auf die besondere Qualität einer strafrechtlichen Kompetenzzuweisung wendet sich Schröder daher auch gegen die erweiternde Interpretation bestehender Kompetenzen zur funktionalen Miterfassung des Strafrechts, S. 119.

201 *Albrecht*, ZRP 2004, 1 ff.; *Weigend*, ZStW 105 (1993), S. 774 (785 f.).

Chance, befolgt zu werden und wirksames Recht zu sein.[202] Da Vertrautheit und Akzeptanz der Normen letztlich Voraussetzung der Wirksamkeit von Recht überhaupt sind,[203] ergibt sich die Notwendigkeit besonderer Rechtfertigung (großflächiger) supranationaler Eingriffe von außen somit schon aus grundsätzlichen rechtstheoretischen Erwägungen,[204] da die Inhalte von solchen Rechtsnormen von denen, für die sie gelten sollen, andernfalls nicht als gerecht akzeptiert werden.

Die Bedeutung kultureller Identität erschöpft sich allerdings nicht in der Fundierung der Wirkungsvoraussetzungen von Strafrecht. Sie korreliert mit Wesen und Reichweite des Strafanspruchs des Staates. Gerade in der Auswahl derjenigen Verhaltensnormen, die mit Strafe bewehrt werden sollen, liegt die identitätsstiftende Funktion des Strafrechts für eine Gemeinschaft. Rechtsphilosophisch hat die Kulturgebundenheit des Strafrechts – in diesem Punkt oft als Teilsegment des Grundsatzes der Strafgesetzlichkeit begriffen – in ihrem Ursprung damit noch eine weitere Dimension, die materieller Natur ist und über die formellen Anforderungen von Strafgesetzlichkeit an den Rechtsetzungsvorgang hinausgeht. Gesetzespositivität bezieht sich auch auf empirische Bedingungen und deren Wandelbarkeit in einer Gesellschaft. Kulturelle, örtliche, historische Relativität begrenzt den staatsrechtlichen Geltungsanspruch des Rechts auch für das Strafrecht.[205] Diese kulturelle und zeitgeschichtliche Gebundenheit des Rechts findet sich schon bei *Hegel*, der ausdrücklich folgerte, dass ein Strafkodex darum vornehmlich seiner Zeit und dem Zustand der bürgerlichen Gesellschaft in ihr gehört.[206] Die Veränderung eines solchen autochthonen (nationalen) Strafrechts muss sich deshalb im Rahmen einer organisch-harmonischen Evolution vollziehen, da dem Strafrecht andernfalls sein empirisches Substrat verloren zu gehen droht.[207] Es muss dazu aber eine politische Ordnung vor-

202 *Frisch*, GA 2007, 250 (263); allgemein zur Akzeptanz des Rechts *Herzog*, in: Rüthers/Stern (Hrsg.), Freiheit und Verantwortung im Verfassungsstaat, Festgabe zum 10-jährigen Jubiläum der Gesellschaft für Rechtspolitik, S. 127 ff.; *Zippelius*, Rechtsphilosophie, S. 29 f. Normen müssen reale Wirkkraft entfalten, wollen sie Recht sein, *Alexy*, Begriff und Geltung des Rechts, S. 142 ff.

203 *Frisch*, GA 2007, 250 (268 ff.). Die innerere Verbindung von Rechtsbewusstsein und Akzeptanz und Durchsetzung von Recht macht nach *Würtenberger*, Zeitgeist und Recht, S. 66, auch den richtigen Kern der Volksgeistlehre aus.

204 Ganz grundsätzlich schwächt die Ersetzung von gut Akzeptiertem durch davon abweichendes Neues die Chancen der Wirksamkeit des Rechts, *Frisch*, GA 2007, 250 (264). Derartige Eingriffe von außen können dann besonders ineffektiv oder sogar kontraproduktiv sein, wenn sie nicht auf das kriminalpolitische Gesamtkonzept abgestimmt sind, *Weigend*, ZStW 105 (1993), S. 774 (789).

205 *Köhler*, Strafrecht, Allgemeiner Teil, S. 17. Schon *Montesquieu* hat – wie bereits zuvor erwähnt – die historisch-empirische Relativität von Staat und Gesetz betont, da der Geltung der staatlichen Gesetze ein historisch-räumlich bestimmtes Interpersonalitätsverhältnis zu Grunde liegt.

206 *Hegel*, Grundlinien der Philosophie des Rechts, § 218. Auch Rousseau spricht vom Erfordernis eines volksgebundenen Strafrechts; allerdings als Menschenrecht.

207 *Köhler*, Strafrecht, Allgemeiner Teil, S.17 – Gesetzespositivität beziehe sich auf empirische Bedingungen und deren Wandelbarkeit. Inter- oder supranationale Eingriffe von außen in na-

handen sein, unter deren Dach eine politische Steuerung und gesellschaftliche Selbstregulierung der Adaptationsprozesse erfolgen können. Die Erzeugung solcher Gesellschaftserfahrungen war bislang auf den Nationalstaat beschränkt. Mit Zunahme supranationaler Rechtsetzung auf dem Gebiet des Strafrechts droht nach alledem nicht bloß ein Stück kultureller Identität verloren zu gehen. Strafrecht büßt seine territoriale wie gesellschaftliche Radizierung und somit sein empirisches Substrat ein, wenn strafrechtliche Inhalte ohne Rücksicht auf nationale Überzeugungen und Rahmenbedingungen europaweit gesetzt werden. Daraus könnte letztlich sogar ein Zerfall der Legitimität seines Geltungsanspruchs resultieren.[208]

C. Gesamtschau der Prämissen

Die Einwände der Strafrechtswissenschaft stützen sich auf den ersten Blick sämtlich auf den Begriff der Strafgesetzlichkeit. Neben der Notwendigkeit einer parlamentarisch-demokratischen Legitimation von Strafgesetzen und der untrennbaren Anbindung der Strafrechtsetzung an das Gewaltmonopol des souveränen Nationalstaates wird selbst der Gesichtspunkt der Kulturgebundenheit auf den Grundsatz der Strafgesetzlichkeit zurückgeführt. Argumentiert wird mithin scheinbar durchgängig mit genuin strafrechtstheoretischen Begriffen. Auf den zweiten Blick wird jedoch gerade vor dem Hintergrund der Darstellung der demokratietheoretischen Prämissen der Staatsrechtswissenschaft erkennbar, dass diese auch im Strafrecht den gedanklichen Ausgangspunkt bilden. Hinter der Forderung *nullum crimen sine lege parlamentaria* steckt nichts anderes als der Parlamentsmonismus der deutschen Staatstheorie. Einzig das Parlament als unmittelbarer Repräsentant des Volkes dürfe (Straf-)Recht setzen. Und wenn vorgebracht wird, dass Strafrecht Ausdruck des staatlichen Gewaltmonopols ist, so wird damit auf die unteilbare Souveränität des Nationalstaates über sein eigenes Staatsgebiet abgehoben, die Einmischungen von außen in eigene Angelegenheiten, namentlich die Ausübung des Gewaltmonopols als Spezifikum der Staatlichkeit, entgegensteht. Staat und Staatsgewalt sind über den Souveränitätsgrundsatz notwendig aufeinander bezogen, da jeder Kompetenzabfluss die Souverä-

tionale Strafrechtssysteme sind somit in hohem Maße legitimationsbedürftig, so *Frisch*, GA 2007, 250 (265), bezogen auf die Vereinheitlichung von Strafrecht; gleichwohl mag es für supranational veranlasste Anpassungen gute, belegbare Gründe geben, so *Hassemer*, ZStW 116 (2004), 304 (313 f.); *Frisch*, GA 2007, 250 (266, 272) – z. B. anerkannte Ziele der Europäischen Gemeinschaften; also dort, wo Vertragsparteien im Wesentlichen selbst Vereinheitlichungsbedarf durch Zustimmungsakt anerkannt haben. Gefährlich ist demgegenüber ein rein funktionales Verständnis, das nur auf Verbesserung der Zusammenarbeit der Strafverfolgungsbehörden abzielt, ohne die Eigenlogik des Strafrechts bzw. rechtstheoretische Erkenntnisse zur Normgeltung zu beachten; der Vertrag von Lissabon legt in Teilen ein solches Verständnis zu Grunde.

208 Wesen und Wirksamkeitsvoraussetzungen von Recht seien daher auch im europäischen Strafrecht nicht weniger wichtig als die Beschäftigung mit Kompetenznormen, *Frisch*, GA 2007, 250.

nität des Staates reduziert, indem es die Exklusivität seiner Staatsgewalt in Frage stellt. Mit dem Argument der kulturell notwendigen Exklusivität nationaler Rechtssetzung in Strafrechtsfragen wird schließlich die Vorstellung einer besonders engen Verbindung zwischen Strafrecht und Volksgeist sowie die Besinnung auf die zahlreichen traditionellen, kulturellen und nationalspezifischen Konnotationen verbunden, die in den Begriffen von Unrecht, Schuld und Strafe mitschwingen.[209] Hinter dem Einwand der Kulturgebundenheit des Strafrechts, der hieraus resultiert, verbirgt sich daher die Forderung einer organisch-homogenen Einheit von Volk und Strafrecht. Es geht nicht allein um die Erhaltung eines bestimmten strafrechtlichen Entwicklungsgrades, sondern um die Erhaltung der Verbindung des Strafrechts zur jeweiligen nationalen Kultur als vorrechtlicher Geltungsvoraussetzung von Recht. Das empirische Substrat der Strafgesetzlichkeit ist dabei von derselben primordalen Natur wie der hinreichend homogene *demos*. Beide setzen der demokratischen Legitimität von (Straf-)Recht eine gesellschaftlich-territoriale Grenze.

Trotz bereichsspezifischer Separierung der intradisziplinären Debatte werden die zentralen Prämissen wider die Demokratiefähigkeit der EU also in beiden Sparten geteilt. Über ihre Leitgedanken vereinen sich Strafrecht und Staatsrecht in der Diskussion um die demokratische Legitimation von EU-Rechtsetzung.[210] Durch die Spezifizierung der allgemeinen Prämissen der Staatstheorie für die besonderen Verhältnisse des Strafrechts satteln die Strafrechtswissenschaftler auf den staatstheoretischen Vorbehalten auf und verstärken diese für ihr Rechtsgebiet. Die Konsequenzen dieser inneren Verbindung für den demokratischen Legitimationsstatus eines europäischen Strafrechts treten klar zu Tage.

D. Zwischenergebnis zum demokratischen Legitimationsstatus des europäischen Strafrechts nach Maßgabe dieser Prämissen

Beim gegenwärtigen Entwicklungsstand der EU wäre supranationale Strafrechtsetzung, unabhängig von den kompetenzrechtlichen Regelungen in EGV und EUV sowie den Neuerungen, die im Reformvertrag angelegt sind, demokratisch schlechthin illegitim. Solange die Souveränität des Staates und sein Gewaltmonopol, deren Ausübung im Parlament in strafrechtliche Normen transformiert wird, exklusive Legiti-

209 Vgl. *Weigend*, ZStW 105 (1993), S. 774 (775). Bei dem Hauptargument der Euroskeptiker gehe es also weniger um eine historisch-altmodische Verknüpfung zwischen Staats(selbst)-verständnis und zentraler Strafgewalt, sondern um die Annahme, dass sich im Strafgesetzbuch eines Volkes besonders deutlich dessen nationale kulturelle Eigenheiten ausprägen, S. 785.

210 Wenn auch in der liberal-nationalstaatlichen Theorienwelt des späten 19. Jahrhunderts. Interessanterweise werden Protagonisten eines liberal-rechtsstaatlichen Strafrechts im Angesicht der europäischen Entwicklung zu vehementen Verfechtern eines auf strenger nationaler Staatsräson beruhenden Strafrechts, so schon *Prittwitz*, ZStW 113 (2001), S. 774 (798).

mationsquelle für Strafrechtsetzung bleiben, und solange sich keine hinreichend homogene, sich kulturell als zusammengehörig verstehende, politische Gemeinschaft auf übernationaler Ebene gebildet hat, die als Träger der *pouvoir constituant* einer souveränen Staats- und Rechtsordnung, die von den Nationalstaaten unabhängig ist, taugt, kann es kein supranational geschaffenes Strafrecht geben. Der aktuelle demokratische Legitimationsstatus lässt im Bereich der Strafrechtsetzung allein die völkerrechtliche Begründung von Kriminalisierungspflichten durch Übereinkommen zwischen den Mitgliedstaaten in den Bahnen des klassischen Kooperationsvölkerrechts zu, deren Ratifikation von der autonomen Zustimmung durch die nationalen Parlamente per Vertragsgesetz abhängig ist.

Diese Folgerungen sind nicht unwidersprochen geblieben. Da mit dieser Abhandlung das Ziel verfolgt wird, Prämissen auf den Grund zu gehen und dadurch Anstöße zu einer rechtsprinzipiellen Ausrichtung der Diskussion zu geben, soll an dieser Stelle aber keine umfassende Aufarbeitung des wohlbekannten Streitstandes über die Legitimation eines europäischen Strafrechts erfolgen.[211] Die Aufmerksamkeit ist vielmehr auf die Leitgedanken der Gegenauffassung zu konzentrieren, die von einer Demokratiefähigkeit der EU ausgeht. Zu prüfen ist, ob deren Prämissen und ihre Herleitung die obigen Ausführungen zu erschüttern vermögen. Dazu wird zunächst untersucht, ob dem integrationsfreundlichen Schrifttum im Strafrecht die Riposte gelingt, bevor im Anschluss die Vertreter des Europarechts zu Wort kommen.

211 Vgl. dazu statt vieler *Hecker*, Europäisches Strafrecht, S. 147 ff., 279 ff.; *Satzger*, Das Strafrecht als Gegenstand europäischer Gesetzgebungstätigkeit, KritV 2008, 17 ff.; *Zieschang*, FS Tiedemann, S. 1303 (1306 ff.).

Kapitel 6: Annahme der Demokratiefähigkeit

A. Strafrechtswissenschaft

Die Vertreter einer integrationsoffenen Linie wählen als zentralen Ort der Legitimation nicht den Nationalstaat, sondern das Mehrebenensystem der EU. Es wird zwar konzediert, dass dem nationalen Parlament bei Rechtsetzungsvorgaben per Richtlinie oder Rahmenbeschluss in der Tat kaum eigener Entscheidungsspielraum verbleibt, da demokratische Legitimation gerade eine Offenheit des parlamentarischen Beratungs- und Entscheidungsprozesses voraussetzt.[212] Damit sei jedoch noch nicht abschließend über die demokratische Legitimation entschieden, denn diese müsse dort erfolgen, wo die inhaltlichen Entscheidungen getroffen und die verbindlichen Vorgaben festgesetzt werden.[213] Die Entscheidung für eine Kriminalisierung bedürfe also einer selbstständigen demokratischen Legitimation auf europäischer Ebene. Dass eine solche rechtsprinzipiell für möglich gehalten wird, macht eine der wegweisenden Grundannahmen dieser Auffassung aus.[214] Demokratische Legitimation könne danach im Rahmen einer Staatengemeinschaft nicht in gleicher Weise erfolgen wie in einem Nationalstaat.[215] Es sei daher nicht schlüssig, klassische nationale Modelle als Maßstab auf die EU anzulegen. Im europäischen Kontext ließen das Demokratieprinzip und ebenso der speziellere Grundsatz der Strafgesetzlichkeit als allgemeine Grundsätze des Gemeinschaftsrechts eine Respezifizierung an ihrem neuen Legitimationsort zu, die den neugewachsenen Strukturen Rechnung trägt.[216] So dürfe nicht das besondere Gewaltenteilungsmodell der EU unbeachtet bleiben, das Legislativ- und Exekutivaufgaben über mehrere Organe verteilt, die interagierend zu erfüllen sind. Die Struktur der Gewaltenteilung sei gegenüber derjenigen der Nationalstaaten verschieden. Dies müsse auch bei der Ausgestaltung des Demokra-

212 *Böse*, GA 2006, 211 (217). Daran fehlt es, wenn der Gesetzgeber lediglich die Vorgaben einer Richtlinie in das nationale Recht „kopiert". Soweit das Europarecht verbindliche Vorgaben trifft, verliert der nationale Gesetzgeber seine Entscheidungsfreiheit. Die normativ nicht vorhandene Freiheit zum tatsächlichen Verstoß gegen die Verpflichtung kann keine demokratische Legitimation vermitteln, siehe auch Fn. 230, 496.

213 *Böse*, GA 2006, 211 (217).

214 Vgl. *Böse*, GA 2006, 211 (217 f.); *Vogel*, ZStW 116 (2004), S. 400 f.; *Kubiciel*, NStZ 2007, 136 (140); *Schröder*, Europäische Richtlinien und deutsches Strafrecht, S. 128; *Satzger*, Die Europäisierung des Strafrechts, S. 132 f.; *Hugger*, Strafrechtliche Anweisungen der Europäischen Gemeinschaft, S. 59, 69 ff.

215 *Böse*, GA 2006, 211 (217 f.); *Kubiciel*, NStZ 2007, 136 (140).

216 *Gröblinghoff*, Die Verpflichtung des deutschen Strafgesetzgebers zum Schutz der Interessen der Europäischen Gemeinschaften, S. 118 ff.; *Satzger*, Europäisierung des Strafrechts, S. 128 ff.

tieprinzips und insbesondere des Parlamentsvorbehalts beachtet werden.[217] Das Demokratieprinzip ist in den Verfassungen der Mitgliedstaaten aber hinreichend integrationsoffen garantiert, um auch notwendigen Modifikationen auf Gemeinschaftsebene Legitimität zu verleihen.[218] Aufgrunddessen darf die Exekutive der Mitgliedstaaten beim Erlass europäischer Rechtsnormen eine gewichtigere Position im Verhältnis zum Europaparlament als parlamentarischem Organ einnehmen als dies im innerstaatlichen Kontext zulässig wäre.[219] Doch ist gerade ihre Beteiligung über das Organ des Rates Transmissionsriemen für die Vermittlung demokratischer Willensbildung ausgehend von der Bevölkerung der Mitgliedstaaten. Demokratische Legitimation fließe sowohl mittelbar aus den nationalen Parlamenten über den Rat als auch unmittelbar über das Europäische Parlament ein. Europäische Rechtsetzung ist dadurch zweifach an den Unionsbürger gebunden, namentlich über die Abgeordneten des Europäischen Parlaments und die Regierungsvertreter des jeweiligen Mitgliedstaats. Diese Legitimationskette sei zwar länger und anders konzipiert als in Nationalstaaten, doch werde so dem spezifischen Charakter des EU-Systems als Staatenverbund Rechnung getragen.[220] Das Strafrecht nehme dabei keine Sonderrolle dergestalt ein, dass es als Materie der Souveränität der Mitgliedstaaten und ihrer exklusiven Rechtsetzungshoheit vorbehalten bleiben muss.[221] Um die spezifisch strafrechtlichen Anforderungen des allgemeinen Rechtsgrundsatzes *nullum crimen sine lege parlamentaria* auf überstaatlicher Ebene zu erfüllen, sei allerdings ein Mindestmaß an substantieller parlamentarischer Beteiligung zu wahren, wobei Europäisches Parlament und nationale Parlamente als parlamentarisches Ganzes begriffen werden dürfen.[222]

217 Vgl. dazu konkret *Gröblinghoff*, Die Verpflichtung des deutschen Strafgesetzgebers zum Schutz der Interessen der Europäischen Gemeinschaften, S. 136.

218 *Appel*, in: Dannecker (Hrsg.), Lebensmittelstrafrecht und Verwaltungssanktionen in der Europäischen Union, S. 165 (186). Die Einräumung von Hoheitsrechten an eine zwischenstaatliche Einrichtung, die dadurch zu einer supranationalen wird, hat stets zweierlei zur Folge. Zum einen werden die Mitgliedstaaten in die supranationalen Organisations- und Entscheidungsprozesse eingebunden. Zum anderen sind die Mitgliedstaaten an die Ergebnisse dieser Willensbildungsprozesse und mithin die Ausübung der übertragenen Hoheitsrechts durch die supranationale Organisation gebunden.

219 *Gröblinghoff*, Die Verpflichtung des deutschen Strafgesetzgebers zum Schutz der Interessen der Europäischen Gemeinschaften, S. 125 ff. *Satzger*, Europäisierung des Strafrechts, S. 113 f.

220 *Kubiciel*, NStZ 2007, 136 (140).

221 *Appel*, in: Dannecker (Hrsg.), Lebensmittelstrafrecht und Verwaltungssanktionen in der Europäischen Union, S. 165 (169) - es müsse auf Eingriffsintensität abgestellt werden, S. 185; a.A. *Oehler*, FS Jescheck, Bd. II, S. 1399 (1404, 1406 f.); *Ambos*, Internationales Strafrecht, § 11 Rn. 4.

222 *Gröblinghoff*, Die Verpflichtung des deutschen Strafgesetzgebers zum Schutz der Interessen der Europäischen Gemeinschaften, S. 127; *Satzger*, Europäisierung des Strafrechts, S. 132. Kubiciel billigt dem Einwand, dass das Europäische Parlament kein europäisches Volk repräsentiert und aus diesem Grund nicht das Maß an Identifikation der Bevölkerung mit der Gesetzgebung für den Staatenverbund Europa zu gewährleisten vermag, das nationale Parlamente erreichen, nur rechtspolitische Bedeutung zu, da die europäische Rechtsetzung die Funkti-

Diese Auffassung folgt mithin zwei Grundannahmen. Der Nationalstaat ist nicht der ausschließliche Ort und politische Referenzrahmen demokratischer Legitimation. Demokratische Legitimation von Rechtsetzungsakten kann auch komplementär im Mehrebenensystem der EU hergestellt werden. Sie erfolgt durch Dopplung der Legitimationsstränge, die sowohl zu einem supranationalen als auch zu nationalen Parlamenten zurückführen. Als Kronzeugen für diese Form der Komplementärlegitimation beruft sich dieser Teil des Schrifttums auf das BVerfG. Dieses habe dem Erfordernis einer entsprechenden Strukturanpassung schon in seiner Maastricht-Entscheidung Rechnung getragen und ausdrücklich anerkannt, dass eine demokratische Legitimation über die parlamentarische Verantwortung der Regierungsvertreter im Rat einerseits und das Europäische Parlament andererseits als verfassungsgemäß angesehen werden kann.[223]

I. Die Maastricht-Entscheidung des BVerfG

In der Tat kann demokratische Legitimation in der EU nach Auffassung des BVerfG nicht in gleicher Weise hergestellt werden wie in einer Ordnung, die durch eine Staatsverfassung einheitlich und abschließend geregelt ist.[224] Die Vorgaben des Art. 23 I 1 GG müssen im Lichte der Struktur der Europäischen Union interpretiert und entsprechend angepasst werden. Es bestünden mithin Gestaltungsmöglichkeiten, die den veränderten Strukturen Rechnung tragen. Erforderlich sei jedoch, dass die Gestaltungsfreiheit hinreichend zur Realisierung eines bestimmten Legitimationsniveaus genutzt wird. Diese hinreichende demokratische Legitimationsgrundlage wird durch einen doppelten Legitimationsstrang hergestellt. Demokratische Legitimation erfolgt im Gemeinschaftsrecht zum einen durch das Zustimmungsgesetz zu den Gründungsverträgen und die Rückkopplung der Regierungsvertreter im Rat an die Parlamente der Mitgliedstaaten und wird zum anderen ergänzt durch die Mitwirkung des Europäischen Parlaments, das allerdings lediglich eine stützende Funktion hat.[225] Die Anbindung der Völker der Mitgliedstaaten erfolgt mithin auf zwei Wegen. Da das Europäische Parlament nicht das zentrale Gesetzgebungsorgan eines einheitlichen Staatswesens, d. h. eines Bundesstaats, ist, kann ihm im Staatenverbund nur eine stützende Ergänzungsfunktion neben der Rückkopplung an die nationalen Parla-

on, die der Gesetzgebung durch ein Parlament zugeschrieben werden, nicht verfehl, *Kubiciel*, NStZ 2007, 136 (140).

223 *Kubiciel*, NStZ 2007, 136 (140); *Satzger*, Europäisierung des Strafrechts, S. 132; *Vogel*, ZStW 116 (2004), S. 400 f.

224 BVerfGE 89, 155 (182). Diese grundsätzliche Erkenntnis, dass die demokratische Legitimation in der Gemeinschaft nicht in gleicher Form hergestellt werden kann wie innerhalb einer durch Staatsverfassung einheitlich und abschließend geregelten Staatsordnung, geht auf Badura zurück, vgl. VVDStRL 23 (1966), 34 (38, 97 f.). Andernfalls wäre jeder demokratische Staat integrationsunfähig.

225 BVerfGE 89, 155 (184 ff.).

mente zukommen.[226] Demokratische Legitimation wird daher neben parlamentarischen Zustimmungsakten zum Primärrecht primär – wenn auch nur mittelbar – über die Kontrolle des Rates beim Handeln auf der Grundlage dieses Primärrechts erzeugt. Das BVerfG stellt damit auf das innerstaatliche parlamentarische System und die Ministerverantwortlichkeit ab. Durch nationale Organteilhabe werde mittelbar die Verantwortlichkeit des Bundestags hergestellt und diesem so ein substantielles politisches Gewicht gesichert. Das Gericht sieht zugleich aufgrund des Ausbaus der Aufgaben und Befugnisse der Gemeinschaft die Notwendigkeit einer direkten, gemeinschaftsimmanenten Kopplung zwischen Organakten und dem Europäischen Parlament, um eine ergänzende Rückkopplungslegitimierung durch „Repräsentation der Staatsvölker“ im Europäischen Parlament zu schaffen.[227] Daran anknüpfend wähnt sich die hier zu behandelnde Strömung im Schrifttum im Einklang mit der Maastricht-Rechtsprechung und zieht sie als zentrale Stütze für die Legitimation europäischer Strafrechtsetzung heran.[228] Da Art. 23 GG keine Sonderregelung für das Strafrecht trifft, sieht man auch die Strafrechtsetzung durch den europäischen Gesetzgeber als hinreichend demokratisch legitimiert an.[229] Dies gelte für die erste wie auch – allerdings in differenzierter Form – für die dritte Säule in gleicher Weise.[230]

226 Europäisches Parlament und nationale Parlamente bilden eine doppelte Legitimationsbasis, *Kluth*, Die demokratische Legitimation der Europäischen Union, S. 87.

227 *Ipsen*, EuR 1994, 1 (6); vgl. BVerfGE 89, 155 (184).

228 Ob der Rekurs auf die Maastricht-Entscheidung, die von 1993 datiert, angesichts der Umwälzungen im Bereich des Strafrechts, die insbesondere in Gestalt der Begründung einer strafrechtlichen Annexkompetenz zu den Politikfeldern der EG durch den EuGH einen ausbrechenden Rechtsakt darstellen könnte, nicht ohnehin zu optimistisch ist, könnten die Verfassungsbeschwerde und Organklage des MdB Gauweiler bald klären helfen.

229 *Kreß* ZStW 116 (2004), S. 445 (451); *Kubiciel*, NStZ 2007, 136 (140); *Böse*, GA 2006, 211 (218); in Anbetracht dessen erscheinen *Böse* auch die Einwände gegen eine Kompetenz zum Erlass von unmittelbar geltenden Strafbestimmungen nicht mehr überzeugend, S. 220 ff. Skeptisch *Schröder*, Europäische Richtlinien und deutsches Strafrecht, S. 131 - Die Forderung nach der parlamentarischen Legitimation des Strafgesetzes kann auf europäischer Ebene noch nicht einlösen, was sie innerstaatlich vermittelt. Dem Europäischen Parlament kommt sicherlich eine legitimitätsstützende Funktion zu, doch ist es kein Surrogat für die Legitimationskraft, die ein nationales Parlament in sich aufnimmt und vermittelt, S. 129 f. Der Verlust des Bürgers an Einfluss auf den politischen Willensbildungs- und Entscheidungsprozess wird nicht vollständig durch die Beteiligung des europäischen Parlaments kompensiert. Das Parlament besteht aus Vertretern der Völker der in der Gemeinschaft zusammengeschlossenen Staaten. Jedes dieser Völker ist aber Ausgangspunkt einer auf sich bezogenen Staatsgewalt. Zudem sei Demokratie nicht lediglich ein formales Zurechnungsprinzip, sondern vom Vorhandensein bestimmter vorrechtlicher Voraussetzungen abhängig.

230 *Böse*, GA 2006, 211 (218); so auch *Kreß*, ZStW 116 (2004), S. 445 (451). Das BVerfG hat in seiner Entscheidung zum Europäischen Haftbefehl bestätigt, dass auch die in der dritten Säule gewährten Möglichkeiten, den nationalen Gesetzgeber zu verpflichten, dem Demokratieprinzip genügten, ohne insoweit an die Zusammenarbeit in dem Bereich Justiz und Inneres besondere Anforderungen zu stellen, obgleich das Europäische Parlament gem. Art. 39 EUV nur angehört werden muss. Die Mitgliedstaaten behielten die politische Gestaltungsmacht, ggf. durch Verweigerung einer Umsetzung, BVerfGE 113, 273 (301). Das Europäische Parlament wird lediglich in einem obiter dictum zur eigenständigen Legitimationsquelle des eu-

Diese Referenz verhüllt die Legitimationsschwierigkeiten jedoch eher, als dass sie zur Untermauerung der eigenen Prämissen taugt. Man könnte insofern gar von einer „Maastricht-Falle" sprechen, in die eine solche Argumentation unwillentlich gerät.

II. Die Maastricht-Falle

Dreh- und Angelpunkt der Argumentation im integrationsoffenen Schrifttum ist die Idee der doppelten demokratischen Legitimation.[231] Die gegenwärtigen Entwicklungen werden primär durch die Linse der Urteilserwägungen des BVerfG bewertet. Bei näherer Betrachtung wird indessen deutlich, dass die enge Anlehnung an das Bundesverfassungsgericht die Tragfähigkeit der eigenen Prämissen und ihrer argumentativen Herleitung keinesfalls erhöht. Stattdessen greifen die Widersprüchlichkeiten der Entscheidung auf die Argumentation der Strafrechtswissenschaft über und leben in ihr fort.[232]

1. Die Inkonsistenzen der Maastricht-Entscheidung

Das BVerfG unterstellt bei seinen Urteilsausführungen zwei Entwicklungskontinuen, die ihren gedanklichen Ausgangspunkt gerade in den Prämissen der Europaskeptiker finden.[233] Vorbedingung jeder Form von Demokratie auf EU-Ebene ist für das BVerfG die Existenz eines homogenen europäischen Volks, das bei Ausbildung einer gewissen Mindesthomogenität aus den Völkern der Nationalstaaten – und auf

ropäischen Rechts erhoben. Die demokratische Legitimation wird damit in der dritten Säule vom vermeintlichen Letztentscheidungsrecht des nationalen Parlaments getragen. Tatsächlich besteht aber eine völkervertragliche Pflicht zur Umsetzung. Der Transformationsakt ist nicht Ausdruck eigenen Gestaltungswillens, sondern der Anerkennung der politischen Gestaltungsmacht des Unionsgesetzgebers, *Böse*, FS Tiedemann, S. 1321 (1333); *Wolf* KJ 2005, 350 (355). Eine Verweigerung der Umsetzung stünde im Widerspruch zum Unionsrecht und kann daher nicht als Quelle demokratischer Legitimation angesehen werden, so *Lübbe-Wolff*, BVerfGE 113, 273 (336).

231 Zur doppelten Legitimation, *Brosius-Gersdorf*, Europarecht 34 (1999), 133 ff.

232 Dieser Umstand lässt sich durchaus als unglücklich bezeichnen, denn auf die Inkonsistenz der Maastricht-Entscheidung ist im deutschen und internationalen Schrifttum wiederholt hingewiesen worden, vgl. *Weiler*, 1 European Law Journal (1995), 219 ff.; *Ipsen*, EuR 1994, 1 (20); *Schwarze* NJ 1994, 1 (3); *Tomuschat*, EuGRZ 1993, 489 (496). Insgesamt ist die Entscheidung in Deutschland gleichwohl freundlich aufgenommen worden und als verfassungspolitische Leistung anerkannt worden, vgl. dazu *Ipsen*, EuR 1994, 1 (19); *Kirchhof*, JZ 1998, 965 (966).

233 Eingedenk der Autorenschaft ist dies freilich nicht überraschend; siehe zur verfassungsrechtliche Weltanschauung des BVerfG in der Maastricht-Entscheidung mit scharfen Worten, *Weiler*, 1 European Law Journal (1995), 219 (222) – Die Entscheidung sei *sad, even pathetic*.

dessen Kosten – zusammenwachsen kann.[234] Es bedürfe eines Maßes existentieller, vorrechtlicher Gemeinsamkeit, das in der relativen Homogenität seiner geistigen, sozialen und politischen Verbindung bestehen soll.[235] Staatsorganisationsrechtlich wird die EU zudem als ein Staaten(ver)bund angesehen,[236] der auf einer integrationsabhängigen Entwicklungsschiene aber zum eigenständig demokratiefähigen Bundesstaat mutieren kann. Hieran wird ausgesetzt, dass das BVerfG inkonsequent einer „noch kein *demos*"-Konzeption gefolgt ist, die besagt, dass die Bildung eines europäischen *demos* nicht *a priori* ausgeschlossen ist, die Grundvoraussetzungen demokratischer Legitimation aber erst mit dessen Herausbildung erfüllt wären.[237] Ohne *demos* ist Demokratie auf europäischer Ebene dann aber *per definitionem* ausgeschlossen. Eine künftige Legitimation hinge von der Emergenz eines *demos* orga-

234 BVerfGE 89, 155 (185); vgl. dazu *Kirchhof*, Isensee/Kirchhof (Hrsg.), Handbuch des Staatsrechts, Bd. VII, Der deutsche Staat im Prozess der europäischen Integration, § 183 Rn. 37 - Entstehungsvoraussetzung eines demokratische europäischen Staates ist die Gemeinsamkeit eines zusammengehörenden europäischen Staatsvolks, insbesondere eine Mindesthomogenität in den staatsrechtlichen Grundauffassungen, eine für jedermann zugängliche Rechtssprache sowie wirtschaftliche und kulturelle Ähnlichkeiten.

235 Zu diesem Begriff des Volkes vgl. BVerfGE 89, 155 (184, 186).

236 Das BVerfG verwendet den Begriff Staatenverbund, der allerdings die Gemeinschaftssprache ignoriert und Verwirrung stiftet. Die Bezeichnung ist eine Kreation des BVerfG in Leitsatz 8 der Maastricht-Entscheidung; zur Herkunft siehe *Ipsen*, EuR 1994, 1 (8), der Kirchhof als Schöpfer ausmacht. Danach wurzelt der Staatenverbund in der Rechtseinheit für bestimmte Lebensbereiche und festige sich als Handlungsgemeinschaft für begrenzte Aufgaben. Ein Staatenverbund sei aber eben keine staatlich organisierte Einheit. *Ipsen* weist kritisch darauf hin, dass der Terminus "Verbund" bereits besetzt ist und überliefertерweise für die technisch-organisatorische Zusammenfassung mehrerer Wirtschaftsbereiche zu gemeinsamer Arbeit zwecks Erhöhung der Wirtschaftlichkeit verwendet wird, EuR 1994, 1 (6, 8). Es bleibt unklar, was das Gericht zur Verwendung des Terminus bewegt hat. Die Gestalt-Beschreibung ist blass, wenig aussagekräftig und vor allem negativ darauf ausgerichtet, von europäischer Staatlichkeit und bundesstaatlichen Vereinigten Staaten von Europa abzugrenzen. Die Eigentümlichkeiten europäischer Integration fängt er demgegenüber nicht ein. *Ipsen* fordert daher, dass der ökonomisch-technisch besetzte Begriff aus der Diskussion eliminiert wird, EuR 1994, 1 (21). Gleichwohl findet er sich nachwievor sehr häufig in der Diskussion, gerade auch unter Strafrechtlern.

237 In den Unionsbürgern sieht das BVerfG kein Staatsvolk, da es dazu an einer vorrechtlichen Infrastruktur fehle. Dem „Europa-Volk" der verbundenen Unionsbürger mangele es an einer relativ homogenen geistigen, sozialen und politischen Verbundenheit der Menschen. Neben Strukturbedingungen der Partizipation und Repräsentation bei der Willensbildung sei dies eine zusätzliche Voraussetzung zur Vorformung politischer Willensbildung. Erst das Homogenitätsbewusstsein und die Existenz einer gemeinsamen Gesprächsgrundlage machen das Zentrum des Parlamentarismus aus. Auf die Struktur der Union bezogen können angesichts der Realität ihres Zustandes die Chancen einer Europäisierung der Staatsvölker wegen der fehlenden Unterbauvoraussetzungen aus der Sicht des Gerichts nur gering eingeschätzt werden. Schon in der Sprachenvielfalt der Union könnte ein unüberwindbares Hindernis für die Erfüllung der vorrechtlichen Voraussetzungen begründet sein. Überdies bedürfe es der Einführung eines EU-weit einheitlichen Wahlrechts, bevor das Europäische Parlament wirklich stützende Kraft entfalten kann.

nisch-homogener Art ab.[238] Zudem wird bemerkt, dass das BVerfG wohl selbst nicht mit dem Eintritt dieser Legitimationsvoraussetzung rechnet, denn seine demokratietheoretischen Ausführungen laufen auf ein gefährliches Nullsummenspiel zwischen Europa und den Mitgliedstaaten hinaus.[239] Nationaler und europäischer *demos* schlössen einander aus. Die Entstehung eines europäischen *demos* würde die *demoi* der Nationalstaaten auflösen und ihre Substanz in sich aufnehmen und überformen.[240] Verbunden wäre damit der endgültige Verlust ethnisch-kultureller deutscher Identität. Von dieser Volte gehen die Verfasser der Maastricht-Entscheidung aber ersichtlich nicht aus, so dass die Quintessenz der „(noch) kein demos"-Theorie klar zu Tage tritt: es kann keine supranationale Demokratie geben.[241] Ein wirksamer Schutz des nationalen *demos* vor supranationaler Heteronomie ist auf der Grundlage dieses Verständnisses deshalb – wie von den Europaskeptikern aus strafrechtlichem und staatsrechtlichem Lager unisono betont – nur im Rahmen traditionellen Kooperationsvölkerrechts möglich.

Auch die zweite Kontinuumshypothese des BVerfG, wonach demokratische Legitimation solange im Nationalstaat ruht, bis sich aus dem gegenwärtigen Staatenbund ein Bund mit eigener Staatlichkeit herausschält, trägt nicht. Den Begriff des Staatenverbundes wählt Bundesverfassungsgericht im Anschluss an *Kirchhof*,[242] um die staatstheoretische Organisation der Europäischen Union zu beschreiben und den Kreis der bekannten Staatenverbindungen zu ergänzen. Die neue Kategorie liegt auf einem nicht näher präzisierten Punkt zwischen Staatenbund und Bundesstaat.[243] Das BVerfG macht damit die Existenz einer staatlichen Körperschaft, die als exklusives Zuschreibungssubjekt der Volkssouveränität fungiert, zur denknotwendigen Voraussetzung für Demokratie.[244] Das Gericht vermag dem Denken in den geschlossenen

238 Vgl. BVerfGE 89, 155 (186): „Die Staaten bedürfen hinreichend bedeutender eigener Aufgabenfelder, auf denen sich das jeweilige Staatsvolk in einem von ihm legitimierten und gesteuerten Prozeß politischer Willensbildung entfalten und artikulieren kann, um dem, was es – relativ homogen – geistig, sozial und politisch verbindet [...], rechtlichen Ausdruck zu geben."

239 *Weiler*, 1 European Law Journal (1995), 219 (238).

240 *Weiler*, 1 European Law Journal (1995), 219 (238).

241 Die geforderte Homogenität der vorstaatlichen Gemeinschaft basiert auf integrationshemmenden ethno-kulturellen Eigenschaften. Sie erschwert die Eingliederung Dritter und Integration in überstaatliche Gemeinschaften nachhaltig, da es sich um Fragen natürlicher Identität handelt und nach diesem Verständnis eine Legitimation von Mehrheitsherrschaft, insbesondere von Mehrheitsentscheidungen, in ihrer Reichweite auf eben diesen natürlichen *demos* beschränkt ist.

242 BVerfGE 89, 155 (181, 188 ff.); *Kirchhof*, Isensee/Kirchhof (Hrsg.), Handbuch des Staatsrechts, Bd. VII, Der deutsche Staat im Prozess der europäischen Integration, § 183 Rn. 38, 53, 69.

243 *Schliesky*, Souveränität und Legitimität von Herrschaftsgewalt, S. 472; *Kirchhof*, Isensee/Kirchhof (Hrsg.), Handbuch des Staatsrechts, Bd. VII, Der deutsche Staat im Prozess der europäischen Integration, § 183 Rn. 38, 69.

244 Wesentlich für dieses Verständnis europäischer Verfasstheit ist der Fortbestand der Mitgliedstaatlichkeit im supranationalen Verbund als primärer Identitäts- und Selbstbestimmungszusammenhang. Dieser Fortbestand dokumentiert sich in zwei Ordnungsprinzipien. Weder die

Kategorien des Nationalstaats, das nur Staatenbund, Einheitsstaat oder Bundesstaat kennt, nicht den Rücken zu kehren und erweist sich damit als unfähig, den gänzlich neuartigen Strukturen, Anforderungen und Potentialen des EU-Mehrebenensystems hinreichend Rechnung zu tragen.[245] Da ein Evolutionsprozess in Richtung auf einen europäischen Bundesstaat nicht im Gange ist,[246] hätte das zur Konsequenz, dass die Quelle demokratischer Legitimation nach wie vor nur die Mitgliedstaaten sein können. [247] Dennoch sieht das BVerfG eine hinreichende demokratische Legitimation innerhalb eines politischen Systems, das erkennbar außerhalb des vorgestellten Entwicklungskontinuums liegt.

Die doppelte Legitimation entpuppt sich bei näherer Betrachtung als Chimäre. Dennoch lässt sich das BVerfG auf diese mit seiner Konzeption von Demokratie nur schwer verträgliche Idee ein. Die Inkonsistenz mit den eigenen Ausgangsüberlegungen ist offensichtlich.[248] Die Gründe für diese Kehrtwende scheinen real- und

Bürger noch die Völker Europas sind Träger der *pouvoir constituant*, sondern die Mitgliedstaaten in ihrer Eigenschaft als Zurechnungssubjekte der Vertraglichkeit, *Sander*, Repräsentation und Kompetenzverteilung, S. 614. Gleichzeitig ist die vertragsförmige erfolgende Ermächtigung zur Sekundärrechtsetzung als Konstitution einer teilselbstständigen Ordnung darauf angewiesen, nicht als vertragsförmige Delegation staatlicher Selbstbestimmung und damit letztlich als bloße Selbstentäußerung aufzufassen zu sein. Sie setzt deshalb voraus, dass die sekundärrechtliche Willensbildung durch einen Repräsentationsmechanismus an den Willen der Mitgliedstaaten rückgebunden ist, S. 614. Dieses Prinzip der Komplementärverfassung verbietet einen Wechsel des Verfassungsparadigmas in zwei Richtungen, nämlich die Herausbildung europäischer (Bundes-)Staatlichkeit einerseits und die schleichende Preisgabe der Substanz souveräner Staatlichkeit im Wege fortschreitender Gemeinschaftsermächtigung andererseits, S. 376.

245 *Bryde*, Staatswissenschaften und Staatspraxis 1994, S. 305, S. 309 – Sackgasse; *Tomuschat*, EuGRZ 1993, 489 (496) – unverständliche Fixierung auf den Staat als Idealgestalt und ahistorische Betrachtung des deutschen Staats. Auch *Ipsen* kritisiert die Argumentation wegen autonomer, introvertierter Sichtbeschränkung auf die deutsche Verfassungsordnung, *Ipsen*, EuR 1994, 1 (20) - Die Einbindung Deutschlands in die Gemeinschaft zusammen mit anderen Staaten anderer Verfassungsordnungen wird in einer Art „Gemeinschafts-Blindheit" nicht berücksichtigt.

246 Es findet sich kaum ein Bereich, in dem die Mitgliedstaaten ihre Souveränität komplett aufgegeben hätten. Vielmehr haben sie sich weitreichende direkte Teilhabemöglichkeiten an der Rechtsetzung erhalten und der Union auch weder Steuergewalt noch Haushaltsautonomie eingeräumt. Die politischen Prozesse innerhalb des EU-Mehrebenensystems bleiben daher vielgestaltig und fragmentiert und deuten nicht auf einen Übergang in ein bundesstaatliches System hin; a.A. *Murswik* und *Schachtschneider* in ihren Rechtsgutachten zur Unterstützung der Verfassungsbeschwerde des MdB Gauweiler.

247 Die monistische Konzeption produziert ein eindimensionales Vorstellungsbild, *Schliesky*, Souveränität und Legitimität von Herrschaftsgewalt, S. 733. Anders als *Kaufmann*, Europäische Integration und Demokratieprinzip, S. 215, glaubt, wird mit dieser Kategorie die Dichotomie Staatenbund-Bundesstaat nicht überwunden. Der Staatenverbund markiert einen Entwicklungszustand zwischen Staatenbund und Bundesstaat und löst sich nicht vom Staat als gedanklichem Ausgangspunkt. Als Kategorie geht er nicht über den Staat hinaus.

248 *Weiler*, 1 European Law Journal (1995), 219 (230, 236). Der holistische Ansatz wird nicht durchgehalten, *Baumbach*, Vertragswandel und demokratische Legitimation, S. 165, 168.

rechtspolitischer Natur gewesen zu sein. Die Rechtsetzungs- und Entscheidungsstrukturen der Union hatten sich zum Zeitpunkt der Entscheidung bereits weit von traditionellen intergouvernementalen Entscheidungsformen entfernt. Das BVerfG sah sich deshalb wohl rechtspolitisch gezwungen, der Rechtsetzung im Mehrebenensystem der EU den prinzipiellen Unverträglichkeiten zum Trotz das Attest hinreichender demokratischer Legitimation auszustellen, um die Integrationsfähigkeit Deutschlands zu erhalten.

2. Die Konsequenzen der Inkonsistenzen

Für die Prämissen der Strafrechtswissenschaft sind die Folgen dieser Inkonsistenz indessen dramatisch, denn ihre Vertreter bauen auf die Tragfähigkeit dieses Modells.[249] Die Auffassung der Europaskeptiker lässt sich wegen ihrer Widersprüchlichkeit nicht mit einem Verweis auf die Maastricht-Entscheidung des BVerfG entkräften. Die Inhalte der Maastricht-Entscheidung erschüttern die Prämissen der Kritiker nicht, sondern teilen sie vielmehr stillschweigend. In ihrer strikten Verneinung demokratischer Legitimation von EU-Strafrechtsetzung sind diese deutschen Strafrechtler mithin argumentativ sogar konsistenter und konsequenter als das BVerfG.[250] Auch eine vertiefende Diskussion der gegenläufigen Grundpositionen im Schrifttum wird durch den voreiligen Zugriff auf die Konstruktion der Maastricht-Entscheidung abgeschnitten. Eine Auseinandersetzung mit ihren Prämissen entfällt. Das rechtsprinzipielle Legitimationsproblem hingegen bleibt. Möglicherweise findet die hier behandelte Argumentation des strafrechtlichen Schrifttums aber eine Abstützung in den Prämissen einer starken Fraktion unter den Staats- und Europarechtlern, die der EU ebenfalls Demokratiefähigkeit attestieren. Ihnen ist im Folgenden auf den Grund zu gehen.

Demokratische Legitimation soll nunmehr über die Staatsvölker durch ihre nationalen Parlamente erfolgen. Hinzu trete die abstützende Legitimation der Unionsbürger durch das europäische Parlament und somit ein menschenrechtliches Moment. Das individuelle Betroffensein rückt damit insgesamt stärker in den Blickpunkt, Hanebeck, DÖV 2004, 901 (907 f.).

249 So merkt z.B. *Kubiciel* zwar warnend an, dass ein Europäisches Parlament nichts repräsentieren kann, was es in der Lebenswirklichkeit nicht gibt, nämlich ein europäisches Volk. Dem Anspruch optimaler demokratischer Legitimation fehle es daher an einem europäischen Staatsvolk als Gläubiger und einem europäischen Staat als Schuldner. Trotz des gedanklichen Verharrens in den binären Strukturen der Europaskeptiker vollzieht er dennoch den Schritt des BVerfG nach und schreibt der Beteiligung des europäischen Parlaments hinreichende Legitimationskraft zu, *Kubiciel*, NStZ 2007, 136 (140).

250 Dies wird gerade in der Forderung sichtbar, zu intergouvernementaler Zusammenarbeit zurückzukehren und sich als Handlungsform auf den Abschluss internationaler Verträge, die von den nationalen Parlamenten zu ratifizieren wären, rückzubesinnen.

Eine wachsende Zahl unter den Staats- und Europarechtlern hält die EU grundsätzlich für demokratiefähig.[251] Wie die integrationsoffenen Vertreter des Strafrechts sehen sie den zentralen Ort der Legitimation im Mehrebenensystem der EU. Wenn sich Kompetenzen und Entscheidungsprozesse im Zuge der europäischen Einigung zunehmend auf supranationale Ebenen verlagern, begründet dies die Demokratiebedürftigkeit dieser überstaatlichen Prozesse. Der Demokratiegrundsatz ist elementarer Bestandteil der gemeinsamen Verfassungstradition der Mitgliedstaaten und als solcher auch in Art. 6 II EUV als Grundsatz verbürgt, auf dem die Union ruht. Dort wo europäische Hoheitsgewalt ausgeübt wird, muss sie sich an diesem Prinzip messen lassen. Um nicht zu einer bloßen Legitimationshülse zu verkümmern, muss die Verwirklichung des demokratischen Prinzips den veränderten Strukturen Rechnung tragen und dort Wirkung entfalten, wo die politisch und freiheitsrechtlich maßgeblichen Entscheidungen tatsächlich getroffen werden.[252] Die Suche nach Quellen und Strukturen demokratischer Legitimation darf deshalb nicht auf die Nationalstaaten beschränkt werden, sondern erstreckt sich auf das gesamte System.[253] Die Legitimation muss im Rahmen des EU-Mehrebenensystems erfolgen. Dies ist aus Sicht dieses Teils des Schrifttums auch grundsätzlich möglich, da das beschriebene Demokratiedefizit dem EU-Mehrebenensystem nicht inhärent ist. Bei der Ausgestaltung des Demokratieprinzips innerhalb dieses Rahmens genießen die Mitgliedstaaten vielmehr einen gewissen Spielraum, der sich nicht auf Analogien zu nationalstaatlichen Strukturen reduziert. Jede politische Gemeinschaft gestaltet die Regierungsstrukturen und -prozesse ihres politischen Systems verschieden, um Übereinstimmung mit den Grundentscheidungen der Verfassung und den Legitimitätserwartungen der Bevölkerung erzielen zu können. Es besteht daher kein apriorischer Zwang zu parlamentarischem Unitarismus, sondern Gestaltungsfreiheit bei der Einrichtung demokratischer Herrschaft, solange über das Gesamtsystem hinweg aggregiert die notwendige kritische Masse demokratischer Legitimität erreicht wird. Aufgrund dieser Gestaltungsfreiheit sei es nicht nur möglich, idiosynkratische Gewaltenteilungsmodelle zu konzipieren, sondern auch Souveränität außerhalb des Nationalstaats an-

251 *Huber*, in: Drexl (Hrsg.), Europäische Demokratie (Ius Europeum 6), S. 27 (57); *Peters*, Elemente einer Theorie der Verfassung Europas; *Maus*, Zur Ideengeschichte der Gewaltenteilung und der Funktionsweise der Justiz, FS Abromeit, S. 224 - Europäische Demokratie sei prinzipiell organisierbar; hinsichtlich ihrer Realisierbarkeit sei aber Skepsis geboten.

252 *V. Bogdandy*, Gubernative Rechtssetzung, S. 87.

253 *Badura*, VVDStRL 23 (1966), S. 34 (38, 97 f.), hält die Möglichkeit internationaler Demokratiekonzeptionen sogar nur dann für gegeben, wenn deren Gestalt nicht durch Übertragung nationaler Verfassungskonzepte gebildet wird. Auch andere Staatsrechtler halten es für begründbar, dass Demokratie in der EU eine eigenständige Gestalt annehmen kann, *Wahl*, FS Hofmann, S. 113, 139; *v. Bogdandy*, FS Badura, 2004, S. 1033 ff.; *Oeter*, ZaöRV 55 (1995), 659 ff.; *Callies*, FS Ress, S. 399 (420); *Schliesky*, Souveränität und Legitimität von Herrschaftsgewalt, S. 391. Nationalstaatliche Konzepte demokratischer Legitimation dürfen jedenfalls nicht unbesehen auf supranationale Herrschaftsgewalt übertragen werden.

zusiedeln. Souveränität lässt sich an verschiedenen Funktionsorten innerhalb des EU-Mehrebenensystem poolen und gemeinsam ausüben.[254]

Diese Gestaltungsfreiheit entfalle auch nicht deshalb, weil sich in Europa kein homogenes Staatsvolk findet. Als Legitimationssubjekt demokratischer Herrschaft sei ein solches europäisches Staatsvolk nicht vonnöten.[255] Politische Gemeinschaften können sich auch unabhängig von ethnokulturellen Gemeinsamkeiten konstituieren. Auf der Grundlage eines republikanischen, wertebasierten Begriffs des *demos* sind die Voraussetzungen für die Genese einer politischen Gemeinschaft als Legitimationssubjekt demnokratischer Selbstherrschaft auch auf EU-Ebene gegeben. Ihre spezifische Eigenart läge in der harmonischen, integrationsorientierten Ausbildung multipler Identitäten und Loyalitäten, die der Lebenswirklichkeit der Menschen in der EU als Staatsbürger eines Mitgliedstaats einerseits und Unionsbürger andererseits Rechnung trägt. Legitimationssubjekt dieses demokratischen Systems ist also kein organisches Volk im romantisch-nationalstaatlichen Sinn, sondern eine multinationale politische Gemeinschaft mit multiplen Loyalitäten.[256]

Dieser Teil des Schrifttums setzt den drei Prämissen ihrer Kollegen mithin vier eigene entgegen: Demokratische Legitimation ist im Mehrebenensystem zu suchen (I.). Dessen politische Strukturen erfüllen die Funktionsbedingungen demokratischer Herrschaft (II.). Innerhalb des Mehrebenensystems ist Souveränität teilbar und gemeinsam ausübbar (III.). Damit einher geht die Anerkennung der potentiellen Zugehörigkeit zu mehreren *demoi*, die sich im Rahmen der demokratischen Prozesse herausbilden können, nicht jedoch eine vorrechtliche Legitimationsvoraussetzung verkörpern (IV.).

I. Das EU-Mehrebenensystem als Anknüpfungspunkt

Anknüpfungspunkt für die Verwirklichung demokratischer Legitimation ist somit das EU-Mehrebenensystem aus nationalstaatlichen und suprastaatlichen Elementen. Die Einrichtung und Ausübung demokratischer Herrschaft setzen allerdings die Existenz eines politischen Systems voraus, um überhaupt politisch herrschaftsfähig zu sein. In der Politikwissenschaft werden politische Systeme anhand von vier wesentlichen Charaktermerkmalen definiert.[257] Sie müssen erstens einen stabilen und

254 *Slaughter*, European Journal of International Law 6 (1995), 503 (537). In der Wirklichkeit der gegenwärtigen wirtschaftlichen und politischen Systeme ist der vormals abgeschlossene Nationalstaat ein kooperativer Staat geworden, dessen einst „westfälische“ Souveränität sich in die Fähigkeit transformiert hat, gemeinsam mit anderen Staaten – z. B. in internationalen oder supranationalen Organisationen – an transnationaler Politikgestaltung teilzuhaben.

255 *Peters* bezeichnet diese Forderung als eine malaise allemande, Common Market Law Review 41 (2004), 37 (70).

256 Ähnlich *Peters*, Common Market Law Review 41 (2004), 37 (42).

257 *Hix*, The Political System of the European Union, S. 2 f.

klar definierten Bestand an Institutionen für gemeinsame Entscheidungsfindungsprozesse und einen Katalog von Regeln aufweisen, die die Beziehungen zwischen diesen Institutionen bestimmen. Zweitens müssen Bürger und gesellschaftliche Gruppen ihre politischen Ziele durch direkte Einflussnahme oder vermittelt über Parteien und Interessengruppen über dieses System zu erreichen versuchen. Gemeinsame Entscheidungen innerhalb dieses Systems müssen drittens erhebliche wirtschaftliche, soziale und politische Verteilungseffekte haben, die über die gesamte Breite des Systems wirken können. Schließlich bedarf es viertens einer fortlaufenden Interaktion zwischen erzielten politischen Ergebnissen und neuerlichen Nachfragen und Bedürfnissen seitens der Gesellschaft, die an das System addressiert werden und neue Entscheidungen hervorbringen.

Nach der hier vorgestellten Auffassung genügt das EU-Mehrebenensystem diesen Anforderungen an ein politisches System, ohne selbst Staat sein zu müssen.[258] Die fehlende Staatsqualität der EU, die vor allem mit dem Fehlen von kompetenzieller Allzuständigkeit und Gewaltmonopol als *conditio sine qua non* moderner Staatlichkeit begründet wird, steht der Einstufung als demokratisch-herrschaftsfähiges politisches System nicht entgegen. Demokratie ist als Ordnungs- und Legitimationsprinzip nicht für den Staat reserviert. Allerdings ist die Auffassung, dass ein politisches System ohne Staat nicht existenzfähig ist, früher durchaus vorherrschend vertreten worden.[259] Diese Sichtweise vermengte jedoch die Kategorien von Staat und politischem System.[260]

1. Staatlichkeit kein Wesenszug eines politischen Systems

Der Staat ist ein recht junges, spezifisches Phänomen, das vorrangig ein neuzeitliches Produkt der Entwicklung europäischer Gesellschaften ist.[261] Es ist kein ausschließlicher, unhintergehbarer Modus der Regierung von Gesellschaften.[262] Seine besondere Anziehungs- und Überzeugungskraft schöpft der moderne Staat vielmehr daraus, dass er sich gegenüber jeder anderen politischen Organisationsform bei der

258 Vgl. *Hix*, The Political System of the European Union, S. 2 ff.

259 *Almond*, Journal of Politics 18 (1956), 391 (395); vgl. auch *Zürn*, Regieren jenseits des Nationalstaats, S. 235.

260 *Hix*, The Political System of the European Union, S. 5; siehe auch Möllers, Demokratie – Zumutungen und Versprechen, S. 82 – Demokratie sei nicht auf Staaten beschränkt. Die Überzeugungskraft der Gleichsetzung von Staat und Demokratie sei historischer Erfahrung geschuldet, nicht systematischen Erwägungen. Die Erfahrungen mit Föderationen lieferten aussagekräftiges Material zur Erhärtung dieser These, S. 83 f.

261 Vgl. *Zürn*, Regieren jenseits des Nationalstaats, S. 36, 42 ff.; *Böckenförde*, Recht, Staat, Freiheit, S. 244 ff.; *Weber*, Wirtschaft und Gesellschaft: Grundriß der verstehenden Soziologie, S. 516 ff.

262 *Badie/Birnbaum*, The Sociology of the State, S. 135-137; *Zürn*, Regieren jenseits des Nationalstaats, S. 167.

Erfüllung von Regierungsaufgaben als überlegen erwiesen hat.[263] Dieselben ökonomischen, sozialen und politischen Antriebe, die den Staat hervorgebracht haben, können heute aber zu innovativen neuen Formen des Regierens über die Grenzen nationaler Gemeinwesen hinweg drängen. Der Ausbau seiner autonomen Fähigkeiten zu regieren könnte für den Staat als politisches System nicht nur zu einem Ende gekommen sein, sondern wegen des Rückgangs seiner Regelungskapazitäten – nicht zuletzt aufgrund der Ursachen und Wirkungen dessen, was gern plakativ als „Globalisierung“ bezeichnet wird[264] – sogar diesbezüglich eine Rückwärtsentwicklung eingesetzt haben.[265] Die – historisch annäherungsweise gegebene – territoriale Kongruenz von politischer Herrschaft, Wirtschaftsorganisation, rechtlicher Verfassung und gesellschaftlicher Selbstdefinition, die das Modell des Nationalstaats ausmachte, löst sich langsam auf.[266] Weil klassische Staatsaufgaben zunehmend nicht mehr vom Staat allein erfüllbar sind, sondern von über- und unterstaatlichen Akteuren oder in horizontaler, also ausgehandelter und flexibler Zusammenarbeit zwischen diesen und dem Staat erfüllt werden, spricht man bereits von einer Entstaatlichung. Nur mittels Differenzierung und Einbindung innerhalb eines Netzes von transnationalen und gesellschaftlichen Abhängigkeiten und Verhandlungsbeziehungen kann die Problemlösungskapazität der Staaten erhalten oder gesteigert werden.[267]

Die Veränderungen des wirtschaftlichen und politischen Handlungsrahmens, in dem sich die Nationalstaaten bewegen, haben zur Emergenz neuartiger Strukturen zur Wahrnehmung von Regierungsverantwortung geführt. Gerade die EU präsentiert sich als Antwort auf paneuropäische wirtschafts- und sicherheitspolitische Herausforderungen.[268] Der Umbau Europas unter dem Dach der EU hat politische Strukturen entstehen lassen, die außerhalb der Kategorien von Staatenbund, Bundesstaat

263 *Zürn*, Regieren jenseits des Nationalstaats, S. 37, 39. Die Merkmale des modernen Staats sind sein legitimes Monopol der Gewaltsamkeit, das eine innere Autonomie ermöglicht und dessen territoriale Reichweite durch die Fähigkeit, Steuern einzutreiben bestimmt wird, eine gewisse Gemeinwohlorientierung und die Anerkennung durch andere Staaten, S. 37 f.

264 Zu Begriff, Ursachen und Auswirkungen *Zürn*, Regieren jenseits des Nationalstaats, S. 64 ff.; *v. Bogdandy*, ZaöRV 63 (2003), S. 853 (860 ff.).

265 Weil Regelungsgegenstände grenzüberschreitend und die Regelungsadressaten transnational beweglich oder extraterritorial verankert sind, demgegenüber jedoch die Reichweite staatlichen Handelns territorial begrenzt bleibt, ist die Folge der Globalisierungsvorgänge die Verringerung der Aufgabenerfüllungskapazität des Staates im Alleingang, *Peters*, Elemente einer Theorie der Verfassung Europas, S. 132.

266 *Jachtenfuchs/Kohler-Koch*, in: dies. (Hrsg.), Europäische Integration, S. 15 (34).

267 *Hobe*, Der Staat 37 (1998), S. 521 ff.; *Peters*, Elemente einer Theorie der Verfassung Europas, S. 161; *Scharpf*, Politische Vierteljahresschrift 32 (1991), S. 621 (623). In Ansehung dieser Aufgabenteilung sind „staatsspezifische, den Staat als Kategorie von anderen politischen Gemeinschaften abhebende Finalitäten heute schon nicht mehr auszumachen“, Saladin, Wozu noch Staaten? Zu den Funktionen eines modernen demokratischen Rechtsstaats in einer zunehmend überstaatlichen Welt, S. 87.

268 Die klassischen Staatsaufgaben werden heute ergänzend von der EG/EU wahrgenommen, vgl. Aufzählung bei *Peters*, Elemente einer Theorie der Verfassung Europas, S. 162.

oder eines Kontinuums zwischen diesen Polen liegen.[269] Europäische Regierungsführung hat Netzwerkstrukturen mit horizontalen und vertikalen Segmenten angenommen.[270] Sie wird von Europäischen Institutionen und Mitgliedstaaten, die sowohl als Beteiligte innerhalb dieser Institutionen agieren, als auch außerhalb wirken, geformt.[271] Diese supranationale Herrschaftsordnung ist nichts Statisches, sondern ein dynamischer Prozess[272] mit mehrstufigen Entscheidungsstrukturen und -prozessen, deren Evolution freilich noch nicht abgeschlossen ist, sondern gerade durch die wiederholte Änderung des Primärrechts fortwährend Wandlungen und Richtungsänderungen unterliegt. Dieses politische Mehrebenensystemsystem der EU ist weder Staat, noch wird es von den bislang bekannten Staatenverbindungen normativ und empirisch hinreichend erfasst.[273] Wegen der mangelnden Eignung der verfügbaren Begrifflichkeiten wird die Europäische Union als eine Föderation *sui generis* bezeichnet.[274]

Eine Rückkehr zu ausschließlich nationalstaatsorientierten Regierungsmodellen, namentlich Staatenbund und Bundesstaat, aus vermeintlich zwingenden Legitimationsgründen ignorierte Wirklichkeit, Wirkung und Gründe dieses Wandels.[275] Es besteht keine Notwendigkeit für eine solche Umkehr bzw. das Anstreben einer (Bundes-)Staatsform als vermeintlichem Endpunkt der politischen Entwicklung. Die EU

269 Die EU lässt sich angesichts ihrer Entwicklung seit der Einheitlichen Europäischen Akte nur noch schwer in die klassischen Kategorien des Staats- und Völkerrechts einordnen, *Callies*, FS Ress, S. 399 (402). Die EU ist kein Staat und soll auch keiner werden, *Tsatsos*, EuGRZ 2000, 517 (519); *Schmitz*, Integration in der Supranationalen Union, S. 169 ff., 198 ff., 215 ff.

270 Auch terminologisch und organisatorisch hat sich die europäische Integration bewusst von Vokabular und Institutionen des Nationalstaats gelöst. Es gibt keine europäischen Gesetze, sondern Richtlinien, Verordnungen oder Rahmenbeschlüsse und keine Regierung, wohl aber Organe, die Regierungstätigkeiten ausüben. Das Konstrukt selbst nennt sich Gemeinschaft und/oder Union und vermeidet Bezeichnungen, die mit Nationalstaat oder klassischem Völkerrecht verbunden sind. Der Verfassungsvertragsentwurf markierte insofern eine gewisse Trendwende. Die Streichung jedweder nationalstaatlichen Symbolik im Lissabonner Vertrag bezeugt die Tragweite der dadurch entfachten Kontroverse und bezeugt die Rückkehr zu idiosynkratischen Mustern.

271 *Peters*, Common Market Law Review 41 (2004), 37 (42).

272 *Badura*, VVDStRL 23 (1966), 34 (96); *Huber*, VVDStRL 60 (2001), 194 (241) – flexibler Ordnungsrahmen.

273 *Schliesky*, Souveränität und Legitimität von Herrschaftsgewalt, S. 473.

274 *Jachtenfuchs/Kohler-Koch*, in: dies. (Hrsg.), Europäische Integration, S. 15 (30). Trotz ihrer völkervertraglichen Grundlage im Primärrecht weist die Entwicklung in eine föderale, aber nicht notwendig bundesstaatliche, Richtung, *von Bogdandy*, FS Badura, S. 1033 (1037); ders., Columbia Journal of European Law, 6 (2000), S. 27 ff. - supranational federation; *Pernice*, Common Market Law Review 36 (1999), 703 (709); *Oeter*, Föderalismus, in: v. Bogdandy (Hrsg.), Europäisches Verfassungsrecht, S. 59 (71 ff., 110 ff.) – föderatives "Mischsystem"; *Everling*, Die Europäische Union im Spannungsfeld von gemeinschaftlicher und nationaler Politik und Rechtsordnung, in: von Bogdandy (Hrsg.), Europäisches Verfassungsrecht, S. 847 (889) – föderal verfasstes Verbundsystem; *Burgess*, Federalism and the European Union: The Building of Europe, 1950-2000, S. 55 ff.

275 *Peters*, Elemente einer Theorie der Verfassung Europas, S. 743-751.

unterliegt keinem Zwang, entweder die Gestalt eines Bundesstaats anzunehmen oder in der Form eines Staatenbundes (bzw. Staatenverbund mit Komplementärverfassung) zu verharren, sondern hat andere Entwicklungsoptionen.[276] Ein konstruktionslogisches *tertium non datur* ist nicht begründbar. Der *sui generis*-Charakter der institutionellen Architektur der EU führt also nicht *a priori* zu einem Ausschluss demokratischer Herrschaftsfähigkeit. Als politisches Regierungssystem ist die EU auch ohne den Versuch einer Adaptation staatlicher Strukturen i.S.d. 3-Elemente-Lehre *Jellineks* funktionsfähig und muss sich keiner Transformation unterziehen,[277] soweit es die konstitutierenden Merkmale eines politischen Systems aufweist, die eingangs beschrieben wurden. Dies ist nach der hier behandelten Auffassung der Fall.

2. Erfüllung der Systemelemente

Die EU weist alle vier Systemelemente auf, die eingangs definiert wurden, und zwar bisweilen in einer Stabilität und Komplexität, wie sie in nationalstaatlichen Systemen nur selten anzutreffen sind. Die administrativen, legislativen und justiziellen Kompetenzen und Tätigkeitsfelder der EU sind in den primärrechtlichen Verträgen permanent erweitert worden. Weit über die Inhalte und Ziele eines klassischen völkerrechtlichen Vertrags hinausgehend wird die Ausübung von supranationaler Hoheitsgewalt im innerstaatlichen Bereich ermöglicht und institutionell durch die Schaffung einer Reihe supranationaler Organe abgerundet.[278] Allerdings fehlen der Organisationsverfassung der EU weitgehend hierarchische Momente. Ihre Ordnung zeichnet sich durch ihre Polyzentrik aus. Der europäische Politikprozess ist ein mehrstufiger, der zudem nach Politikbereichen variiert. Er ist durch die Fusion und Verquickung diverser, getrennter Entscheidungsträgereinheiten im Rahmen eines größeren Gesamtsystems geprägt,[279] bei der Regierungen und Verwaltungen mehrerer Ebenen (quasi-)staatliche Handlungs-, Steuerungs- und Regelungsinstrumente nach Politikbereichen differenziert gemeinsam nutzen.[280] Als vorläufiges Ergebnis steht mithin ein hochentwickeltes, äußerst differenziertes System politischer Entscheidungsregeln und -prozesse, welche die Wahrnehmung von Regierungsaufgaben

276 *Weiler*, in: Nicolaidis/Howse (Hrsg.), The Federal Vision – Legitimacy and Levels of Government in the United States and the European Union, S. 54 (70).

277 *Hix*, The Political System of the European Union, S. 5; *Everling*, Die Europäische Union im Spannungsfeld von gemeinschaftlicher und nationaler Politik und Rechtsordnung, in: v. Bogdandy (Hrsg.), Europäisches Verfassungsrecht, S. 847 (885) – überkommene Lehre von den Staatenverbindungen wird dem Sondercharakter der Gemeinschaft nicht gerecht; ähnlich, *Starck*, FS Delbrück, S. 711 (725 f.).

278 *Tomuschat*, Bonner Kommentar, Art. 24 Rn. 15 ff.; *Jarass/Pieroth-Jarass*, Grundgesetz, Art. 24 Rn. 17 ff.

279 Europäisches und nationales Verfassungsrecht bilden dabei ein Mehrebenensystem, das materiell-rechtlich als Einheit zu sehen ist, *Pernice*, VVDStRL 60 (2001), S. 148 (173 f.).

280 *Wessels*, Die Öffnung des Staates, Modelle und Wirklichkeit grenzüberschreitender Verwaltungspraxis, 1960-1995, S. 123; *ders.* in: Ohr (Hrsg.), Europäische Integration, S. 14 (40 ff.).

durch die EU-Institutionen regeln[281] und ihr Interagieren in ein umfassendes Netzwerk komplementärer, sich überlappender Kontrollmechanismen einbinden.[282]

Akteure sind neben den schon erwähnten Nationalstaaten und supranationalen Institutionen aber auch subnationale Autoritäten und Vertreter der Zivilgesellschaft. Die tatsächliche Anzahl der politischen Akteure, Wirtschaftsvertreter und zivilgesellschaftlichen Interessengruppen, die auf die politischen Prozesse Einfluss zu nehmen suchen, ist Legion und geht in die Tausende.[283] Mit Anbruch der 1980er Jahre suchten immer mehr Nichtregierungsorganisationen, Unternehmen, Gewerkschaften, Berufsverbände, Vertreter von Regionen oder nationalen Gruppen als Repräsentanten bestimmter Interessen auf die politischen Prozesse einzuwirken.[284] Die Kanäle der Einflussnahme variieren beträchtlich. Sie sind wegen der Ebenen- und Politikfeldvarianz des EU-Systems äußerst facettenreich.[285]

Die Verlagerung der Einwirkungsprozesse auf die europäische Ebene spiegelt die außerordentlich weitreichenden Konsequenzen, die Entscheidungen aus Brüssel haben, in einer Fülle von Politikfeldern wider. Zwar ist das Prinzip der begrenzten Einzelermächtigung nach wie vor prägend, wonach die EG keine Allzuständigkeit genießt, sondern nur in Kompetenzbereichen handeln darf, die ihr von den Mitgliedstaaten eingeräumt wurden, doch sind die Institutionen der EU aus dem europäischen Politikalltag nicht mehr wegzudenken. Ganz abgesehen von ihrem großen politischen Einfluss werden die Verantwortungsbereiche der EU kompetenziell permanent erweitert, wobei die Kooperationsprozesse zwischen den Akteuren sowie die Bandbreite und Tiefenwirkung von Entscheidungen auf europäischer Ebene immer noch stark nach Politikbereichen differieren. Festzuhalten ist allerdings, dass die Ausweitung, die ihren Ausgang beim Abbau von Handelsbeschränkungen und einer

281 Zur Funktionsweise des politischen Systems siehe das anschauliche Schaubild bei *Hix*, The Political System of the European Union, S. 6.

282 Aufgrund dieser pluralen gewaltenteiligen Strukturen unterliegt die EU als politisches System größeren Beschränkungen als jedes nationale System, *Moravcsik*, Journal of Common Market Studies 40 (2002), S. 603 (611). Die EU sei kein Superstaat, sondern ein diffuses *governance system*. Das Fehlen eines klaren Parlamentarismus ist mithin Ausdruck einer stärkeren Betonung des rechtsstaatlichen Gewaltenteilungselements gegenüber einer Ausprägung, die sich eher am Demokratieprinzip orientiert.

283 *Hix*, The Political System of the European Union, S. 211 ff.; *Greenwood*, Interest Representation in the European Union (2003).

284 *Hix*, The Political System of the European Union, S. 225 ff.; *Nugent*, The Government and Politics of the European Union, S. 523 ff. Letzterer unterscheidet zwischen drei Arten von Akteuren, namentlich solchen, die mit EU Institutionen assoziiert sind, solchen die mit Regierungen der Mitgliedstaaten in Verbindung stehen, und solchen, die mit europäischen oder nationalen Interessen verbunden sind, S. 392.

285 Die überwiegende politische Zuständigkeit für eine Frage, d.h. primär national oder supranational, wird ebenso durch sie bedingt wie die faktischen und prozeduralen Zugangswege für das Vorbringen bestimmter Anliegen, *Nugent*, The Government and Politics of the European Union, S. 393 – Die Komplexität der Mechanismen erschwert die Effektivität der Interessenwahrnehmung.

Zollunion nahm und dann – wiewohl nicht kontinuierlich – über die Einrichtung eines gemeinsamen Binnenmarkts zur Einbeziehung weiterer primär regulativer Politikfelder wie Landwirtschaft, Umweltschutz, Forschung, Entwicklung, Gesundheit, Arbeitsmarkt oder Verbraucherschutz verlief,[286] zuletzt auch auf Bereiche übergriff, die zu den *high politics areas* zählen und dereinst als klassische Souveränitätsreservate der Mitgliedstaaten galten.[287] Zudem werden trotz des Fehlens eines exklusiven Entscheidungsrechts über Belange der EU-Bürger Gemeinschaftsgrundrechte und -grundfreiheiten primär durch supranationale Institutionen geschützt und gewährt. Ebenso wie die Einführung einer Unionsbürgerschaft, die eine nationale Staatsbürgerschaft keinesfalls ersetzt, aber durchaus überformt und als Differenzierungskriterium innerhalb des Gemeinschaftsrechts zunehmend ausschließt, weichen diese transnational wirkenden Rechte und Leitprinzipien die bislang ausschließliche Machtstellung der Mitgliedstaaten, den Umfang der sozialen, bürgerlichen und politischen Rechte ihrer Bürger zu bestimmen, auf.[288]

Mithin lässt sich zur Fundierung der ersten Prämisse auf die Umrisse eines soliden europäischen politischen Systems verweisen, innerhalb dessen einst staatliche Regierungsaufgaben kraft eigener (wenn auch übertragener) hoheitlicher Befugnis im Rahmen rechtlich fixierter Strukturen und Prozesse wahrgenommen werden, deren Entwicklungs- und Integrationsgrad jenseits traditioneller zwischenstaatlicher Formen der Zusammenarbeit liegt. Der Versuch demokratischer Legitimation kann demnach an diesem Mehrebenenverbund ansetzen.[289] Mit dem Hinweis auf den *sui generis*-Charakter ist es dabei freilich nicht getan. Er kann als solcher nicht die vorfindlichen supranationalen Transformationsversuche des Demokratieprinzips rechtfertigen. Der Ist-Zustand würde sonst zum Soll erhoben werden.[290] Auch wenn Demokratie als Ordnungs- und Legitimationsprinzip keine Staatlichkeit verlangt, so muss das politische System doch die sachlichen Funktionsbedingungen von Demokratie erfüllen.[291] Die Integrationsbefürworter gehen dabei davon aus, dass das insti-

286 *Nugent*, The Government and Politics of the European Union, S. 77 ff., 138 f.; *Haltern*, Europarecht – Dogmatik im Kontext, Rn. 83 ff.

287 Supranationale Elemente finden sich im *high politics* Sektor spätestens seit dem Amsterdamer Vertrag. Nach Splittung der gemeinschaftsexternen, intergouvernementalen Säulen im Amsterdamer Vertrag, mit dem zunächst Asyl- und Einwanderungsfragen vergemeinschaftet wurden, soll durch den Vertrag von Lissabon auch der verbliebene Bereich der Materie Justiz und Inneres nachfolgen. Diese inkrementelle Supranationalisierung erfolgt im Bewusstsein fehlender eigenständiger Handlungsoptionen und der Notwendigkeit gemeinsamen Agierens, *Hix*, The Political System of the European Union, S. 372 f.

288 Vgl. die Darstellung der Rechtsprechungsentwicklung des EuGH bei *Haltern*, Europarecht – Dogmatik im Kontext, Rn. 1269 ff.

289 *Zürn*, Regieren jenseits des Nationalstaats, S. 234 f.

290 *Peters*, Elemente einer Theorie der Verfassung Europas, S. 644. Demokratiekonzeptionen müssen zwar realistisch sein, dürfen aber nicht auf den Nachvollzug der jeweiligen Realität reduziert werden. Sie müssen vielmehr Ziele formulieren, die unter den gegebenen Verhältnissen verfolgt werden können, also Wirklichkeit mit Normativität verbinden, S. 644 f.

291 *Peters*, Elemente einer Theorie der Verfassung Europas, S. 652.

tutionelle Gebäude der EU über hinreichende Potentiale verfügt, um die Funktionsbedingungen demokratischer Herrschaft zu gewährleisten.[292]

II. Erfüllung der Funktionsbedingungen demokratischer Herrschaft innerhalb des politischen Systems

Nach dieser Auffassung entscheidet jede politische Gemeinschaft selbst darüber, wie sich die Einzelbausteine demokratischer Legitimation in Übereinstimmung mit den Grundentscheidungen der Verfassung und den Legitimitätserwartungen der Bevölkerung zu einer insgesamt demokratischen politischen Ordnung zusammenfügen sollen.[293] Eine Beschränkung auf Modelle, die aus den Nationalstaaten bekannt sind, sei nicht begründbar. Demokratie muss auf Unionsebene entsprechend der Eingangsprämisse strukturadäquat sein, nicht aber parlamentarische Regierungssysteme imitieren.[294] Es bedarf neuer, strukturangepasster Repräsentations- und Partizipationsformen, die sich über das gesamte Mehrebenensystem erstrecken.[295] EU-Institutionen und Mitgliedstaaten können nicht als separate politische Systeme gedacht werden. Die Ausübung von Herrschaft unter dem Dach der Europäischen Union verbindet Unionsorgane und Nationalstaaten miteinander, so dass auch parallele und komplementäre Legitimationsmechanismen zur Anwendung gelangen kön-

292 Unionsorgane können originäre demokratische Legitimation schaffen, *Zuleeg*, JZ 1993, 1069, 1073; *Schwarze*, NJ 1994, 1 (4).

293 Es gibt im Kontext der Diskussion über das Demokratiedefizit also auch ein Defizit der Debatte über das Demokratieprinzip, insbesondere durch Nichtbeachtung der schlummernden Potentiale. Zu den leitenden Prinzipien *v. Bogdandy*, Gubernative Rechtssetzung, S. 28 ff.

294 Nationalstaatliche Konzepte demokratischer Legitimation dürfen nicht unbesehen auf supranationale Herrschaftsgewalt übertragen werden, *Schliesky*, Souveränität und Legitimität von Herrschaftsgewalt, S. 391; *Huber*, in: Kreuzer/Scheuing/Sieber, Ius Europaeum, Band 6 - Europäische Demokratie, S. 27 (31, 55); *Mény*, Journal of Common Market Studies 41 (2003), 1 (11); *Kluth*, Die demokratische Legitimation der Europäischen Union, 1995, S. 95; *Zürn*, Regieren jenseits des Nationalstaats, S. 246. Das Demokratieprinzip ist nicht heilbar, solange das Denken nicht den konzeptionellen Käfig des Nationalstaats überwindet. Neue Wegen zwischen Skylla des Nationalstaats und Charybdis bloßer intergouvernementaler Kooperation müssen gefunden werden, S. 254. Es dürfe daher kein abstraktes Ideal von *Westminster*-Demokratie als Richtschnur angelegt werden, vgl. *Majone*, European Law Journal 4 (1998), 5 (10) – dieses Modell passe nicht zu non-majoritärem Impetus der Gemeinschaftspraxis. Auch die Gleichungsetzung von Demokratie und Mehrheitsprinzip geht im supranationalen Raum nicht notwendig auf, S. 11. Vor allem in föderalistischen Systemen finden sich eine Menge mehrheitsbegrenzender Schutzinstrumente wie geschriebene Verfassungen, vertikale und horizontale Gewaltenteilung, Überrepräsentation kleinerer Regionen und Bundesstaaten, judicial review, Delegation von policy-making an Exekutiv- und Expertengremien. Auch *Peters* betont, dass die reale Situation in Mitgliedstaaten, die von europäischer Integration und Globalisierung beeinflusst wird, Berücksichtigung finden muss, Common Market Law Review 41 (2004), 37 (38, 40); siehe dazu schon im Einzelnen Fn. 61.

295 *Mény*, Journal of Common Market Studies 41 (2003), 1 (13); *Peters*, Elemente einer Theorie der Verfassung Europas, S. 645.

nen.[296] Um die Frage nach der Demokratiefähigkeit der EU zu beantworten, ist daher auf das Gesamtgefüge abzustellen, damit die Wechselwirkungen und Mechanismen erfasst werden können, die innerhalb des Mehrebenensystems bereitstehen, um demokratische Legitimation zu stiften. Legitimationswirkung entfaltet nicht nur eine Institution im Rahmen dieser Netzstruktur. Vielmehr kann Legitimation auf allen Ebenen erzeugt werden und mit anderen Legitimationselementen zusammenfließen.

Ausgangspunkt der Überlegungen der Verfechter einer Demokratiefähigkeit ist – ungeachtet der Unterschiede, die im Detail bestehen[297] – das Prinzip der Selbstregierung und Selbstbestimmung der Bürger, da dieses für sie den Kern des Demokratieprinzips ausmacht.[298] Dessen Essenz sei die Einrichtung einer demokratischen Infra-

296 In diesem Sinne *Wahl*, FS Hofmann, S. 113 (139). Dies ist eigentlich gemeint, wenn von doppelter Legitimation gesprochen wird.

297 Vgl. z.B. *Peters*, die eine funktionale und induktive Rechtfertigung präferiert, die keine apriorischen Prinzipien für ein europäisches Institutionendesign aufstellt, sondern Institutionen und Verfahren erprobt und kritisch prüft, ob die erwünschten Leistungen tatsächlich erbracht worden sind. Maßstab müsse eine entidealisierte, entstaatlichte und kontrollorientierte Demokratie sein, *Peters*, Elemente einer Theorie der Verfassung Europas, S. 639. *Peters* verfolgt damit einen stärker funktionalen Ansatz durch Fokussierung auf effektive Selbstbestimmung und öffentliche Kontrolle der Regierenden, siehe Elemente einer Theorie der Verfassung Europas, S. 645 ff. Sie will *input* und *output* kombinieren, S. 648. Die Meinungen der Bürger müssten nicht nur möglichst unverfälscht in den politischen Prozess eingehen. Zugleich müssten die Leistungen des politischen Gemeinwesens so weit wie möglich den Interessen der Bürger entgegen kommen. Beide Elemente seien unverzichtbar, S. 648. So ist der Wahltakt nicht nur input, sondern auch Beurteilung des output eines Systems. Demokratie erfordert nicht nur volksursprüngliche Genese von Normen. Demokratisch organisiert ist ein Gemeinwesen auch dann, wenn es Leistungen im Sinne der Bürger erbringt, also den Bedürfnissen der Menschen nach Sicherheit, Freiheit, Wohlstand, Umweltschutz dient, und es dabei öffentlicher Kontrolle unterliegt, S. 649 f. Diese Form der demokratischen Verantwortlichkeit lasse sich durch Verfahrensvorschriften, Transparenz, Begründungspflichten, gerichtliche Kontrolle oder Beteiligungspflichten durchsetzen. Vor allem Öffentlichkeit und Transparenz des politischen Handels sind deshalb unabdingbare Voraussetzungen individueller und institutioneller Kontrolle, S. 651. Demgegenüber schränkt *Majone* ein, dass eine *output*-orientierte Legitimation über Ergebnisse allein für effizienzorientierte Politikbereiche hinreichend ist, solange Kompetenzen eng umrissen bleiben und keine redistributiven Politiken oder *high politics* Themen angeschnitten werden, *Majone*, European Law Journal 4 (1998), S. 5 (28). Grundsätzlich streng gegen *input* orientierte Elemente, *Baumbach*, Vertragswandel und demokratische Legitimation, S. 137. *Mény* wiederum unterscheidet zwei andere Dimensionen demokratischer Legitimation: eine konstitutionelle und eine partizipatorische. Sie bildeten die Säulen demokratischer Legitimation und lägen in jedem demokratischen System als Mixtur vor. Im Vordergrund stünde zwar die Macht des demos, doch fände sich keine Verwirklichung dieses Konzept in reiner Form. Vielmehr wird das Mehrheitsprinzip durch Konstitutionalisierung, insbesondere Verrechtlichung, eingehegt, *Mény*, Journal of Common Market Studies 41 (2003), 1 (3 f.). In der Sache geht es hier aber weniger um Dimensionen des Demokratieprinzips, sondern um Kollision und Ausgleich von Demokratieprinzip, Rechtsstaatsprinzip und Menschenrechten.

298 *Huber*, in: Kreuzer/Scheuing/Sieber, Ius Europaeum, Band 6 - Europäische Demokratie, S. 27 (32); *Möllers*, Gewaltengliederung, S. 48.

struktur, die Selbstregierung und Selbstbestimmung ermöglicht.[299] Diese Infrastruktur kann verschiedene Verwirklichungsgrade bis hin zum Idealtypus durchlaufen. Der Nachweis der Demokratiefähigkeit hat sich indessen am rechtlich institutionalisierten Mindestbestand demokratieermöglichender Rahmenbedingungen zu orientieren, den eine demokratische Ordnung fordert. Hierzu zählen nicht alle verfassungstheoretischen Kriterien demokratischer Legitimation; vor allem nicht außerrechtliche Faktoren.[300] Unter Rückgriff auf den Gedanken der Selbstbestimmung lassen sich mit *Möllers* drei Mindestkriterien konkretisieren: demokratische Verantwortlichkeit, demokratische Allgemeinheit, demokratische Gleichheit. *Huber* ergänzt, dass sich die Schaffung dieser notwendigen Funktionsbedingungen für die Grundbausteine der Selbstherrschaft und Selbstregierung – entsprechend der menschenrechtlichen Fundierung von demokratischer Herrschaft und Volkssouveränität[301] – an einer individualbezogenen Demokratiekonzeption auszurichten hat, die staatsbürgerliche Mündigkeit des Einzelnen zum maßgeblichen Orientierungspunkt erhebt.[302]

1. Demokratische Verantwortlichkeit

Damit von (Selbst-)Bestimmung und (Selbst-)Herrschaft überhaupt die Rede sein kann, sind rechtlich wirksame Bindungen durch das Legitimationssubjekt zu institutionalisieren. Dieses Bestimmungsverhältnis wird demokratietheoretisch als demokratische Verantwortlichkeit bezeichnet.[303] Sie setzt voraus, dass rechtswirksame Handlungen des Hoheitsträgers einem bindenden Bezug auf die demokratische Willensbildung unterworfen sind. Um eine solche Bindung zu erzeugen, bedarf es der Einrichtung von Zurechnungsstrukturen, in denen Akte des Hoheitsträgers bestimmten Organen zugeordnet werden,[304] die ihrerseits durch eine demokratische Willensbildung mit Rechtswirkung determiniert sind. Dieser rechtliche Anschluss des Hoheitsträgers an das Legitimationssubjekt muss periodisch aktualisiert bzw. erneuert werden. Dies erfolgt meist durch Wahl von Repräsentanten. Demokratische Verantwortlichkeit endet allerdings nicht mit dem Wahlakt. Der Verantwortungszusammenhang ist später durch den Repräsentanten sachlich fortzusetzen.

299 *Peters*, Common Market Law Review 41 (2004), 37; *Möllers*, Gewaltengliederung, S. 41.

300 *Möllers*, Gewaltengliederung, S. 48 - notwendig seien nur solche Kriterien, ohne die von demokratischen Institutionen nicht geredet werden kann. Das bedeute nicht, dass sie hinreichend wären, um von einer funktionierenden Demokratie zu sprechen.

301 *Franck*, 86 American Journal of International Law (1992), 46 ff.; *Kokott*, ZaöRV 64 (2004), 517 ff.

302 *Huber*, in: Kreuzer/Scheuing/Sieber, Ius Europaeum, Band 6 - Europäische Demokratie, S. 27 (33); ähnlich *Peters*, Common Market Law Review 41 (2004), 37 (67 ff.).

303 *Böckenförde*, FS Eichenberger, S. 301 (317).

304 *V. Bogdandy/Bast/Arndt*, ZaöRV 62 (2002), S. 77 (133 f.); *Möllers*, Gewaltengliederung, S. 49.

Während dieser Ansatz innerhalb einer (nationalstaatlichen) Ebene relativ unkompliziert umzusetzen ist, bedarf es besonderer Regeln, die auch für den Zusammenschluss einer Vielzahl von Einheiten passen, von denen keine souverän ist.[305] Die Verwirklichung eines entstaatlichten Demokratieprinzips erfordert neuartige Mechanismen zur Erzeugung demokratischer Verantwortlichkeit, die unter Berücksichtigung supranationaler Besonderheiten im Zusammenspiel der multiplen Ebenen und Sparten funktionell äquivalent zu bisherigen staatlichen demokratischen Strukturen sind und es ermöglichen, dass die Organe auf supranationaler Ebene demokratisch determiniert werden können.[306] Als Ankerpunkte eines solchen Modells der Mehrebenendemokratie dienen neue Formen der Repräsentation über demokratisch legitimierte Vertreter der Staatsbürger der Mitgliedstaaten (Rat, Europäischer Rat) einerseits sowie über Vertreter der Unionsbürger in ihrer Gesamtheit (Europäisches Parlament) andererseits.[307] Beide Stränge sollen zu den jeweils beherrschten Individuen zurücklaufen, um sich in ihnen zu kumulieren und komplementieren, damit die notwendige Kongruenz von Herrschaftssubjekt und Herrschaftsobjekt gewahrt bleibt. Der rechtliche Anschluss an das Legitimationssubjekt bereitet vor allem innerhalb des supranationalen Legitimationsstrangs Sorgen. Die Legitimationsmechanismen für neue Ebenen können durchaus variieren. So ist es theoretisch denkbar, dass demokratische Legitimation allein über intergouvernementale Kopplungsorgane erfolgt, soweit dies bei funktionaler Betrachtung den gewünschten Kontroll- und Bestimmungseffekt hat. Die untere Ebene stiftet dann die Legitimation der höheren. So wurde der Rat lange als einziges Organ der EG angesehen, das es vermochte, europäischer Hoheitsgewalt demokratische Legitimation zu verleihen.[308] Heute ist diese Sicht nur noch begründbar, wenn man den Bedarf an unmittelbarer demokratischer Legitimation auf höherer Ebene außer Acht lässt, der aus der Verbreiterung und Verselbständigung von Regierungstätigkeit resultiert, die sich deutlich von intergouvernementalen Strukturen entfernt hat. Nach dem Prinzip der Volkssouveränität dürfen Gesetze dem Bürger gegenüber aber nur Geltung beanspruchen, wenn und

305 Es handelt sich mithin gerade nicht mehr um das klassische demokratietheoretische Problem der Findung von Regeln, z. B. Mehrheitsprinzip, die innerhalb einer souveränen Einheit gelten sollen.

306 *Peters*, Elemente einer Theorie der Verfassung Europas, S. 645.

307 *V. Bogdandy*, Prinzipienlehre, in: ders. (Hrsg.), Europäisches Verfassungsrecht, S. 149 (171 ff.). In diesem Modell der dualen Legitimation sieht von Bogdandy einen weitgehend konsentierten, im einzelnen noch konkretisierungsbedürftigen Weg, für eine der Union angemessene Verwirklichung des demokratischen Prinzips, ZaöRV 63 (2003), 853 (859). Schließlich werde Demokratie nach der liberalen Tradition als Set funktionstüchtiger Institutionen angesehen, welche die Kontrolle staatlicher Herrschaft zwecks Responsivität bezwecken, S. 864.

308 *Kaufmann*, Europäische Integration und Demokratieprinzip, S. 430 ff. Diese Sicht ist aber nur begründbar, wenn man die gesamte demokratische Legitimationsleistung auf der nationalstaatlichen Ebene monopolisiert, also von vornherein ausschließt, dass eine supranationale Ebene Legitimationsmechanismen entwickeln kann, *Möllers*, Gewaltengliederung, S. 235.

weil sie als Akteure im Gesetzgebungsprozess aufgetreten[309] oder repräsentiert worden sind. Der Zurechnungszusammenhang, der allein über den Rat vermittelt wird, ist hier zu schwach.[310] Wie eingangs erwähnt, lässt sich die demokratische Legitimationsleistung nicht mehr auf der nationalstaatlichen Ebene monopolisieren, da mit der europäischen Integration auf supranationaler Ebene ein Legitimationsbedarf entstanden ist, der wegen der vorgenannten Defizite nicht allein vom Rat abgedeckt werden kann.[311] Ist der Nationalstaat bei der Ausübung von Hoheitsgewalt in ein supranationales Regierungssystem eingewoben, erfordern die Aspekte der Selbstregierung und Selbstherrschaft, dass auch die dortigen Interaktionspartner, d.h. die supranationalen Organe, ähnlicher Einbindung unterliegen, um die Identität von Herrschaftsobjekten und Herrschaftssubjekten als einer zentralen Voraussetzung demokratischen Regierens zu gewährleisten. Das Wesen der Unionsrechtsordnung ist insofern dasjenige einer wechselseitigen Auffang- und Gegenseitigkeitsordnung.[312] Je mehr Macht abfließt und je geringer der Einfluss nationaler Parlamente und damit zugleich der Bürger in den Mitgliedstaaten, desto höher sind die Anforderungen an die Einflusswirksamkeit auf Unionsebene. Die demokratischen Grundlagen der EU müssen deshalb schritthaltend mit der Integration ausgebaut werden. Aufgrunddessen bedarf es eines komplementären Legitimationssystems, das diese neuartigen, stratifizierten Herrschaftsprozesse aufgreift.

Zum einen sind die nationalen Ratsmitglieder durch parlamentarische Kontrolle effektiver an den nationalen Souverän rückzubinden. Dies erfolgt in personell-institutioneller Sicht allerdings nur in vermittelter Form. Damit das Legitimationsband nicht reißt, muss eine effektive Beteiligung nationaler Parlamente gewahrt sein.[313] Um die Rückbindung an den nationalen Souverän zu erhalten, reicht es also nicht aus, dass die Regierung ursprünglich von Volk oder Parlament gewählt wurde.

309 *Maus*, Vom Nationalstaat zum Globalstaat, oder: der Niedergang der Demokratie", in: Lutz-Bachmann (Hrsg.) Weltstaat oder Staatenwelt? Für und wider die Idee einer Weltrepublik, S. 226 (230). Allein diese Beteiligung vermittelt Legitimation.

310 Seine Repräsentationsleistung ist mit Skepsis zu sehen, denn der Rat repräsentiert nicht selbstbestimmte Individuen, sondern Körperschaften. Überhaupt fallen Legitimation durch den Wahlakt für ein Amt der nationalen Ebene und die Rechtsetzungsbefugnis auf supranationaler Ebene auseinander.

311 Die Entstehung neuer Rechtserzeugungsebenen führt zu einem Verlust an Legitimation, wenn die hinzukommenden Ebenen nur über eine schwach ausgeprägte demokratische Identität verfügen. Andererseits resultiert aus wachsender demokratischer Identität die Notwendigkeit, direkt legitimierte Legislativorgane zu schaffen. Dort wo ein eigenes demokratisches Selbstbestimmungssubjekt auf europäischer Ebene mit egalitären und repräsentativen Legitimationsmechanismen entsteht, kommt es indessen zu einer föderalen Legitimation im Gegensatz zur intergouvernementalen Institution, die nationale Legitimationsmechanismen nutzt und modifiziert, *Möllers*, Gewaltengliederung, S. 255.

312 *Huber*, in: Kreuzer/Scheuing/Sieber, Ius Europaeum, Band 6 - Europäische Demokratie, S. 27 (57).

313 Zu dieser strukturangepassten supplementären Abmilderung des Demokratiedefizits durch Rückkopplung an nationale Parlamente vgl. auch *Streinz*, Europarecht, Rn. 325.

Der Erhalt personell-institutioneller Legitimationsvermittlung, aber auch hinreichender Responsivität – als zusätzlichem, sachlich-inhaltlichem Legitimationseffekt – verlangt permanente Begleitung der Ratstätigkeit durch die Vertreter des Volkes. Die parlamentarische Kontrolle der Regierungen, die im Rat agieren, wird dadurch zu einer zentralen Legitimationskomponente, die in allen Mitgliedstaaten gesondert geregelt und durch bestimmte Informations-, Anhörungs-, oder Zustimmungsrechte bewehrt ist.[314]

Diese institutionelle Sicherung betrifft aber nur den nationalen Legitimationsstrang. Die notwendige ergänzende Kontroll- und Bestimmungsfunktion wird zum anderen durch das Europäische Parlament als genuin europäisches Repräsentationsorgan auf supranationaler Ebene versehen, dessen Verantwortungszusammenhang zu den Bürgern in der EU in den periodischen Europawahlen aktualisiert wird. Entsprechend dem Mehrebenenkonzept wird dieses erstarkende supranationale parlamentarische Element zur Schließung der Legitimationslücke, die sich im Zuge voranschreitender Integration aufgetan hat, der schon beschriebenen Anbindung der nationalen Ebenen komplementierend hinzugefügt. Die Arbeit des Europaparlaments als Organ der supranationalen Ebene orientiert sich in diesem Zusammenspiel am Gemeinwohl der Unionsbürger, während die Einbringung nationaler Interessen der Mitgliedstaaten im supranationalen Kontext über den Rat erfolgt. Dieser Rückgriff auf einen supranationalen Legitimationsstrang, um die notwendige, aber nicht hinreichende Kopplungsfunktion des Rats als ursprünglich intergouvernementales Organ auf Unionsebene zu ergänzen, ist mithin auch kein Beleg fehlender Demokratiefähigkeit der EU, sondern Bestandteil der Strukturen des Mehrebenensystems.

Damit diese Struktur auch in hinreichend demokratischer Weise funktionieren kann, sind den Bürgern Rechte zugewiesen, deren Ausübung es ihnen erlaubt, die Legitimationsstränge mit demokratischem Leben zu füllen. Staatsbürgerliche Mündigkeit verwirklicht sich in der Gewährung subjektiver Teilhaberechte, die Hoheitsträger determinieren und dadurch in einen demokratischen Verantwortungszusammenhang zwingen können muss. Zunächst müssen die Bürger ein Wahlrecht zu den involvierten Parlamenten genießen, um den geäußerten Bürgerwillen auch politisch verwirklichen zu können. Ausgehend vom nationalen Kontext des jeweiligen Mitgliedstaats genießt der Unionsbürger dazu als Staatsbürger zunächst das Recht auf Teilhabe an der demokratischen Legitimation der Staatsgewalt, vgl. Art. 38 GG für Deutschland. Sie gibt jedem wahlberechtigten Staatsbürger nicht nur das Wahlrecht und das Recht auf Beachtung der verfassungsrechtlichen Wahlrechtsgrundsätze, sondern auch einen subjektiv-rechtlichen Anspruch darauf, dass Hoheitsgewalt, die im Mitgliedstaat ausgeübt wird, demokratisch legitimiert ist. Auf supranationaler Ebene wird den Bürgern ein selbstständiger Status als Unionsbürger zuerkannt. Als Ausfluss ihrer Unionsbürgerschaft haben sie ein Wahlrecht zum europäischen Par-

314 *Nugent*, The Government and Politics of the European Union, S. 530 ff.

lament, Art. 190 II EGV.[315] Um hinreichende Legitimation auf dieser Ebene zu generieren, bedarf es über die Wahlen hinaus der Einrichtung eines Modus, der dem Bürger einen hinreichenden Einfluss auf den Gang der europäischen Politik sichert. Voraussetzung funktionierender Demokratie ist deshalb die Existenz politischer Parteien, die der Richtungsentscheidung des einzelnen erst die notwendigen inhaltlichen und personellen Konturen verleihen.[316] Entsprechende Partizipationsmöglichkeiten bestehen für die Unionsbürger auch über (europäische) Parteien, Art. 191 EGV.[317] Die demokratisch gebildeten Organe müssen ferner wirksamer Kontrolle durch die Öffentlichkeit unterliegen. Dies schließt das Erfordernis der Transparenz sowohl hinsichtlich des Ergebnisses als auch hinsichtlich des vorangehenden Verfahrens ein. Zur Stärkung der Artikulationsfähigkeit auf Unionsebene genießen Unionsbürger dabei subjektiv-rechtliche Kommunikationsfreiheiten, vgl. auch Art. 6 II EUV i.V.m. 10 I EMRK. Überdies werden über Verbände und Vereinigungen Foren eröffnet, damit Kritik und Anregungen zu europäischer Politik öffentlich vorgetragen und diskutiert werden können.[318]

2. Demokratische Allgemeinheit und demokratische Gleichheit

Zur Sicherung der Selbstbestimmung bedarf es zusätzlich demokratischer Allgemeinheit. Gemeint ist damit die Erstreckung der demokratischen Prozesse auf alle denkbaren Regelungsgegenstände.[319] Es darf kein Regelungsgegenstand von vornherein von demokratischer Regulierung ausgenommen sein, da sonst Fremdbestimmung droht. Zur Wahrung des umfassenden demokratischen Verantwortungszusammenhangs bedarf diese demokratische Allgemeinheit eines institutionellen Orts.[320] Die organisatorische Zuweisung eines solchen Ortes erlaubt es, sämtliche Handlungen von Hoheitsträgern in den Gesamtzusammenhang gesellschaftlicher Freiheitsverteilung zu stellen und als Ausdruck demokratischer Befassung mit bestimmten Themen und der Gewichtung involvierter Freiheitsinteressen zu begreifen. Zwar sind EG und EU nur bestimmte enumerierte Kompetenzen zur Regelung be-

315 Das Europäische Parlament fungiert dann als gewählter Vertreter der Unionsbürger und mithin als symbolische Verkörperung eines auf die Gesamteinheit der Europäischen Union bezogenen Prinzips der Repräsentation, als dessen Subjekt kein einheitliches europäisches Staatsvolk, wohl aber die Gesamtheit der das Gemeinwesen bildenden Bürger angesehen werden kann, *Oeter*, ZaöRV 55 (1995), 659 (683 f.); *Ress*, GS Geck, S. 625 (646 f.) – gebündelte zwölffache Volkssouveränität; *Pernice*, Die Verwaltung 29 (1993), 449 (477 f.).

316 *Huber*, in: Drexl (Hrsg.), Europäische Demokratie (Ius Europeum 6), S. 27 (37).

317 Dieser Ansatz ist allerdings stark unterentwickelt, *Neßler*, EuGRZ 1998, 191 f.; *Hix*, The Political System of the European Union, S. 186 ff., 192.

318 Diese öffentliche Artikulation von politischer Kritik nimmt rechtstatsächlich zu, *Huber*, in: Drexl (Hrsg.), Europäische Demokratie (Ius Europeum 6), S. 27 (47). Die sprachliche Barriere bleibt indessen bestehen, kritisch deshalb schon BVerfGE 89, 155 (185).

319 *Möllers*, Gewaltengliederung, S. 50.

320 *Möllers*, Gewaltengliederung, S. 51.

stimmter Politikbereiche übertragen, doch kann nicht von einer Sektoralisierung auf europäischer Ebene gesprochen werden. Innerhalb des Mehrebenensystems besteht eine allgemeine Thematisierungsfähigkeit. Lediglich der institutionelle Ort der Thematisierung variiert in Korrelation zur Kompetenzordnung der EU.

Drittes Mindestkriterium ist demokratische Gleichheit als Beteiligungsmodus. Demokratische Selbstbestimmung lässt sich auch als Verwirklichungsform individueller Personalität verstehen. Die Organisation demokratischer Selbstbestimmung dient auf der Grundlage eines individualrechtlichen Demokratieverständnisses also letztlich der individuellen Selbstbestimmung. Das Demokratieprinzip verlangt deshalb, dass die einzelnen Mitglieder des Legitimationssubjekts nicht nur ein gewisses Maß an Beteiligungsrechten haben, sondern auch bei der demokratischen Beteiligung der Individuen selbst keine Differenzen bestehen dürfen.[321] Die Beteiligungsmöglichkeiten müssen rechtlich gleich sein. Bestimmte Formen gewichteter Mitbestimmung sind unvereinbar mit dem Demokratieprinzip. [322] An diesem Punkt erfolgt demnach eine Verzahnung des institutionellen Legitimationsmodus demokratischer Verantwortlichkeit mit dem subjektivrechtlichen Legitimationsmodus demokratischer Gleichheit, da staatsbürgerliche Mündigkeit neben der Gewährung von subjektiven Teilhaberechte auch erfordert, dass deren Wertigkeit und Effektivität nicht durch Ungleichbehandlung verzerrt wird.

3. Gesamtschau

In der Zusammenschau aller Teilelemente aus den einzelnen Ebenen sieht diese Auffassung die kritische Masse demokratischer Legitimation durch die erfolgte Einräumung von Partizipationsrechten sowie das gewählte Arrangement der Organe, Kompetenzen und Verfahren als gewahrt an. Die notwendigen Anlagen zur Selbstregierung und Selbstherrschaft bestehen bei dieser Sichtweise auch im EU-Mehrebenensystem. Keinesfalls wird jedoch geleugnet, dass der Verwirklichungsgrad dieser Anlagen noch zu wünschen übrig lässt.[323]

Die Darstellung der Kritik kann an dieser Stelle nur in äußerst geraffter Form erfolgen. Die Effektivität der Einflussmöglichkeiten auf politische Entscheidungsprozesse, die mit den Partizi-

321 *Möllers*, Gewaltengliederung, S. 52.

322 Aus dem Gleichheitsgebot folgt auch die Wertigkeit des Mehrheitsprinzips, *Hillgruber*, AöR 127 (2002), S. 460 (465 ff.). Das Mehrheitsprinzip minimiert den Fremdbestimmungsanteil an einem demokratischen Selbstbestimmungsakt, wenn die Stimmen aller Beteiligten gleichmäßig berücksichtigt werden.

323 Die erforderlichen Räume für öffentliche deliberative Prozesse sind derzeit allerdings entweder nicht vorhanden oder nicht transparent, *Zürn*, Regieren jenseits des Nationalstaats, S. 240 f. Angemessene Repräsentation und Reduktion der Einflusskanäle sind unter den größten Problemen, S. 243 ff.

pationsrechten verbunden sind, mithin die Stärke der Bestimmungsfunktion, ist durch die Kompetenzausstattung des Europäischen Parlaments bedingt.[324] Das Europäische Parlament agiert jedoch bisher mehr als Kontrollinstanz,[325] denn als Politikgestalter. Es ist vielmehr die Kommission, die (noch) als einziges Organ der EG Vorschläge für Gesetzgebung und Politik unterbreiten kann.[326] Kein anderes Organ kann in der ersten Säule ohne ihren Vorschlag Normen erlassen.[327] Es wird deshalb auch von einer „negativen demokratischen Kompetenz“ gesprochen.[328] Obgleich man auch in diesem Teil des Schrifttums einräumt, dass der Einräumung eines Initiativrechts als Ausdruck von Selbstgesetzgebung ein besonderes Gewicht beizumessen ist[329] und daher zu betonen ist, dass die Beteiligung der Bürger über das Parlament eines leistungsfähigeren Transmissionsriemens bedarf, um eine eigene demokratische Qualität zu entfalten,[330] weist man andererseits darauf hin, dass das Potential des Europaparlaments gleichwohl nicht verkannt werden dürfe. Im Verhältnis zu anderen Gesetzgebungsinstitutionen erlangt es Einfluss nicht allein durch das „Gebot der kooperativen Zusammenarbeit“, das dem Parlament frühzeitigen Einfluss auf Vorschlagsentwürfe der Kommission eröffnet. Wegen des Fehlens eines starken Parteiensystem und einer starken Mehrheitsfraktion sowie der strengen Trennung von der Exekutive ist das Europaparlament vielleicht sogar mächtiger als viele nationale Parlamente. Hinzu kommt, dass es nichts Ungewöhnliches ist, wenn ein Parlament seine eigene Agenda nicht autonom und eigeninitiativ vorantreiben kann. Die Differenzierung zwischen *policy-making* und *policy-influencing legislatures* ist in der Politikwissenschaft nichts Neues. Beide Formen existieren real in Europa. In der Kategorie der *policy influencer* dürfte

324 Von hervorstechender Bedeutung sind Beteiligung an Rechtsetzung (insbesondere im Mitentscheidungsverfahren und Zustimmungsbefugnisse, Art. 192 I EGV), Recht zur Stellungnahme (Art. 192 I EGV), Recht, die Kommission gem. Art. 192 II EGV zur Wahrnehmung ihres Initiativrechts aufzufordern, Recht, Untersuchungsausschüsse einzusetzen (Art. 193 EGV), Recht auf Mitwirkung bei der Bestellung der Kommission, weitere Kontrollrechte bis hin zum Misstrauensvotum (Art. 201 EGV), partielles Budgetrecht.

325 Politische Kontrolle vermag des Europäische Parlament allgemein über seine Anhörungsrechte und im speziellen gem. Art. 214 EG (Ernennung von Kommissionspräsident und Kommission als Gesamtheit), Art. 276 EGV (ex post über Kommission bei Ausführung des Haushaltsplans) und Art. 201 EGV auszuüben. Der Rat ist dem Europäischen Parlament gegenüber jedoch nicht politisch verantwortlich.

326 Siehe dazu auch Weißbuch „Europäisches Regieren“, 2001, KOM(2001) 428 endg., S. 11. Allerdings kommt es im Vorfeld zu intensiver Zusammenarbeit mit Rat und Europäischem Parlament; vgl. knapp zu den Willensbildungs- und Entscheidungsprozessen der Legislativorgane *Pollak/Slominski*, Das politische System der EU, S. 128 ff.

327 EuGH, Rs. C-301/90, Slg. 1992 I, S. 221 – Kommission gegen Rat. Selbst der Rat kann nur einstimmig von ihren Vorschlägen abweichen, während dem Parlament allein die Option der Verweigerung der Zustimmung verbleibt. Die Bedeutung des Gestaltungsrechts weckt daher das Bedürfnis der hinreichenden demokratischen Anbindung. Eine Antwort auf den erforderlichen Grad demokratischer Legitimation und ihre Gewährleistung ist bislang nicht gefunden worden, dazu ausführlich Bredt, Die demokratische Legitimation unabhängiger Institutionen. Vom funktionalen zum politikfeldbezogenen Demokratieprinzip, S. 378 ff, 394 ff.; *Lindseth*, 99 Columbia Law Review 99 (1999), S. 628–738. In jedem Fall ist die Kommission eingebunden in die Zusammenarbeit mit Rat und Parlament; zum Grundsatz der guten institutionellen Zusammenarbeit siehe EuGH, Rs. C-65/93, Slg. 1995 I, S. 643 – Parlament gegen Rat.

328 *Huber*, in: Drexl (Hrsg.), Europäische Demokratie (Ius Europeum 6), S. 27 (44).

329 *V. Bogdandy*, FS Badura, S. 1033 (1048).

330 *V. Bogdandy*, Gubernative Rechtssetzung, S. 70; zum diskurstheoretischen Modell siehe *Habermas*, Faktizität und Geltung, S. 415 ff.

das Europaparlament sogar einen vorderen Rang einnehmen.[331] Dennoch bleibt der Ministerrat das Gravitationszentrum der europäischen Rechtsetzung, während das Europäische Parlament variierend nach Materie mit stark verschiedener Einflussmacht einbezogen wird.[332] Es besitzt keine ausschließliche Legislativkompetenz zu allen Fragen des Unions- und EG-Rechts. Vor allem in intergouvernementalen Angelegenheiten erfolgt nur eine äußere Einbindung durch Anhörung, Art. 39 EUV.[333]

Hinsichtlich der staatsbürgerlichen Fruchtbarmachung dieses Einflusskanals ist auch die konkrete Ausgestaltung der Wahlen zum Europäischen Parlament seit langem Gegenstand lebhafter Kritik. Sie sind gem. Art. 190 EGV zwar allgemein und unmittelbar abzuhalten, doch ist der Grundsatz der Wahlrechtsgleichheit in Gestalt des Erfolgsgleichwerts in zweifacher Hinsicht verkürzt.[334] Einerseits fallen die nationalen Wahlrechte auseinander. Andererseits folgt die Zuteilung der Parlamentssitze nicht streng dem Prinzip der Proportionalität nach Bevölkerungszahl, sondern politischen Erwägungen, auf deren Grundlage die Richtzahl für jeden Staat fixiert wird und vor allem kleinere Staaten von der zwingenden Mindestsitzzahl pro Staat profitieren.[335] Auch eine aktive Einflussnahme auf die Grundlinien der europäischen Politik ist nur schwer vorstellbar. Dazu fehlt es schon an europäischen Medien und Parteien, die sich um die Bildung einer europäischen öffentlichen Meinung bemühen. Überhaupt gibt die schiere Größe des europäischen Gemeinwesens Anlass zum Zweifel an seiner parlamentarischen Regierbarkeit. Auch werde die Machtdominanz der Gubernative nicht durch eine effektive Kontrolle seitens nationaler Parlamente eingehegt. Insgesamt ist die Position der Parlamente gegenüber ihren Regierungen schwach ausgestaltet, und wo eine Ausstattung mit Kontrollkompetenzen erfolgt ist, werden diese oft sträflich vernachlässigt.[336] Infolge der schwach ausgeprägten parlamentarischen Kontrolle der im Rat vertretenen Regierungen schwindet die Legitimationsvermittlung.[337] Allerdings variiert die politische Lage stark von Staat zu Staat.[338] Es

331 *Rittberger*, Building Europe's Parliament, S. 3. Der Wandel des politischen Systems der EU wird hier auch deutlich am Vergleichspaar. Das europäische Parlament wird nicht mehr parlamentarischen Versammlungen anderer internationaler Organisationen gegenüber gestellt, sondern mit den Parlamenten der Nationalstaaten verglichen.

332 Vgl. Übersichten zu den Entscheidungsverfahren in der EU bei *Haltern*, Europarecht – Dogmatik im Kontext, Rn. 249 ff. sowie Rn. 293; *Corbett/Jacobs/Shackleton*, The European Parliament, S. 196 ff; sowie *Streinz*, Europarecht, Rn. 519 ff.

333 Durch die Verträge von Maastricht und Amsterdam hat die Kompetenz des Europaparlaments jedoch bereits eine beträchtliche Ausdehnung erfahren, *Peters*, Common Market Law Review 41 (2004), 37 (48); zur gegenwärtigen Verbreitung vgl. *Haltern*, Europarecht – Dogmatik im Kontext, Rn. 293. Mit dem Vertrag von Lissabon wird die Position des Parlaments weiter ausgebaut. Das Mitentscheidungsverfahren steigt nicht nur terminologisch zur *ordinary legislative procedure* auf, sondern verdeutlicht als Ausdruck der Erstreckung auf eine immer größere Zahl von Materien den erreichten Entwicklungsstand, vgl. *Wessels*, Journal of Common Market Studies 43 (2005), 11 (20, 30).

334 *Huber*, in: Drexl (Hrsg.), Europäische Demokratie (Ius Europeum 6), S. 27 (41) – Art. 190 IV EGV, der die Einführung eines in allen Mitgliedstaaten übereinstimmendes Wahlrecht ermöglichen würde, ist nie implementiert worden.

335 Vgl. 190 II EGV. Das Spannungsverhältnis zwischen Repräsentation der Bürger und Staatenrepräsentation wird durch Einschränkung der Erfolgsgleichheit aufgelöst.

336 *Callies*, FS Ress, S. 399 (406); *Peters*, Common Market Law Review 41 (2004), 37 (52, 62).

337 *Huber*, in: Drexl (Hrsg.), Europäische Demokratie (Ius Europeum 6), S. 27 (57). Zur Sicherung der Rückkopplung wird daher eine Stärkung der Einwirkungsmöglichkeiten der nationalen Parlamente und des EP gefordert. Für die nationalen Parlamente ist insbesondere die Ausgestaltung der nationalen Begleit- und Beteiligungsgesetze von Bedeutung. Hier vollzieht

offenbaren sich deutliche Unterschiede in der nationalen demokratischen Kultur.[339] Auf Unionsebene verhindere wiederum die intransparente Ausgestaltung des Rechtssetzungsprozesses aktuell eine hinreichend effektive Partizipation.[340] Die Prozesse sind opaque und von Regierungen und Kommission beherrscht. Es bedarf daher einer verbesserten Einbringungsmöglichkeit der Interessen der Bürger, um den sachlich-inhaltlichen Legitimationsstrang des Demokratieprinzips zu stärken.[341] Zur Sicherung der Responsivität europäischer Entscheidungsprozesse bedarf es eines Mindestmaßes an Transparenz und Zugang zu Informationen,[342] damit die Unionsbürger über verfügbare Partizipationsinstrumente effektiv ihr Selbstbestimmungsrecht ausüben können.

Mit der Feststellung von Partizipationsdefiziten und institutionellen Strukturschwächen ist jedoch kein Verdikt der Demokratieunfähigkeit der EU verbunden.[343] Die Absicherung demokratischer Verantwortlichkeit erfolgt durch Einrichtung von rechtsinternen Zurechnungsstrukturen, die einen normativen Verantwortungszusammenhang begründen, der unabhängig von seiner faktischen Wirksamkeit ist. Der unbefriedigende Verwirklichungsgrad beseitige nicht die Fähigkeit zu demokratischer Herrschaft, die durch die Anlagen, die im Primärrecht verankert sind, begründet wird. Demokratie sei ein normatives Konzept![344] Es ziele, unter Anerkennung der Gleichheit der Bürger, auf die Einbringung ihrer Interessen und die Ausbildung eines Gemeinwillens an bestimmten Funktionsorten innerhalb festgelegter Formen ab.[345] Dass der Anspruch demokratischer Herrschaft in der Realität hinter den Er-

sich im Verborgenen oft die eigentliche Entmachtung des Parlaments. In dieser Hinsicht gilt es auch den Gang der Verhandlungen des deutschen Begleitgesetzes zum Lissabonner Vertrag im Hinterkopf zu behalten. Die nationalen Parlamentarier erscheinen danach nicht als Lakaien von Brüssel, sondern als Lakaien der eigenen Gubernative.

338 Mitgliedstaatliche Mitwirkungsakte können variieren. An die Zustimmungsakte können praktisch beliebige verfassungsrechtliche Anforderungen gestellt werden, bis hin zum Volksentscheid, *Huber*, in: Drexl (Hrsg.), Europäische Demokratie (Ius Europeum 6), S. 27 (53), Fn. 125. Art. 48 III EUV lasse dies zu.

339 Es offenbaren sich höchstdivergente Vorstellungen über die Zusammenarbeit von Parlament und Regierung in den Mitgliedstaaten der EU. Dies drückt sich z. B. bei der Hinnahme von Prärogativen der Regierung aus. Die Optionen reichen von bloßer Information bis zur *parliamentary reservation*. Die Regelungen in Deutschland und in den Niederlanden stehen hierfür als jeweils paradigmatische Beispiele. Laut *Vervaele* geht in den Niederlanden kein Minister ohne Handlungsmandat des Parlaments nach Brüssel; die Minister träfen Parlamentarier in engen Abständen.

340 Der Mangel wird auch vom Weißbuch der Kommission eingestanden, KOM(2001) 428 endg.; dazu Joerges/Mény/Weiler (Hrsg.), Mountain or Molehill? A critical appraisal of the Commission White Paper on Governance, Jean Monnet Working Paper Series No. 6/01.

341 Wie dies zu bewerkstelligen ist, liegt derzeit aber noch im Dunklen, *v. Bogdandy*, Gubernative Rechtssetzung, S. 73, der aber einen ausdifferenzierten Vorschlag folgen lässt.

342 Immerhin bestehen seit einiger Zeit Einsichtsrechte in Dokumente der EG-Organe durch EG-Verordnung Nr. 1049/2001, *Broberg*, European Law Review 27 (2002), S. 194-205.

343 *Huber*, in: Drexl (Hrsg.), Europäische Demokratie (Ius Europeum 6), S. 27 (54).

344 *Möllers*, Demokratie – Zumutungen und Versprechen, S. 12.

345 *Huber* spricht daher vom unionsrechtlichen Demokratieprinzip als Optimierungsgebot, in: Drexl (Hrsg.), Europäische Demokratie (Ius Europeum 6), S. 27 (55).

wartungen zurück bleibt, rechtfertige nicht die Aufgabe des Anspruchs.[346] Demokratie sei nie perfekt und demokratische Legitimation nicht vom Erreichen eines Idealzustands abhängig.[347] Entscheidend seien die Aufrechterhaltung des Anspruchs und das Bestehen essentieller Anlagen zur Erhaltung der Beweglichkeit und Veränderungsoffenheit des Demokratieprinzips als Leitbild für die künftige Entwicklung.[348] So verstanden ist die EU schon jetzt demokratiefähig.[349]

Die Entwicklungsrichtung der EU insgesamt stützt diese Auffassung. Der Vertrag von Lissabon brächte weitere entscheidende Vorteile gegenüber dem aktuellen Primärrecht. Gemessen am gegenwärtigen Rechtszustand ist der Reformvertrag insgesamt besser angelegt, um die Erweiterungsfolgen beherrschbar zu machen.[350] Er enthält zudem ein starkes Bekenntnis zum Demokratieprinzip und trifft Vorkehrungen zu dessen Stärkung. Der Lissabonner Vertrag schafft einerseits größere Einflussmöglichkeiten für nationale Parlamente und stärkt den Legitimationsstrang,[351] indem er die nationalen Parlamente – nach dem Motto „Zwei auf einen Streich!" – zum Hüter der Kompetenzordnung und zum Wächter der Subsidiarität macht. Andererseits wird durch Kompetenzerweiterung des europäischen Parlaments sowie vielfach größere Klarheit der Strukturen zusätzliche demokratische Legitimation auf Unionsebene geschaffen.

346 *Möllers*, Demokratie – Zumutungen und Versprechen, S. 12.

347 *Peters*, Elemente einer Theorie der Verfassung Europas, S. 639 f.

348 Demokratien seien in dieser Hinsicht einem Schiff vergleichbar, das repariert wird, während es auf See ist, so *Möllers*, Demokratie – Zumutungen und Versprechen, S. 20 nach *Otto Neurath*, Protokollsätze, in: Erkenntnisse 3 (1932/33), S. 204 (206).

349 *Peters*, Common Market Law Review 41 (2004), 37 (70). Als Demokratietypus handele es sich um eine semi-parliamentary and semi-consociational democracy, S. 54, 80, wobei semi-consociational einen stark konsensorientierten Demokratiemodus bezeichnet, der sich in Quoren und qualifizierten Mehrheiten und Praktizierung eines Konkordanzprinzip mit proportionaler Repräsentanz und Integration aller maßgeblichen Gesellschaftsgruppen ausdrückt und neben den rein mehrheitsorientierten Parlamentarismus tritt.

350 *Wessels*, Journal of Common Market Studies 43 (2005), 11 (17) - Um die geschaffenen Strukturen zu sichern und keine schleichende Usurpation neuer Politikfelder durch die Union zu befördern, sind ferner eine Reihe von Sicherungsmechanismen vorgesehen, die potenzielle spill-over-Effekte zu verhindern suchen. So sieht der Reformvertrag ein Frühwarnsystem vor, um die Anliegen nationaler Parlamente zur Sicherung der Einhaltung des Subsidiaritäts- und Komplementaritätsprinzips besser verwirklichen zu können. Auch ein Notbremsenmechanismus dient dem Schutz fundamentaler nationaler Interessen auf Ratsebene im Legislativprozess. Transparenzklauseln und Vereinfachung der Strukturen und Verfahren sollen good governance fördern. Partizipatorische Demokratie wird durch die verbesserte Möglichkeit zum öffentlichen Meinungsaustausch und insbesondere das Instrument des Bürgerbegehrens mit einem Quorum von 1 Million Unionsbürger gepflegt, vgl. im Überblick *Oppermann*, DVBl. 2008, 473 ff., *Rittberger*, Building Europe's Parliament, S. 178 f., 203.

351 Die Festlegung der genauen Modalitäten der Mitwirkung des nationalen Parlaments bis hin zum Parlamentsvorbehalt ist jedoch Sache der Mitgliedstaaten, *Callies*, FS Ress, S. 399 (419).

4. Hinführung zur dritten und vierten Prämisse

Schwerer erscheint demgegenüber ein kategorialer Einwand zu wiegen. So wird im Schrifttum neuerdings mit sehr beachtlicher Argumentation vertreten, dass es an einem tragfähigen Repräsentationskonzept hinter der Idee der komplementären Legitimation fehlt.[352] Die Anerkennung und Verwirklichung des politischen Selbstbestimmungsrechts des Unionsbürgers auf Unionsebene sattelt nach der dargestellten Prämisse auf deren nationalen politischen Mitwirkungsrechten auf und kompensiert für den Verlust an Gestaltungsrechten, der mit der Abwanderung von Politikbereichen auf die übernationale Ebene einhergeht. Dieser komplementäre Effekt beider Legitimationsstränge setzt jedoch voraus, dass sie einander tatsächlich zu ergänzen vermögen, sich ihre Demokratiegehalte also effektiv zu einem größeren Ganzen addieren. Andernfalls würden sich die komplementären Legitimationsstränge nicht zu einer hinreichenden demokratischen Legitimation verdichten können. Der additive Effekt könnte jedoch ausbleiben, wenn kein Relationskriterium angegeben werden kann, wie mittelbare ratsvermittelte und eigenständig unmittelbare supranational-parlamentarische demokratische Legitimation in ein Verhältnis zu setzen[353] und wie damit letztlich die Kombination einzelner institutioneller Stränge in ein kohärentes Partizipations- und Repräsentationskonzept für das Mehrebenensystem der EU eingepasst werden soll. Die Verkopplung von Rat, nationalen Parlamenten und Europäischem Parlament geht nicht auf, wenn man sie nicht auf ein kategorial tragfähiges, in seinen Implikationen und Grenzen bestimmtes Legitimationsverständnis hin rückbeziehen kann.[354]

An diesem Punkt muss die Konzeption der Demokratiebefürworter beträchtliche (repräsentationstheoretische) Hürden überwinden, die aus der Fusion von Elementen der Staatenrepräsentation mit solchen der parlamentarischen Repräsentation resultieren. Kennzeichnend für Staatenrepräsentation ist ein vom Leitbild parlamentarischer Repräsentation wesensverschiedenes Konzept der distributiven Selbstrepräsentation der Staatenvertreter in einem Kollegialzusammenhang.[355] Der staatenrepräsentierende Rat ist ein Kollegialorgan, dem kein gesamtrepräsentatives Konzept zugrunde liegt, sondern in dem die distributive Einzelrepräsentation der Mitgliedstaaten durch

352 Siehe schon oben Fn. 244.

353 *Sander*, Repräsentation und Kompetenzverteilung, S. 615.

354 Zu diesem Problem tiefschürfend *Sander*, Repräsentation und Kompetenzverteilung, S. 611.

355 *Sander*, Repräsentation und Kompetenzverteilung, S. 615. Die Möglichkeit, bei der Verabschiedung von Normsetzungsentscheidungen Überstimmungen von Ratsmitgliedern im Willensbildungsprozess zuzulassen, ist in besonderer Weise problematisch, vgl. Stein, ZaöRV 64 (2004), S. 563 (568, 570); *Baumbach*, Vertragswandel und demokratische Legitimation, S. 171; *Lübbe-Wolff*, VVDStRL 60 (2001), 246 (258 f.) - Legitimationszusammenhang darf nicht unerbrochen werden; das erforderliche Legitimationsniveau kann hier nicht durch Hinzuziehung anderer Stränge erreicht werden.

ihre jeweiligen Regierungsvertreter stattfindet.[356] Erwägungen, die das Mehrheitsprinzip legitimieren, sind hingegen an einer parlamentarischen Willensbildungssituation orientiert und auf diese zugeschnitten.[357] Scheinen dem Mehrheitsprinzip *prima facie* repräsentationsaffirmative Elemente inhärent zu sein, so wird in Wahrheit vom Mehrheitsprinzip eine repräsentative Zurechnungsstruktur vorausgesetzt, die Gewähr dafür bietet, dass sich in der Durchsetzung des Mehrheitsvotums nicht schlichte Dominanz zahlenmäßiger Übermacht, sondern Freiheitsherrschaft affirmiert.[358] Es ist insofern nicht das Mehrheitsprinzip, das der Repräsentativität von Willensbildungsprozessen dient, sondern es ist umgekehrt die rechtsprinzipielle Rückführung des Mehrheitsprinzips auf einen repräsentationstheoretischen Ansatzpunkt, von dem seine Rechtfertigung abhängt.[359] Die Prämissen, die Mehrheitsentscheidungen in individualsubjektiven Kontexten rechtfertigen, sind hingegen nicht in gleicher Weise auf den Staat anwendbar, weil es nicht in gleicher Weise konsensfähig ist, unter Bedingungen der Universalität und Reziprozität durch das Fremdvotum anderer gattungsgleicher Subjekte eingeschränkt zu werden.[360] Die individual-intersubjektive Rechtsgleichheit unterscheidet sich von der international-rechtlichen Rechtsgleichheit beteiligter Staaten fundamental dadurch, dass die Gleichheit von Staaten wesentlich aus ihrer Souveränität, ihrer Unabhängigkeit von externer Willensbeeinflussung, geprägt ist.[361] Das Verfassungsparadigma der komplementären supranationalen Ordnung stieße damit an seine konstruktiven Grenzen.[362]

356 Die Rechtfertigung des qualifizierten Mehrheitsprinzips im Rat über die Natur der Supranationalität der EG übergeht dieses kategorielle Problem.

357 *Sander*, Repräsentation und Kompetenzverteilung, S. 589.

358 *Sander*, Repräsentation und Kompetenzverteilung, S. 592. Das Mehrheitsprinzip ist weder eigenständig noch kontextunabhängig. Es bedarf einer repräsentationsorientierten Verankerung. Meist begnügt man sich aber mit Effektivitäts- und bloß faktischer Machtargumentation; z.B. „notwendig unvollkommene aber dennoch beste Annäherung an Allgemeinwillen". Ist es aber schon repräsentationstheoretisch fragwürdig, mit Mehrheit zu entscheiden, so besagt der Einwand der Zweckmäßigkeit hiergegen nichts; vgl. zur Legitimation des Mehrheitsentscheids aus der vorherigen Bildung eines legitimen Verbandes heraus auch *Isensee*, JZ 1999, 265 (274) unter Bezugnahme auf *Locke*.

359 *Sander*, Repräsentation und Kompetenzverteilung, S. 593. Mehrheitsentscheidungsverfahren setzten eine vorbestehende Ordnung voraus, *Scheuner*, Mehrheitsprinzip in der Demokratie, S. 54.

360 Diese Abweichung findet ihren Grund in einem gegenüber individuellen Rechtspersonen ungleichartigen Rationalitätsprofil, das von der unterschiedlichen Subjektsqualität ausgeht, *Sander*, Repräsentation und Kompetenzverteilung, S. 599.

361 *Scheuner*, Mehrheitsprinzip in der Demokratie, S. 50. *Sander*, Repräsentation und Kompetenzverteilung, S. 616. Die Möglichkeit des Mehrheitsentscheidungsverfahrens im Rat ist damit fundamentalen repräsentationstheoretischen Einwänden ausgesetzt, die eine erhebliche Einschränkung dieses Willensbildungsprinzips fordern. Die für den Parlamentarismus kennzeichnenden Strukturvoraussetzungen für eine durchgängig zugrundeliegende Legitimation der Mehrheitsentscheidung finden sich auf der Ebene der Staatenrepräsentation allenfalls in Ansätzen verwirklicht, S. 619.

362 *Sander*, Repräsentation und Kompetenzverteilung, S. 606. Die Bildung doppelter Mehrheiten erscheint insofern als reiner Pragmatismus, der die Konstruktionsprobleme nicht lösen kann. Sie beantwortet nicht die vorrangige Frage nach der prinzipiellen Verfügbarkeit von Mehr-

Diesem profunden, kategoriellen Einwand suchen die Vertreter einer Demokratiefähigkeit durch ihre dritte und vierte Prämisse zu begegnen. Um das komplementäre Legitimationsmodell normativ zu unterfüttern, genügt ihnen der schlichte Hinweis auf die Supranationalität der EG und künftig der EU nicht. Denn hierdurch wendete man sich vom nationalen Volk und dessen parlamentarischem Repräsentanten als Legitimationssubjekt ab und legte den Grundstein für ein bundesstaatliches Regierungsmodell. Abgehoben wird vielmehr auf die Berücksichtigung der nationalen Souveräne in ihrer Gemeinschaft auf überstaatlicher Ebene. Voraussetzung für das Funktionieren dieser Figur ist die Teilbarkeit von Souveränität, damit Hoheitsrechte auf überstaatlicher Ebene zusammengeführt werden können, ohne damit den Zerfall nationalstaatlicher Souveränität und Staatlichkeit – der zum Fortfall des nationalen Strangs führte – einzuleiten. Ferner muss die gemeinschaftliche Ausübung dieser gepoolten Souveränität staatstheoretisch möglich sein, ohne eine Staatlichkeit der EU unterstellen und damit die Komplementärverfassung des Mehrebenensystems aufgeben zu müssen. Nach dieser Sichtweise bleibt die Staatlichkeit der Mitgliedstaaten bei der gemeinsamen Ausübung von Regierungsaufgaben auf supranationaler Ebene unangetastet. Um Mehrheitsentscheidungen in diesem Rahmen hinnehmbar zu machen und Vorwürfen der Heteronomie insbesondere bei Überstimmung im Rat vorzubeugen, müssen zudem bestimmte rechtliche und (in sehr geringem Maße) sozioempirische Voraussetzungen vorliegen.363 Die supranationale Ebene muss als politische Gemeinschaft eine eigenständige demokratische Identität aufweisen, die eine Verkopplung der Legitimationsstränge ermöglicht und als übergreifendes, unionsweites Legitimationssubjekt auch Mehrheitsentscheidungen rechtfertigt. Bevor aber der Frage nachzugehen ist, wie sich diese politische Gemeinschaft nach dieser Auffassung bildet und beschaffen sein muss, um sich zu einer eigenständigen demokratischen Identität zu verdichten, bedarf es der Aufhellung, ob die Einrichtung der Funktionsbedingungen demokratischer Herrschaft auf Ebene der EU und künftige Versuche ihrer Ausfüllung nicht von vornherein zum Scheitern verurteilt sind, wenn die politischen Strukturen des EU-Mehrebenensystems wegen der möglichen Unteilbarkeit nationaler Souveränität, die im staatsrechtlichen Schrifttum vehement verfochten wird, auf Sand errichtet wurde. Diesen vermeintlichen Konstruktionsfehler bestreitet das integrationsfreundliche Schrifttum. Es geht von der Grundannahme aus, dass Souveränität teilbar ist und sich deshalb innerhalb supranationaler Strukturen poolen und gemeinsam ausüben lässt.

heitsvoten, sondern fungiert als Kompromiss eines Übergangszustandes zwischen internationalem Recht und Staatlichkeit anzusehen sind, zu den Legitimationsstrategien für ein Mehrheitsprinzip vgl. S. 591 ff.

363 Über das Erfordernis, das die Legitimationskette nicht unterbrochen werden darf, besteht als solches Konsens. Streit ergäbe sich allein darüber, wie viele Ketten vonnöten sind, zu wem diese verlaufen müssen - weshalb sich an diesem Punkt die Konstruktion des Legitimationssubjekts nachhaltig auswirkt – und welcher demokratieergänzenden Zusätze es möglicherweise bedarf.

III. Teilbare und gepoolte Souveränität

Die Konstruktion der Volkssouveränität in einem System föderativer Integration hängt untrennbar mit dem gewählten Modell der Vermittlung demokratischer Legitimation zusammen, denn hinter der Konkretisierung der Volkssouveränität steht die Frage nach der Ausgestaltung des Demokratieprinzips.[364] Das Volk als eigentlicher Träger der Souveränität ist aus sich heraus nicht handlungsfähig. Die Volkssouveränität muss über die staatliche Verfasstheit immer erst organisiert werden.[365] Modifikationen des Souveränitätsbegriffs erscheinen im Einklang mit diesem konstruktiven Verständnis gegenüber dem klassisch staatszentrierten Konzept der Gegenauffassung, die scharfe Trennungen von Staat und Gesellschaft und nationaler und internationaler Rechtsordnung vorsehen, denkbar. Die Veränderungs- und Entwicklungsfähigkeit des Souveränitätsbegriffs ist auch historisch erwiesen.[366] Wenn in der gegenwärtigen Diskussion der negative Aspekt der Souveränität, wonach die Macht des Souveräns nach innen absolut ist und keine Einmischung anderer Institutionen duldet, überbetont wird, mag dies an einer rechtsprinzipiell einseitigen Ausrichtung an *Hobbes* und *Bodin* liegen.[367] Dass die Gegenauffassung aufgrund dieser – oben erläuterten – scheinbar logischen Verengung außerstande ist, Volkssouveränität und demokratische Legitimation in supranationalen Systemen zu begründen,[368] bezeugt jedoch nur die Folgerichtigkeit ihrer Argumentation, beweist aber nicht, dass die Prämisse theoretisch wirklich tragfähig ist. Staatstheoretisch zwingend ist die konstitutionelle Doktrin des nationalen Einheitsstaates nicht. Der gewaltenteilige Verfassungsstaat kennt definitionsgemäß gerade kein staatliches Organ, das als Träger seiner Organsouveränität mit einer absoluten Herrschaftsmacht ausgestattet wäre.[369] Im modernen Verfassungsstaat steht es dem Volkssouverän ohne weiteres zu, die von ihm abgeleitete Staatsgewalt auf ein Gefüge von Institutionen zu übertragen. Der

364 *Oeter*, Föderalismus, in: v. Bogdandy (Hrsg.), Europäisches Verfassungsrecht, S. 59 (93).

365 *Oeter*, ZaöRV 55 (1995), 671 (674); Souveränitätsfrage und Demokratieprinzip erscheinen in den Worten Oeters somit als untrennbar verkoppelt; geradezu als siamesische Zwillinge, Föderalismus, in: v. Bogdandy (Hrsg.), Europäisches Verfassungsrecht, S. 59 (93).

366 *Schliesky*, Souveränität und Legitimität von Herrschaftsgewalt, S. 388 f.; siehe auch *Randelzhofer*, in: Isensee/Kirchhof (Hrsg.), Handbuch des Staatsrechts, Bd. 2, Staatsgewalt und Souveränität, § 17 Rn. 17 ff. In der Bundesstaatstheorie des ausgehenden 19. Jahrhunderts zählte der Sitz der Souveränität zu den meist diskutierten Fragen, vgl. ausführlich *Oeter*, ZaöRV 55 (1995), 659 (664 ff.).

367 So die Vermutung von *Sander*, Repräsentation und Kompetenzverteilung, S. 377, oder *Oeter*, ZaöRV 55 (1995), 659 (674) - Die Idee fuße auf dem frühneuzeitlichen Anstaltsstaat i.S.v. *Bodin* und *Hobbes*.

368 Die Bedeutung der Einheitsvorstellung wird vor allem gegenüber den modernen Entwicklungen der politischen Systeme deutlich, die sie mit ihrer strukturellen Vielfalt überholen. Droht die Staatsgewalt in internationalen und supranationalen Verflechtungen zu verfasern und das staatliche Recht seine Systemeinheit zu verlieren, sucht manch einer Zuflucht bei einem homogenen, dezisionistischen Staatsmodell hobbes`scher Prägung, *Hofmann*, Einführung in die Rechts- und Staatsphilosophie, S. 142.

369 *Oeter*, ZaöRV 55 (1995), 659 (671).

strenge parlamentarische Unitarismus widerspricht vielmehr einem modernen Souveränitätsverständnis, das Volkssouveränität als inneres Selbstbestimmungsrecht der staatlich organisierten Völker versteht und einen starken menschenrechtlichen Bezug angenommen hat.[370] Volkssouveränität beruht zuallererst auf der Idee der freien Selbstbestimmung seiner Bürger, nicht auf dem Begriff der Nation.[371]

Eine territoriale Exklusivität nationalstaatlicher Selbstbestimmung ist daher historisch erklärbar, aber rechtstheoretisch nicht zwingend. Vielmehr besteht in der Gegenwart ein echtes Bedürfnis, durch ein funktionales Verständnis von souveräner Selbstbestimmung den veränderten wirtschaftlichen und gesellschaftlichen Rahmenbedingungen Rechnung zu tragen und durch *pooling* von Hoheitsrechten auf supranantionaler Ebene die Steuerungsinstrumentarien der Mitgliedstaaten zu konzentrieren und neue Gestaltungsmöglichkeiten zu gewinnen. Diese Öffnung vermittelt ein eigenes demokratisches Potential, das den vermeintlichen Verlust an Selbstbestimmung in Gestalt des klassischen Letztentscheidungsrechts durch die transnationale Sachlösungskompetenz wettmacht, gibt aber andererseits nationalstaatliche Souveränität nicht völlig preis, da die Mitgliedstaaten ein konstitutives Erstentscheidungsrecht behalten, welche Regierungsmaterien bei strenger Beachtung der Subsidiarität auf überstaatllicher Ebene funktional neu organisiert werden sollen.

1. Kongruenz von sozialem und politischem Raum

Souveränität i. S. einer exklusiven, territorial radizierten Staatsmacht verliert angesichts der wirtschaftlichen und politischen Globalisierung an Bedeutung,[372] denn zentrale Voraussetzung für effektives und souveränes Regieren ist die Kongruenz von sozialem und politischem Raum.[373] Der grenzüberschreitende Personen-, Waren-, Dienstleistungs- oder Datenverkehr relativiert nicht nur Staatsgrenzen, sondern

370 Das heute geltende Völkerrecht gewährleistet allen Völkern die freie Entscheidung über ihren politischen Status. Als Menschenrecht auf politische Partizipation ist das Demokratiegebot in vielen Menschenrechtspakten verankert, vgl. Art. 1, 25 IPBPR, Art. 3 I ZP I zur EMRK; Art. 21 AllgMRErkl. Ein starker Trend im Völkerrecht geht deshalb dahin, Souveränität als Volkssouveränität auf das Recht des Individuums auf Selbstbestimmung zurückzuführen, womit die Bezugspunkte von Demokratie und Souveränität im einzelnen Bürger zusammenliefen. Im Zentrum ständen jeweils der Einzelne und dessen menschenrechtlicher Anspruch auf demokratische Herrschaftsausübung in den jeweiligen Gemeinschaften, denen er angehört. Gesellschaft und Träger der Souveränität wäre dann bereits der gewillkürte Zusammenschluss der individuellen Rechtsträger.

371 Nach Auffassung *Kokotts* steht die Frage der Volkssouveränität im engen Zusammenhang mit der Anerkennung eines Menschenrechts auf politische Partizipation, *Kokott*, ZaöRV 64 (2004), 517 (532).

372 *Kokott*, ZaöRV 64 (2004), 517 (521).

373 *Zürn*, Regieren jenseits des Nationalstaats, S. 37.

verwischt auch Unterschiede zwischen Außen- und Innenpolitik.[374] Infolge dieser allgemeinen Entwicklung tut sich aus der Perspektive des Nationalstaats eine klaffende Lücke zwischen Regelungsauftrag und Regelungsfähigkeit auf, die Zweifel an einem Konzept von Souveränität aufkommen lassen, das in der Souveränität eines Staates einzig und allein die oberste legale Autorität des Staates sehen will, innerhalb eines bestimmten Territoriums Recht zu setzen und durchzusetzen und als Konsequenz dieser Unabhängigkeit die Autorität anderer Staaten auszuschließen.[375] Es gibt zahllose Situationen, die von keinem Staat mehr alleine kontrolliert oder bewältigt werden können. Will der Staat wieder Gestaltungsmöglichkeiten gewinnen, muss er sich an der grenzüberschreitenden Organisation der Problemverarbeitung mittels nicht rein nationaler Regelungen beteiligen. In der Wirklichkeit der gegenwärtigen wirtschaftlichen und politischen Systeme ist der vormals abgeschlossene Nationalstaat deshalb zum kooperativen Staat geworden: „Sovereignty becomes the capacity to participate in an international regulatory process".[376] *Zürn* führt dazu aus, dass „die Ausweitung gesellschaftlicher Handlungszusammenhänge über die Grenzen des Nationalstaats [...] zur Unterminierung einer zentralen Voraussetzung demokratischen Regierens, der Identität von Herrschaftsobjektiven und Herrschaftssubjekten, geführt [hat]. Deshalb liegt der Ursprung des Demokratiedefizits nicht in den internationalen Institutionen, sondern in der gesellschaftlichen Denationalisie-

374 *Schermers*, Different Aspects of Sovereignty, in: Kreijen (Hrsg.), State, Sovereignty, and International Governance, S. 185. Soweit in diesem Kontext das Verhältnis der Europäischen Union zu ihren Mitgliedstaaten in Rede steht, wird sogar ein gänzlicher Verzicht auf diesen Souveränitätsbegriff erwogen, da das klassische Souveränitätsverständnis als innere und äußere Autonomie eines jeden Staates nicht mehr zu den Eigenarten der Union passe, da weder die Union noch die Staaten ohne den anderen handeln könnten, *Wahl*, FS Hofmann, S. 113 (129 f.).

375 Das Verhältnis von Regelungsnachfrage und Regelungsangebot hat sich in den letzten Jahrzehnten verschoben. Der Nationalstaat besitzt nicht mehr die Fähigkeiten, auf die gesellschaftlichen Regelungsanforderungen angemessen reagieren zu können, *Zürn*, Regieren jenseits des Nationalstaats, S. 36. *Peters*, Elemente einer Theorie der Verfassung Europas, S. 132 - weil die Regelungsgegenstände grenzüberschreitend und die Regelungsadressaten transnational beweglich oder extraterritorial verankert sind, demgegenüber jedoch die Reichweite staatlichen Handelns territorial begrenzt bleibt, ist die Folge der geschilderten Globalisierungsvorgänge die Verringerung der Aufgabenerfüllungskapazität des Staates im Alleingang.

376 *Slaughter*, EJIL 6 (1995), 503 (537); in dieselbe Richtung *Chayes/Chayes*, The New Sovereignty: Compliance with International Regulatory Agreements, S. 27 – for all but a few self-isolated nations, sovereignty no longer consists in the freedom of states to act independently, in their perceived self-interest, but in membership in reasonably good standing in the regimes that make up the substance of international life. Seine Souveränität im klassischen Sinn als sein früher zentrales Attribut hat der moderne Staat indessen unwiederbringlich verloren, *Grande*, Auflösung, Modernisierung oder Transformation? Zum Wandel des modernen Staates in Europa, in: Grande/Prätorius (Hrsg.), Modernisierung des Staates, S. 45 (58); ähnlich *Guéhenno*, Das Ende der Demokratie, S. 93 – Macht bestünde nicht mehr in der Herrschaft über ein abgegrenztes Territorium, sondern im Zugang zu Kommunikationsnetzen.

rung. Internationale Institutionen schaffen nicht das Demokratiedefizit, sie sind eine Reaktion darauf."[377]

2. Funktionaler Souveränitätszuwachs durch gemeinschaftliches Agieren

Heute aktualisiert sich Souveränität aus nationalstaatlicher Sicht deshalb primär durch die Möglichkeit zur Mitarbeit in internationalen Organisationen. Im Falle der EU wird Souveränität geteilt, gepoolt und den einzelnen Sektoren supranationaler Regierungsführung zugewiesen, um in einer gewandelten internationalen Umgebung gegenüber transnational wirkenden Problemstellungen die Problemlösungs- und Operationskapazitäten der Nationalstaaten zu erhalten.[378] Die Sorge um das demokratische Selbstbestimmungsrecht des Volkes oder der politischen Gemeinschaft in den einzelnen Mitgliedstaaten, die ebenfalls hinter der Betonung der Souveränität steckt, erscheint somit schon in tatsächlicher Hinsicht in weiten Teilen bereits wegen der Veränderungen der politischen und wirtschaftlichen Lebenswirklichkeit aufgehoben.[379] In einer zunehmend „globalisierten" Welt lässt sich das Selbstbestimmungsrecht einer politischen Gemeinschaft nur im Konzert mit anderen betroffenen Gemeinschaften verwirklichen, wenn man sich nicht von vornherein seiner Gestaltungsmöglichkeiten berauben will. Durch Erweiterung der Steuerungsinstrumentarien gewinnt der Nationalstaat Sachlösungskompetenz; wenn auch nur durch gepool-

377 *Zürn*, Regieren jenseits des Nationalstaats, S. 238.

378 *Nugent*, The Government and Politics of the European Union, S. 561. Von geteilter (und supranational gemeinsamer) Souveränität sprechen *Frowein*, EuR 1995, 315 (320); *Pernice*, EuR 1996, 27 (31), und *Weber*, JZ 1993, 325 (328), während der Terminus gepoolte Souveränität bei *Moravcsik*, Journal of Common Market Studies 31 (1993), S. 473 (509), oder *MacCormick*, Beyond the Sovereign State, Modern Law Review 56 (1993), S. 1 (16), Verwendung findet. Kritisch zu dieser Kategorisierung äußert sich *Peters*, Elemente einer Theorie der Verfassung Europas, S. 146. Sie sei zumindest irreführend, da sie ein Nullsummenspiel impliziere. Es gehe nicht um die Aufteilung eines gewissen Quantums an Souveränität, sondern einen Mehrwert, da durch die Schaffung mehrstufiger Entscheidungsstrukturen das Gesamtniveau der Problemlösungskapazitäten erhöht wird. In der Tat ist terminologische Sorgfalt gefragt, um die Zustände exakt einfangen zu können. Im verfassungstheoretischen Ausgangspunkt bedarf es zunächst der Begründung grundsätzlicher Teilbarkeit von Souveränität. Die nachfolgende Übertragung von Hoheitsrechten führt zu einem pooling von souveränen Hoheitsrechten, die gemeinsam ausgeübt werden, *Everling*, Die Europäische Union im Spannungsfeld von gemeinschaftlicher und nationaler Politik und Rechtsordnung, in: v.Bogdandy (Hrsg.), Europäisches Verfassungsrecht, S. 847 (879). Dabei ist auf supranationaler Ebene wiederum eine Verschachtelung dieser Souveränität auszumachen, da es kein exklusives Rechtsetzungsorgan gibt.

379 Die Genese der Souveränität ist als Korrelat zur Umwandlung personaler Herrschaft in Herrschaft über einen Gebietsverband mit physisch relativ undurchdringlichen Grenzen zu begreifen. Im Zuge der Globalisierung schwindet die Bedeutung des Territoriums und im Gleichlauf die darauf bezogene Souveränität. In materiell orientierter Perspektive ist demgegenüber eine Teilung von Souveränität möglich, *Peters*, Elemente einer Theorie der Verfassung Europas, S. 138.

te Ausübung von Hoheitsrechten. Nationalstaatliche Souveränitätspartikel werden auf supranationaler Ebene nicht einfach wieder zusammengesetzt, sondern schaffen durch ihre Transformation einen erheblichen Mehrwert an souveränem Handlungspotential der supranationalen Gemeinschaft.[380]

Mit diesem *exercise en commun de la souveraineté nationale* wird die ursprüngliche Staatlichkeit und Souveränität der Mitgliedstaaten nicht angetastet. Im Einklang mit den Strukturen des EU-Mehrebenensystems geben die Staaten bei Eintritt in supranationale Organisationen zwar Souveränitätsrechte ab, doch sind diese weiterhin in Entscheidungs- und Abstimmungsprozesse über deren Ausübung eingebunden.[381] Die Souveränität ist zwischen supranationaler Ebene und nationaler Ebene bei strenger Beachtung der Subsidiarität funktional neu organisiert, nicht getrennt.[382] Dabei besitzen nur die Nationalstaaten originäre und unbeschränkte Rechtsfähigkeit. Sie sind ursprünglich allzuständig, während überstaatliche Einrichtungen ihr Handeln auf eine sektoral beschränkte Ermächtigung zurückführen können müssen. Die Mitgliedstaaten mögen in diesen Bereich ihr oft betontes Letztentscheidungsrecht einbüßen, doch verfügen sie als Herren der Verträge nachwievor über ein konstitutives Erstentscheidungsrecht.[383] Die internationale bzw. europäische Gemeinschaft bleibt auf den Nationalstaat auch als Struktur zur Organisation und Normsetzung für menschliches Verhalten angewiesen.[384] Zudem genießt nur der Mitgliedstaat nach wie vor echte Vollzugsgewalt. So verstanden bringt eine Öffnung gegenüber supranationalem Recht keine Einbuße an staatlicher Souveränität und Demokratie mit sich. Vielmehr vermittelt die Öffnung ein eigenes demokratisches Potential, das den vermeintlichen Verlust an Selbstbestimmung in Gestalt des Letztentscheidungsrechts durch die transnationale Beteiligungsmöglichkeit wettmacht.[385] Der Zufluss an funktionaler Souveränität durch Teilhabe an supranationaler Rechtssetzung wird deshalb nach dieser Auffassung regelmäßig höher liegen als die drohende Einbuße, wenn das supranational gefundene Ergebnis im Einzelfall nationalen Präferenzen widerspricht. Wenn immer mehr Entscheidungen wegen ihrer transnationalen Auswirkungen transnational getroffen werden müssen, sind transnationale Entschei-

380 Der Kompetenztransfer stärkt die Mitgliedstaaten, *Peters*, Elemente einer Theorie der Verfassung Europas, S. 147.

381 *Pernice*, VVDStRL 60 (2001), 148 (175).

382 *Pernice*, EuR 1996, 27 (30 ff.).

383 Es ist dieses Recht, das durch die Maastricht-Entscheidung gesichert wird.

384 *Dupuy*, European Journal of International Law 9 (1998), S. 278 (282); *Habermas*, Konstitutionalisierung des Völkerrechts und andere Legitimationsprobleme einer verfassten Weltgesellschaft, in: Brugger/Neumann/Kirste (Hrsg.), Rechtsphilosophie im 21. Jahrhundert, S. 360 (366).

385 *Slaughter*, EJIL 6 (1995), 503 (537); *von Bogdandy*, ZaöRV 63 (2003), 853 (872). So liegen die Dinge in der EG, denn die Mitgliedstaaten können im Rahmen der EG-Kompetenzen direkten (regulierenden/regierenden) Einfluss – vermittelt über EG-Organe – auch in anderen Mitgliedstaaten ausüben, was in einem klassisch völkerrechtlichen Koordinationsmodell undenkbar wäre. Außerhalb transnationaler Notwendigkeiten bleibt es freilich (anders als in einem kosmopolitischen Modell) beim Primat des Staates.

dungseinheiten mithin kein Defizit, sondern demokratischer Gewinn.[386] Mit der gegenseitigen Einräumung von Mitwirkungsbefugnissen bei der Ausübung der gepoolten Souveränitätsrechte geht also *de jure* und *de facto* ein funktionaler Souveränitätszuwachs für die Mitgliedstaaten und ihre Bürger einher.

3. Verfassungstheoretische Grundlage und mythologische Dimension von Souveränität

Verfassungstheoretische Grundlage für dieses Konzept des offenen Staates,[387] der durch Einbindung in internationale Rechtssysteme seine politische Handlungsfähigkeit stärken oder wiedergewinnen will, dabei jedoch nicht allein das eigene Staatsvolk im Blick hat, sondern auch ausländische Interessen und internationale Menschenrechte einbezieht,[388] ist wiederum das schon oben eingeführte menschenrechtlich-individualistisch orientierte Verständnis von Souveränität und Demokratie. Koppelt man den Begriff der Volkssouveränität an die Rechte des Individuums, lässt sich die Konstruktion geteilter, gepoolter, fragmentierter Souveränität rechtsdogmatisch gut begründen. Folgt man diesem Verständnis, gelangt man nicht an die Wegscheide eines „Entweder-Oder" der Ausrichtung an nationaler oder europäischer Staatlichkeit. Vielmehr bestünde Raum für neue Strukturen demokratischer Legitimation und Souveränitätsteilungen. Die Individualperspektive verkennt aber womöglich die politische und symbolische Dimension von Souveränität, denn Souveränität ist ein Konzept, das Staat, Recht, Identität und das Politische zu einem funktionierenden Ganzen verbindet.[389] *Haltern* argumentiert, dass Individualisierung,

386 *Bryde*, Das Demokratieprinzip des Grundgesetzes als Optimierungsaufgabe, in: Demokratie und Grundgesetz, Sonderheft der Kritischen Justiz, 2000, S. 59 (65).

387 Grundlegend *Hobe*, Der offene Verfassungsstaat zwischen Souveränität und Interdependenz (1998).

388 *Dahm/Delbrück/Wolfrum*, Völkerrecht, Bd. I/1, S. 218 ff.; *Wahl*, Verfassungsstaat, Europäisierung, Internationalisierung, S. 17. Gegen ein Beharren auf einem Demokratieverständnis als Herrschaft eines Volkes in einem empirisch-substantiellen Sinn sprechen auf Ebene der EU auch die Bestimmungen der Art. 1 II, 6 III, EUV, Art. 17, 189 EGV. Die Einräumung einer Partizipationschance der Bürger Europas auf unionaler Ebene fußt auf einem menschenrechtlichen Demokratieverständnis. Bei der Ausgestaltung der Unionsbürgerschaft folgt das EuGH einem kommunitaristischen Bürgerkonzept. Transnationale Solidarität soll die Abschottung der Staatsvölker aufbrechen, um die Heranreifung kollektiver Identität anzustoßen, die die Exklusivität nationaler Identität beendet und soziale Legitimation der Union erhöht, *Haltern*, Europarecht – Dogmatik im Kontext, Rn. 1353 f., 1364 f. Anders als die Generalanwälte, die einen freiheitsrechtlichen Ansatz auch bei der Handhabung der Unionsbürgerschaft verfolgen, stellt der EuGH den Gleichheitsgrundsatz in den Mittelpunkt stellt.

389 *Haltern*, Was bedeutet Souveränität?, S. 116. Aus dieser Perspektive droht die europarechtliche Entwicklung den Souverän zu liquidieren. Die EU markiert das Ende des Staates als Nukleus des zwischenstaatlichen Rechts und setzt an seine Stelle das Individuum, das sich zuvor im Völkerrecht stets nur als mediatisiertes Objekt berücksichtigt sah, S. 99. Mit dieser Transformation und Rückbindung der Souveränität an das Individuum und dessen Recht auf

Verrechtlichung, Institutionalisierung als essentielle Komponenten europäischer Integrationspolitik die territoriale Radiziertheit und Kollektivität nationaler Souveränität relativiert, ohne den Verlust an Identität hinreichend aufzufangen.[390] Der gegenwärtig betriebene Versuch einer Ablösung des Mythos des Nationalstaates als politisches Kollektiv, das bislang als Hauptsitz politischer und konstitutioneller Autorität und Legitimität fungierte, führe in die Krise, wenn es nicht gelingt, Souveränität an anderer Stelle anzusiedeln.[391]

Hinter dieser sehr abstrakten und etwas sperrigen These verbirgt sich das rechtstheoretisch und politikpraktisch größte Problem, das sich vor jedem Versuch auftürmt, das Demokratieprinzip in der EU zu implementieren. Die neuen Formen des Regierens in der EU beeinträchtigen die Identitätsbildung der real betroffenen, aktuell existierenden politischen Gemeinschaften in Europa. Während der Integrationsprozess rechtlich und politisch weit fortgeschritten ist, erfahren und verstehen sich die Bürger der Mitgliedstaaten immer noch vorwiegend als Teil der nationalen politischen Gemeinschaft ihres Heimatlandes. Demokratie kann jedoch nur dort gedeihen, wo eine demokratische Gemeinschaft mit einer kollektiven Identität erwächst,[392] denn demokratische Prozesse setzen voraus, dass die am Entscheidungsprozess beteiligten Personen neben der Durchsetzung eigener Interessen auch an der

Selbstbestimmung und politische Herrschaft, droht das Subjekt bisheriger Imagination beschädigt zu werden.

390 *Haltern*, Was bedeutet Souveränität?, S. 104, 110.

391 *Haltern* bemüht eine genealogische Perspektive, um erfassbar zu machen, warum man heute die Existenz eines EU-Mehrebenensystems mit rechtlich gepoolter oder geteilter Souveränität konstatieren kann und zugleich Souveränität dem weiteren Fortschreiten der Entwicklung das größte Hindernis setzt. Die genealogische Untersuchung verfolgt die Aufgabe, die Natur des Glaubens an Souveränität auf die Tradition westlicher Kultur zurückzuführen und innerhalb der Erfahrung des Staates zu lokalisieren. Haltern will damit zeigen, dass der Begriff der Souveränität weit mehr beschreibt als ein Kennzeichen politischer Herrschaftsmacht oder einen Baustein völkerrechtlicher Dogmatik. Souveränität ist danach Bestandteil einer weit zurückreichenden politischen und theologischen Ideengeschichte, die man nicht außer Acht lassen darf, sondern auch heute noch mitdenken muss, *Haltern*, FS Tomuschat, S. 867. Ideengeschichtlich stamme sie aus einer Zeit, die die aufgeklärte Trennung zwischen Kirche und Staat in der heutigen Form nicht kannte. Daher müsse die religiöse Dimension des Konzepts stets mitgedacht werden, da Reste dieser Dimension bis in die Gegenwart weitergereicht wurden, Was bedeutet Souveränität?, S. 10. Die Entstehungsgeschichte des modernen Verfassungsstaats als der Narration der Autonomie des Staates von der Kirche muss dem Umstand gerecht werden, dass der Souverän den Platz dieses mysterium tremendum einnimmt, FS Tomuschat, S. 867 (874). *Haltern* spricht gar von einer Sakralisierung des Staates, der zum Körper des Souveräns wird, wodurch dieser zugleich die normalen Kategorien von Zeit und Raum hinter sich lässt, Was bedeutet Souveränität?, S. 13. Die verschiedenen Phasen, die Souveränität durchlaufen hat, lassen sich anhand der entsprechenden theologischen Debatten begreifen. Über die Art und Weise, wie sich Staaten heute integrieren und politisch imaginieren, kann man viel lernen, wenn man das christliche Denken reflektiert. Im Ergebnis stellt Haltern fest, dass Staat und Souveränität nach wie vor in einer religiösen Tradition stehen, S. 12 f. Unter der Oberfläche des demokratischen Rechtsstaats schlummert eine Tiefenstruktur, die um religiöses, mythisches Denken herum organisiert ist.

392 *Sandel*, Democracy's Discontent, America in Search of a Public Philosophy, S. 342.

Förderung des Gemeinwohls der politischen Gemeinschaft, der sie sich kraft Identität zugehörig fühlen, interessiert sind.[393] Voraussetzung demokratischer Legitimation sind somit die Existenz und Anerkennung einer europäischen politischen Gemeinschaft. In Bezug auf die hier erörterte Auffassung heißt dies zugespitzt, dass auf supranationaler Ebene eine politische Gemeinschaft bestehen muss, die als Legitimationssubjekt der gemeinsamen Ausübung von Souveränitätsrechten fungiert.

IV. Politische Gemeinschaft – Europäische Öffentlichkeit

Was eine solche legitimitätsstiftende politische Gemeinschaft auszeichnet und wie sie entsteht, ist höchst umstritten. Anders als die europakritischen Vertreter des Staatsrechts sieht diese Auffassung dazu jedenfalls nicht die Emergenz eines eigenständigen europäischen Volkes als notwendige Bedingung an. Sie nimmt an, dass zum einen ein nicht-organischer Bildungsmodus einer politischen Gemeinschaft verfügbar ist und zum anderen die Zuordnung der Unionsbürger zu einer politischen Gemeinschaft nicht im Sinne eines Exklusivitätsverhältnisses zu verstehen ist, sondern auch multiple Zugehörigkeiten vorstellbar sind.[394] Die Demokratieforderung der Bürger in der EU habe für alle Sachverhalte, die unter Einbeziehung der überstaatlichen Ebene entschieden werden, zwei Adressaten, namentlich Europäische Union und Nationalstaat, die sich um die Verwirklichung demokratischer Selbstbestimmung zu bemühen haben. Gerade diese Besonderheit und innere Verknüpfung der europäischen Ebene mit den Verfassungsstrukturen in den Mitgliedstaaten machen das Leben der Bürger in der Mehrebenenordnung der Union aus.

Die Feststellung, dass es keine europäische Nation gibt,[395] ist demnach nicht gleichbedeutend mit dem Fehlen eines europäischen *demos*, sondern lenkt den Blick auf die Frage, wie sich politische Gemeinschaften bilden bzw. was ihre genealogischen Voraussetzungen sind. Wie schon zuvor ausgeführt, gibt es keinen europaweiten Konsens, welche konstituierenden Merkmale eine europäische Kollektivität

393 *Zürn*, Regieren jenseits des Nationalstaats, S. 238.

394 Die Verwirklichung des demokratischen Prinzips setzt notwendig das Vorhandensein eines *demos* voraus. Um als legitimer Träger des politischen Willens zu gelten, muss dieser demos aber nicht ethnisch homogen sein, *Francis*, Ethnos und Demos. Soziologische Beiträge zur Volkstheorie, S. 77. *Ethnos* und *demos* lassen sich analytisch entkoppeln, ohne das damit die Legitimation des politischen Systems entfiele. Vielmehr entspreche diese Trennung der Idee eines pluralistischen Gemeinwesens und der individuellen Selbstbestimmung als Grundgedanken der Demokratie, *Peters*, Elemente einer Theorie der Verfassung Europas, S. 654. Allerdings ist es auf der Grundlage einer Konzeption der multiplen Identitäten nicht einmal erforderlich, mit dem nationalen „volks-orientierten“ Demokratieverständnis zu brechen. Die Komplementierung auf europäischer Ebene auf der Grundlage eines menschenrechtlichen Demokratieverständnisses lässt dieses unberührt. Schließlich fasst die Legitimationsstruktur der EU die Völker der Mitgliedstaaten und die Unionsbürger zusammen.

395 Von der Existenz eines europäischen Volks geht neuerdings *Augustin*, Das Volk der Europäischen Union. Zu Inhalt und Kritik eines normativen Begriffs, S. 377 ff., 391 - Interaktionssystem von Menschen.

ausweisen.[396] Die Reflektion über den Begriff der Nation verläuft – auch das wurde zuvor schon näher ausgeführt – bereits diesseits und jenseits des Rheins höchst verschieden. Das deutsche Modell der Europaskeptiker ist wie gesehen organisch-kulturellen Ursprungs. Im Mittelpunkt steht eine Nation, die aus einem homogenen Volk hervorgegangen ist und primordale Gemeinsamkeiten aufweist.[397] Die starke Fraktion ihrer Gegner im öffentlich-rechtlichen Schrifttum wendet sich mit ihrer vierten Prämisse gegen dieses holistische Demokratieverständnis. Besonders problematisch erscheint ihr die Konzeption des Legitimationssubjekts, die einen Ableitungszusammenhang fordert, der auf ein als einzig gedachtes Staatsvolk zurückreicht.[398]. Die Einordnung des Volkes als ein einheitliches, homogenes Organ zur Legitimation eines monistischen Repräsentationskonzepts werde einer pluralistischen Gesellschaft, die sich an individueller Menschenwürde und Grundrechten orientiert, nicht gerecht.[399] Grundlage der Demokratie sei vielmehr die Selbstbestimmung des Einzelnen. Nach diesem individualistischen Demokratieverständnis lassen sich keine widerspruchsfreien Zusammenfassungen individueller Präferenzen in Kollektiventscheidungen vorstellen.[400] Träger der demokratischen Herrschaft kann kein monolithisches Volk, sondern nur der Bürger sein.[401]

396 *Peters*, Common Market Law Review 41 (2004), 37 (71).

397 BVerfGE 89, 155 (184, 186). Die intensiven kollektiven Identitäten, die den sozialen und kulturellen Bedeutungen des Nationalstaats entspringen, werden mit dem Begriff der Volkssouveränität verbunden. Ihre Kultur ist von einer vorherrschenden Mentalität geprägt, die eine gewisse Einheitlichkeit in der Nation zu stiften vermag.

398 *Schliesky*, Souveränität und Legitimität von Herrschaftsgewalt, S. 391. Dessen Imagination als homogenes Substrat für die Legitimationsprozesse, die von ihm ausgehen, beruhe auf Einheitlichkeitsdenken, das auf übernationaler Ebene weder anzutreffen noch empirisch zu verwirklichen ist. Vehement gegen einen ethnisch-kulturellen demos argumentiert auch *Weiler*, 1 European Law Journal (1995), 219 (224 ff., 240 ff.).

399 Markantester Unterschied der konkurrierenden Konzepte ist daher die Anknüpfung des Legitimationssubjekts an zwei unterschiedliche Kategorien: *ethnos* und *demos*. *Etnos* ist die Abstammungsgemeinschaft; *demos* ist die politische Gemeinschaft. Für die Konzeptionierung eines europäischen *demos* ist die argumentative Entkopplung von *ethnos* und *demos* mithin eine entscheidende Vorbedingung, vgl. dazu *Lepsius*, KZfSS 38 (1986), S. 751 (756 f.); *Weiler*, Journal of Common Market Studies 35 (1997), S. 97 (118 ff.); vgl. zum Ganzen grundlegend *Francis*, Ethnos und Demos. Soziologische Beiträge zur Volkstheorie, S. 70-74 (*ethnos*); 74-79 (*demos*). Im deutsch-romantischen Konzept fielen ethnos und demos zusammen, *Peters*, Elemente einer Theorie der Verfassung Europas, S. 654, wobei vor allem die Lehre Rousseaus von der Volkssouveränität einem organisch-holistischen Volksbegriff Vorschub geleistet hat, vgl. hierzu auch Fn. 118.

400 *Schliesky*, Souveränität und Legitimität von Herrschaftsgewalt, S. 732 - ein einheitlicher Volkswille, der von den Staatsorganen nur noch zum Ausdruck gebracht werden muss, sei eine Fiktion. Ähnlich *Pernice*, VVDStRL 60 (2001), 148 (161 f., 163) - Selbstbestimmung des Individuums maßgeblich.

401 *Peters*, Elemente einer Theorie der Verfassung Europas, S. 658. Zu möglichen Legitimationssubjekten auch *Bryde*, Der Staat 42 (2003), 61 (62 f.).

1. Demos als politische Selbstbestimmungsgemeinschaft

Die Vertreter der Demokratiefähigkeit folgen damit kommunitaristisch-republikanischen oder liberalen (rechte- und diskursorientierten)[402] Lehren, die in der französischen Tradition stehen und im Staatsvolk eine rechtlich verfasste, politische Wertegemeinschaft sehen, die auch ohne vorstaatliche Homogenität Legitimationssubjekt demokratischer, staatlicher Herrschaft sein kann.[403] Statt am Volk kann eine Ausrichtung an politischer, nicht-national geprägter Gemeinschaft der Bürger der Union als Grundlage der Demokratie erfolgen.[404] In der konkreten Ausgestaltung des Legitimationssubjekts fallen kommunitaristische und liberale Lehre innerhalb dieser Auffassung bei abstrakter Betrachtung durchaus auseinander. In der konkreten Behandlung der Sachfrage überwiegen aber die Gemeinsamkeiten, die einen starken Bezugspunkt zum republikanischen Nationenbegriff aufweisen, dem die Französische Revolution zum Durchbruch verhalf. An die Stelle eines ethnischen Zusammenhangs tritt die demokratische Willensgemeinschaft.[405] Politische Identität der Bürger wird in der Staatsbürgernation nicht über ethnisch-kulturelle Gemeinsamkeiten zugewiesen, sondern in der Praxis durch Ausübung demokratischer Teilnahme- und Kommunikationsrechte erworben. Sie machen auch den Kern der Staatsbürgerschaft aus. Für dieses Konzept zählen primär das Bekenntnis zum politischen System und das tugendhafte Verhalten des einzelnen Bürgers darin. Die gemeinsame Identität wird im Diskurs der Staatsbürger gebildet und im Alltag einer Werteordnung gelebt. Diese Konzeption der Nation als Wahlhandlung und freier

402 *Habermas*, European Law Journal 1 (1995), 303 (306). Habermas verkennt die Schwierigkeit dieser Konzeption nicht, merkt aber an, dass ein öffentlicher Raum für eine echte europäische Debatte, die den Bürgern politische Meinungsbildung und -austausch zu Fragen erlaubt, die von unionaler Relevanz sind, einen hinreichenden Kontext für die Ausbildung von Akzeptanz und Solidarität zwischen den Bürgern schaffen kann.

403 *Habermas*, Faktizität und Geltung, S. 624; *Bryde*, Staatswissenschaften und Staatspraxis 1994, S. 305 - Irrweg der Demokratietheorie.

404 *Nettesheim*, FS Häberle, S. 193; *Wahl*, FS Hofmann, S. 113 (144). Subjekt demokratischer Legitimation sind die europäischen Bürger, Peters, Elemente einer Theorie der Verfassung Europas, S. 651; *Steinberger*, VVDStRL 50 (1991), S. 9 (23); *Bryde*, Staatswissenschaften und Staatspraxis 1994, S. 305, 316; *Kluth*, Die demokratische Legitimation der Europäischen Union, S. 43; *Augustin*, Das Volk der Europäischen Union. Zu Inhalt und Kritik eines normativen Begriffs, S. 391 f.

405 Während der deutsche Nationalismus sich ethnisch definierte, traten *ethnos* und *demos* in Frankreich schon früh auseinander. Mit den Arbeiten des *Abbé Sieyès* und der Französischen Revolution wandelte sich die Bedeutung der Nation. In Opposition zum *Ancien Régime* gründete sich eine demokratische Willensgemeinschaft der Bürger. Diese Bürgerschaft ist danach eine politisch-kulturell-sprachliche Gemeinschaft, keine ethnisch definierte vorpolitische Größe, ausführlich *Peters*, Elemente einer Theorie der Verfassung Europas, S. 654. Für *Sieyès* war die Nation eine Körperschaft von Gesellschaftern, die unter einem gemeinschaftlichen Gesetz leben und durch dieselbe gesetzgebende Versammlung repräsentiert werden, *Sieyès,* Was ist der dritte Stand?, in: Politische Schriften 1788-1790, X. Kapitel, S. 124. Sie wird zur Quelle der staatlichen Souveränität. Jeder Nation soll das Recht auf politische Selbstbestimmung zustehen.

Wille im universalistisch-republikanischen Konzept wird von *Renan* in dem Ausspruch „*Qu'est-ce qu'une nation? C'est le plébiscite des tous les jours.*" auf den Punkt gebracht.

Nach dieser Lesart aktualisiert sich die Staatsbürgerschaft demnach einzig in der kollektiven Selbstbestimmungspraxis. Was die Bürger vereinigt, ist nicht die Volksnation als ein scheinbar ursprüngliches Substrat eines demokratischen Gemeinwesens, sondern der intersubjektive geteilte Kontext gemeinsamen Diskurses und Verstehens.[406] Die Teilnahme an diesem Diskurs oder täglichen Plebiszit erfolgt wertorientiert, freiwillig und durch den Einzelnen, nicht eine Ethnie oder homogene Korporation. Die gemischt liberal-republikanische Variante der Staatsbürgerschaft löst sich damit endgültig von der Zugehörigkeit zu einer vorpolitischen Gemeinschaft, die durch Abstammung, geteilte Tradition und gemeinsame Sprache geprägt ist.[407] *Demos* i.d.S. ist keine archaische Schicksalsgemeinschaft, sondern eine freiwillige Assoziation.[408] Während ethnische Gemeinschaft abstammungsmäßig fixiert und exklusiv ist, kann die bürgerliche Abstimmungsgemeinschaft durch politische Sozialisation und Akkulturation wachsen und steht den Menschen, die sich auf bestimmte politische und kulturelle Grundwerte verständigen, offen.[409] Als weiteres und notwendiges prägendes Element tritt daher die materielle Komponente der gemeinsamen Werte hinzu. In der französischen Tradition wurden die gemeinsamen Ideale der *liberté*, *fraternité* und *egalité* zum einenden Bezugspunkt der Nation gemacht. Diese politischen Ideale verkörpern die Seele des Kollektivs. Dies steht hinter *Renans* zweitem großem bekanntem Diktum „*une nation est une âme, un principe spirituel*".[410]

Die notwendigen Zutaten für einen solchen *demos* sind somit zum einen die Einrichtung von Verfahren und Institutionen für politische Deliberation und Beschlüsse sowie zum anderen die Anerkennung von Werten, die die politischen Prozesse durchwirken und verbinden. Nach der hier erörterten Auffassung würden auch die

406 *Habermas*, European Law Journal 1 (1995), 303 (305).

407 Nation bezeichnet hier das Ideal einer Solidargemeinschaft gleichberechtigter freier Bürger. Ihr Bezugsobjekt wechselt allerdings vom Dritten Stand auf das Staatsbürgertum und schließlich auf Jedermann, *Grawert*, in: Isensee/Kirchhof (Hrsg.), Handbuch des Staatsrechts, Bd. 2, Staatsvolk und Staatsangehörigkeit, § 16 Rn. 17.

408 *Peters*, Elemente einer Theorie der Verfassung Europas, S. 655 – die Zugehörigkeit zu dieser Bürgerschaft könne zwar nicht mit sofortiger Wirkung durch Beitrittserklärung erreicht werden, doch sind die Merkmale der Zugehörigkeit mit der Zeit erwerbbar.

409 *Delbrück*, Das Staatsvolk und die „Offene Republik", FS Bernhardt, S. 777 (785 ff.); *Sieyès*, Was ist der dritte Stand?, in: Politische Schriften 1788-1790. Mit Glossar und kritischer Sieyes-Bibliographie. Übersetzt und herausgegeben von Eberhard Schmitt und Rolf Reichardt, 6. Kapitel, S. 186 - Die Einheit bildet sich in der Einigkeit über das gemeinsame Freiheitsinteresse aller.

410 *Renan*, "Qu'est-ce qu'une nation?", in: Renan 1 Oeuvres complètes, S. 887 (903). zitiert nach *Peters*, Common Market Law Review 41 (2004), 37 (71 Fn. 127).

EU-Bürger eine politische Gemeinschaft in diesem Sinne bilden.[411] Der Träger demokratischer Herrschaft sind die Bürger Europas,[412] deren Repräsentanten im EU-Mehrebenensystem miteinander interagieren und regieren. Die Mitgliedschaft in dieser politischen Gemeinschaft wurzelt in *civic and political terms*.[413] Zugleich räumen die Vertreter dieser Auffassung aber ein, dass in der Tat nicht jeder gewillkürte Zusammenschluss von Bürgern auf der Grundlage gemeinsamer Werte demokratiefähig ist, da ein solcher auch die Fähigkeit zur Willensbildung (zwecks Selbstbestimmung) aufweisen muss, um sich als Legitimationssubjekt zu eignen.[414] Diese Fähigkeit eines demokratischen Subjekts zu einer eigenen Willensbildung, die innerhalb demokratischer Verfassungsstrukturen zu Entscheidungen führen kann und auch als demokratische Identität bezeichnet,[415] zeichnet gleichwohl auch die politische Gemeinschaft der EU-Bürger aus.

2. Demokratische Identität

Demokratische Identität ist nichts Vorrechtliches.[416] Zentrale Anforderung ist die Fähigkeit des Legitimationssubjekts, repräsentiert werden zu können; also eine politische Willensbildung zu entwickeln, die sich in verfassungsrechtlichen Institutionen abbilden lässt. Demokratische Identität einer politischen Gemeinschaft von Bürgern folgt daher aus der Intensität und Verdichtung der Rechtsproduktion durch diese Gemeinschaft und der Einrichtung eines institutionellen Ortes für ihre demokratische Repräsentation. Auch durch Verleihung von Rechten und Partizipationsmöglichkeiten kann eine Verdichtung zu einer demokratischen Mitgliedschaft eintre-

411 Statt am Volk kann eine Ausrichtung an politischer, nicht-national geprägter Gemeinschaft der Bürger der Union als Grundlage der Demokratie erfolgen, *Nettesheim*, FS Häberle, S. 193; *Wahl*, FS Hofmann, S. 113 (144); siehe auch oben Fn. 403, 404.

412 *Peters*, Elemente einer Theorie der Verfassung Europas, S. 658; *Grawert*, FS Quaritsch, S. 95 ff. Die notwendige Demokratisierung kann auch diesseits einer europäischen Volkseinheit durch Bekenntnis zu den Prinzipien der Demokratie und des Rechtsstaats im Rahmen der notwendigen rechtlichen Funktionsbedingungen bewerkstelligt werden.

413 *Weiler*, 1 European Law Journal (1995), 219 (252); *Maus*, Zur Aufklärung der Demokratietheorie. Rechts- und demokratietheoretische Überlegungen im Anschluß an Kant, S. 210 - Volk ist Rechtsgemeinschaft.

414 Selbstbestimmung im Rahmen einer demokratischen Ordnung setzt ein Subjekt voraus, das sich selbst bestimmen kann und will, *Möllers*, Gewaltengliederung, S. 53

415 *Möllers*, Gewaltengliederung, S. 54.

416 Die Ausbildung einer solchen demokratischen Identität ist notwendig; nicht aber auf nationalstaatliche Völker beschränkt. Über Mitgliedschaft und Verleihung demokratischer Partizipationsrechte kann das (bestehende) Subjekt selbst entscheiden, *Habermas*, Faktizität und Geltung, S. 648 - Die Zugehörigkeit zu einem Staatsvolk ist durch das Staatsangehörigkeitsrecht geregelt. Sie folgt nicht aus der Zugehörigkeit zu einer Nation als ethnisch homogene, durch gemeinsame Traditionen zusammengehaltene Schicksalsgemeinschaft.

ten.[417] Bürgerliche Souveränität und Gemeinschaft aktualisiert sich demnach durch rechtlich institutionalisierte Verfahren und die grundrechtlich ermöglichten Prozesse einer mehr oder weniger diskursiven Meinungs- und Willensbildung.[418] Rechnet man den erreichten Rechtsstatus und die Verdichtung der demokratischen Entscheidungsprozesse auf supranationaler Ebene zusammen, lässt sich eine eigenständige demokratische Identität auf supranationaler Ebene kaum leugnen. Zu den wesentlichen Eckpfeilern dieser Identität gehören neben der Unionsbürgerschaft und Möglichkeiten politischer Partizipation auf Unionsebene insbesondere die primärrechtlichen Organisationsnormen.[419] Die permantene Zuweisung neuer Politikfelder, die opulente Kompetenzausstattung von Gemeinschaftsorganen und ihre immer umfassenderen rechtlichen Regulierungsaktivitäten, drängen die Bedeutung der Nationalstaaten in der Rechts- und Politikproduktion stetig zurück. Besonders ausdrucksstarke Indikatoren einer wachsenden supranationalen Identität sind dabei die Abkehr von der Einstimmigkeitsregel bzw. der Konsens, dass rein konsensbezogene Verfahren nicht mehr genügen.[420] Gleiches lässt sich über die gewichtete Stimmverteilung sagen.[421] Als politische Kehrseite tritt eine (ebenfalls identitätsstiftende) Mäßigungswirkung ein, da durch die interne Mediation von Konflikten innerhalb des EU-Systems Friktionen zwischen den Mitgliedstaaten in international bislang einmaligem Ausmaß abgebaut werden.[422]

3. Gemeinsame Werte als Basis von Gemeinschaftlichkeit

Zu einem europäischen *demos* gehört nach dem Grundverständnis dieser Auffassung neben der Verdichtung politischer Entscheidungsprozesse aber auch das Bekenntnis

417 *Möllers*, Gewaltengliederung, S. 55, unter Verweis auf die europäische Integration. Ferner *Kadelbach*, Unionsbürgerschaft, in: v. Bogdandy (Hrsg.), Europäisches Verfassungsrecht, S. 539 (580 f.).

418 *Habermas*, Faktizität und Geltung, S. 649. Dass ein solches Modell deliberativer Politik eine künftige europäische Staatsbürgerschaft hervorbringen kann, lässt ein Rückblick auf die Geschichte der nationalstaatlichen Institutionalisierung staatsbürgerlicher Rechte erhoffen.

419 *Mayer/Palmowski* haben veranschaulicht, dass der Begriff der Identität selbst unscharf ist und mit historischer, kultureller, konstitutioneller, rechtlicher und institutioneller Identität verschiedene Identitätstypen konkurrieren bzw. koexistieren. Gemessen an diesen Maßstäben ist die europäische Identität rechtlich-institutioneller Natur, während eine historische Komponente kaum spürbar ist, *Mayer/Palmowski*, Journal of Common Market Studies 42 (2004), 573 (575).

420 *Möllers*, Gewaltengliederung, S. 247.

421 *Möllers*, Gewaltengliederung, S. 436.

422 *Mayer/Palmowski*, Journal of Common Market Studies 42 (2004), 573 (591) - Aggressiver Nationalismus sei in den Mitgliedstaaten dadurch in der Folge nicht mehr mehrheitsfähig. Europa überwinde auch, was Igantieff als „narcissism of minor differences“ bezeichnet hat.

zu gemeinsamen Werten auf überstaatlicher Ebene.[423] Vor allem die Bedeutung demokratischer Grundrechte ist daher sehr hoch. Gemeinschaftsgrundrechte, Grundfreiheiten, allgemeine fundamentale Rechtsprinzipien und künftig auch die Grundrechte-Charta, die insbesondere soziale Rechte hinzufügt, sind schon heute prägende Elemente europäischer Bürgerlichkeit.[424] Art. 6 EUV benennt in seinem ersten Absatz ausdrücklich die fundamentalen Rechtsprinzipien, die das Verständnis der EU prägen, namentlich die Grundsätze der Freiheit, der Demokratie, der Achtung der Menschenrechte und Grundfreiheiten sowie der Rechtsstaatlichkeit, die allen Mitgliedstaaten gemein sind. Sein zweiter Absatz unterstreicht die Achtung der Grundrechte, wie sie sich aus der europäischen Menschenrechtskonvention, den Grundfreiheiten und aus den gemeinsamen Verfassungsüberlieferungen der Mitgliedstaaten als allgemeine Grundsätze des Gemeinschaftsrechts ergeben. Die Grundlegung für dieses etablierte Verständnis findet sich bereits in einem frühen Dokument des Europäischen Rats über die „Europäische Identität" aus dem Jahr 1973. Darin werden trotz der anerkannten Vielfalt der Kulturen die Gemeinsamkeiten europäischer Zivilisation, die aus gemeinsamen rechtlichen, politischen und geistigen Werten und Prinzipien hervorgegangen sind und denen die Grundsätze der repräsentativen Demokratie, der Rechtsstaatlichkeit, der sozialen Gerechtigkeit sowie als Grundelemente der europäischen Identität die Achtung der Menschenrechte eigen sind, betont.[425] Die Union ist nach dem geflügelten Wort *Hallsteins* mithin primär eine Rechtsgemeinschaft.[426] Diesem Selbstbild als Gemeinschaft, die auf Rechtsstaatlichkeit und Freiheitsrechten fußt, hat der EuGH erst kürzlich in der Rechtssache „Kadi" prägnant Ausdruck verliehen und damit konkludent Andersartigkeit und Verrechtlichungsvorsprung gegenüber anderen klassischen internationalen Organisationen hervorgehoben.[427]

Die Rationalität eines solchen *civic and political commitment* einer europäischen Bürgergesellschaft auf der Grundlage eines gemeinsamen Wertebestandes, gemeinsamer Rechts- und Freiheitsüberzeugungen sowie gemeinsamer kultureller Wurzeln hat eine hohe normative Legitimationskraft, die eine hinreichende pychologische Affinität und damit ein Zugehörigkeitsgefühl schaffen kann.[428] In einem so gelager-

423 *Habermas* hat in diesem Zusammenhang den Begriff des Verfassungspatriotismus geprägt, Faktizität und Geltung, S. 642; siehe allgemein zur EU als Wertegemeinschaft *Speer*, DÖV 2001, S. 980 ff.

424 *Mayer/Palmowski*, Journal of Common Market Studies 42 (2004), 573 (594) - Quintessenz europäischer Identität sind heute institutionelle Mediation und Rechtsstaatlichkeit.

425 Dokument über die Europäische Identität, Europäischer Rat v. 14.12.1973, in: Auswärtiges Amt (Hrsg.), Europäische politische Zusammenarbeit, EPZ, S. 21 (21 ff., 50).

426 *Everling*, Die Europäische Union im Spannungsfeld von gemeinschaftlicher und nationaler Politik und Rechtsordnung, in: v. Bogdandy (Hrsg.), Europäisches Verfassungsrecht, S. 847 (880); *Zuleeg*, NJW 1994, 545 ff.

427 EuGH, Rs C-402/05 P und C-415/05 P, Urteil vom 3. September 2008 - Kadi und Al Barakaat International Foundation/Rat und Kommission m. Anm. *F. Meyer*, eucrim 2008, 79 ff.

428 *Weiler*, 1 European Law Journal (1995), 219 (252) - civic, non-organic-cultural terms. Die EU ist zuallererst Rechtsgemeinschaft, die auf der Grundlage geteilter Werte agiert. Der Supranationalismus ist für Weiler ein Wertesystem, der stark an das Wertesystem der Aufklärung

ten System ist primäres Bezugsobjekt politischer Gemeinschaft das Wertesystem und seine demokratischen Prozesse. Eine Wertegemeinschaft, die sich auf Grundrechte und demokratisch-rechtsstaatliche Prozesse und Strukturen gründet, kann nicht bei der Forderung nach vorstaatlicher Homogenität verharren.[429] Ein solches (Demokratie-)Konzept lebt vielmehr von der Gemeinwohl- und Werteorientierung der Politik, der aktiven Teilhabe und Zustimmung der Bürger auf der Grundlage fortwährenden republikanisch-tugendhaften Engagements der Bürger. [430] Verantwortlichkeit, Solidarität, Vertrauen, Toleranz, Kompromissbereitschaft gegenüber den Bürgern anderer Mitgliedstaaten innerhalb der EU schaffen die Basis für eine solche Kultur und spielen eine größere Rolle für demokratische Legitimation als vorrechtliche Identitätsvorstellungen.[431]

4. Emergenz eines europäischen demos

Legt man ein solches menschenrechtliches Demokratieverständnis zu Grunde, treten verfassungsmäßige Rechte und staatsorganisationsrechtliche Normen an die Stelle des Mythos „Volk“. Aus Sicht dieser Auffassung lässt sich daher auf solidem Fun-

und insbesondere des Liberalismus des 19. Jahrhundert anknüpft, S. 244 f. Es besteht also ein normatives Reservoir, das es ermöglicht, viele Präferenzen und Werte in den Nationalstaaten, die in dieser Tradition stehen, auch für die EU zu verwirklichen.

429 Homogenität ist weder zwingende noch exklusive Voraussetzung politischer Gemeinschaft in modernen Zivilgesellschaften oder Mitgliedschaft in einem Gemeinwesen. Sie kann ein Gefühl der Zusammengehörigkeit zwar erzeugen, notwendige Voraussetzung von Staat und Verfassung ist sie nicht, *Habermas*, Faktizität und Geltung, S. 643; *Bryde*, Staatswissenschaften und Staatspraxis 1994, S. 305, 322; Die wertebasierte Konzeption gewährleistet geradezu einen Anspruch auf Inhomogenität, *Pernice*, AöR 120 (1995), S. 100 (107). Es ist nicht das gemeinsame kulturelle Erbe, sondern die kulturelle Heterogenität und Vielfalt, die Europa kennzeichnen, *Mayer/Palmowski*, Journal of Common Market Studies 42 (2004), 573 (582).Geschützt wird die Gleichwertigkeit der Identitäten und Lebensgestaltungen, nicht deren Gleichartigkeit, *Thym*, WHI-Paper 1/97, www.whi-berlin.de/thym.htm, Rn. 68.

430 Auf diesem Fundament gründen sich Zusammenhalt und Bestand des Staates als politischer Wertegemeinschaft. *Habermas*, Faktizität und Geltung, S. 643: „Die demokratische Staatsbürgerschaft braucht nicht in der nationalen Identität eines Volkes verwurzelt zu sein; ungesehen der Vielfalt verschiedener kultureller Lebensformen, verlangt sie aber die Sozialisation aller Staatsbürger in einer gemeinsamen politischen Kultur.“

431 *Peters*, Common Market Law Review 41 (2004), 37 (77) Die Forderung nach einem organischen demos stünde geradezu im Widerspruch zu den grundsätzlichen Zwecken der europäischen Integration. Es bestehe auch keine sachlogische Verknüpfung, denn ethnos und demos ließen sich trennen. Mit telos und ethos Europas ist vor allem die Exklusionsfunktion des organischen demos-Begriffs unvereinbar. Zudem gebe es keinen Grund, warum der demos der Europäischen Union genauso definiert werden sollte wie derjenige einzelner Mitgliedstaaten und umgekehrt, *Weiler*, 1 European Law Journal (1995), 219 (256) Der Blick ins Ausland lehrt, dass sich politische Gemeinschaften auch in civic, non-organic-cultural terms bilden, S. 239. Die Gegenauffassung verkennt nach Weiler die anthropologische Landkarte Europas, denn sozialer Zusammenhalt politischer Gemeinschaften lässt sich in anderen Mitgliedstaaten der EU auch ohne Anknüpfung an vorstaatliche Homogenität schaffen.

dament vertreten, dass ein europäischer *demos* zumindest *in statu nascendi* existiert. Dessen Emergenz wird auch im Vertrag von Lissabon verdeutlicht. In diesem wird das Europäische Parlament nicht mehr als Vertretung der „Völker" bezeichnet, sondern als diejenige der Unionsbürger.[432] Die Heterogenität und Pluralität der umfassten Rechtsordnungen und Völker stehen der Entstehung einer kollektiven Identität ebenso wenig entgegen wie die Anziehungskraft des Nationalstaats als Fixpunkt politischer Gemeinschaftsbildung. Die vorliegende Konzeption versucht auf der Grundlage der implizierten Relativität des Begriffs der Identität im Einklang mit der Mehrebenenstruktur eine Vorstellung multipler und interferierender Identitäten zu entwickeln.[433] Sie manifestieren sich in verschiedenen Teilloyalitäten gegenüber der staatlichen und der supranationalen Teilrechtsordnung als wechselnden Ansprechpartnern, die nach Sachbereichen variieren. Dieser Identitätsbestand ist nicht auf Konkurrenz, sondern auf Ergänzung der mitgliedstaatlichen Identität angelegt.[434] Er spiegelt damit die Idee komplementärer Legitimation wider und bildet den realen Doppelstatus des EU-Bürgers ab.[435] Dieser Blickwinkel ermöglicht es, in koexistierenden multiplen *demoi* zu denken, wobei sich die jeweiligen Identifikationsfaktoren

432 Die individualistische Fundierung zeige sich auch an der Einräumung des Wahlrechts gem. Art. 19 EGV, dass jedem Unionsbürger nach seinem Wohnsitz, nicht hingegen nach Maßgabe seiner Staatsangehörigkeit zugewiesen ist, *Peters*, Elemente einer Theorie der Verfassung Europas, S. 660.

433 Dazu ausführlich *Elkins*, Beyond Sovereignty, Territory and Political Economy in the Twenty-first Century, S. 29-139.

434 *Everling*, Die Europäische Union im Spannungsfeld von gemeinschaftlicher und nationaler Politik und Rechtsordnung, in: v. Bogdandy (Hrsg.), Europäisches Verfassungsrecht, S. 847 (890); *Sander*, Repräsentation und Kompetenzverteilung, S. 616. Zu Recht führt Sander aber weiter aus, dass die Grenze einer so konzipierten europäischen Identität als legitimierendes Repräsentationssubstrat allerdings erreicht wäre, wenn das Europäische Parlament als Gesamtrepräsentant einer europäischen Staatsidentität fungieren soll. Wollte man das Europäische Parlament zum alleinigen Rechtsetzungsorgan ausbauen, würde dies zwar eine hinreichende Entsprechung von Repräsentation der gemeineuropäischen Identität und Verantwortlichkeit für die Normsetzung begründen, doch liefe dies auf eine vollständige Entkopplung vom Rückbindungszusammenhang an den mitgliedstaatlichen Willen hinaus, der über den Rat vermittelt wird. Dies widerspräche der Komplementärverfassung der EU. Dem Rat muss eine substantielle Mitverantwortlichkeit bei der Normsetzung belassen werden.

435 Diese Form des Supranationalismus negiert also weder Nationalstaatlichkeit und nationale Identitäten noch authentische, internalisierte nationale Kulturen. Sie nimmt ihnen aber den Vorwandcharakter und betont transnationale Gemeinsamkeiten, Werte und Verpflichtungen, bezüglich derer die Völker Europas in ihrer Gesamtheit betroffen sind. Gesonderte regionale oder nationale Gemeinschaftlichkeit wird respektiert aber bei Einschlägigkeit transnationaler Problemstellungen, die vielfach auch ganz neuartige Fragen berühren, für die im Nationalstaat keine Berührungsflächen existieren, auf ihr authentisches Maß, z. B. über Subsidiarität und Art. 6 III EUV, beschränkt und vom Ballast kultureller Mythen und nicht belastbarer nationaler Scheinselbstvergewisserungen befreit. Im dem Bereich, der von regionaler oder nationaler Gemeinschaftlichkeit nicht erfasst wird, verfügt der Supranationalismus aber auch über das Potential innerhalb seines Wirkungskreises eine eigenständige, komplementäre Identität und Loyalität auszubilden.

für den nationalen und supranationalen *demos* unterscheiden können.[436] Dieses weite Verständnis fördert und respektiert Diversität, fängt aber auch transnationale Bedürfnisse und Präferenzen ein und bekennt sich zu gemeinsamen Werten, die ethisch-kulturelle Grenzen transzendieren. Innerhalb des EU-Mehrebenensystems ist daher die gleichzeitige Zugehörigkeit zu mehreren *demoi*, d.h. national oder gar organisch-kulturell einerseits und supranational wertebasiert andererseits, möglich.[437] Identitätsbildung ist kein Nullsummenspiel zwischen supranationalen und nationalen Identitäten. Eine Schwächung bis hin zur ernsthaften Unterminierung nationaler Identität ist keine notwendige Folge der Entstehung europäischer Kollektivität.[438] Legt man diese Konzeption der Transformation des Demokratieprinzips auf die europäische Ebene zu Grunde, lässt sich die Demokratiefähigkeit der EU in der Theorie friktionsfrei herleiten.

5. Demokratietheoretische Irrelevanz realer Defizite

Fraglich erscheint indessen, ob die vierte Prämisse im politischen Alltag der Union auch mit Leben gefüllt wird. Die Gemeinsinn- oder Identitätskomponente kollektiver Identität ist auf den ersten Blick erst dann erfüllt, wenn eine gegenseitige Anerkennung als autonome gleichberechtigte Partner mit gemeinsamen Orientierungen vorliegt und sich Interessen ausbilden, die sich auf den sozialen Handlungszusammenhang als Ganzes beziehen und eine Kommunikationsgemeinschaft diese Interessen diskursiv ermittelt.[439] Damit die EU vollumfängliche demokratische Legitimati-

436 *Weiler*, 1 European Law Journal (1995), 219 (254 ff.); *Peters*, Elemente einer Theorie der Verfassung Europas, S. 655, spricht von einem europäischen *demos* trotz Vielfalt der nationalen *ethnoi*. Auch *Mayer/Palmowski*, Journal of Common Market Studies 42 (2004), 573 (591), zeigen, dass Nationalität kein exklusives Konzept ist, sondern auf supranationaler Ebene komplementiert werden kann. Dies eröffne den Weg für die Vorstellung einer *composite identity*.

437 Mehrfache Zugehörigkeit zu verschiedenen Legitimationssubjekten in mehrdimensional aufgegliederten Herrschaftssystemen lassen sich überzeugend begründen, *Schliesky*, Souveränität und Legitimität von Herrschaftsgewalt, S. 733. Die europäische Identität komplementiert die nationale, *Peters*, Common Market Law Review 41 (2004), 37 (76); *Sommermann*, FS Tomuschat, S. 1051 (1065), spricht von ebenenkongruenten Öffentlichkeiten.

438 Die Entstehung europäischer Kollektivität zieht auch keinen Fortfall oder Wechsel von Loyalitäten nach sich, sondern erweitert diese infolge der multiplen Identitäten, *Peters*, Common Market Law Review 41 (2004), 37 (77). Die multiplen Loyalitäten folgen den Bedingungen modernen Lebens und komplementieren die Beziehungen zum Nationalstaat. Sie treten nicht in ein potentiell zerstörerisches Konkurrenzverhältnis ein. Mehrere *demoi* können so Seite an Seite fortbestehen und formen das politische Leben der Union. Entlang dieser Strukturen muss die Gestaltung der politischen Prozesse erfolgen, um ihr legitimierendes Potential einzufangen. Die Verdopplung und Koexistenz der Identitäten auf der Grundlage eines Modells der multiplen Loyalitäten ist insofern als abstraktes Konzept tragfähig.

439 *Zürn*, Regieren jenseits des Nationalstaats, S. 239. Ein Schlüsselmoment ist, den europäischen Bürger dazu zu bringen, europäische Gemeinwohlinteressen in seine Entschlüsse einzubeziehen und sich eher auf diese zu konzentrieren als die spezifischen Interessen seines Na-

on erfahren kann, müssen sich die Bürger der Mitgliedstaaten auch in der Lebenswirklichkeit über ihre Zugehörigkeit zum Nationalstaat hinaus als Bürger Europas und einer Gemeinschaft, die territoriale Grenzen transzendiert, begreifen lernen.[440] Sie müssen europäische Werte internalisieren und leben.[441] Die beträchtlichen real existenten Probleme sollen auch hier im Anschluss nur knapp referiert werden, da die vorliegend behandelte Auffassung in der Ausbildung derartiger soziopolitischer Rahmenbedingungen kein historisch-kulturelles Apriori sieht.[442] Den Verfechtern europäischer Demokratiefähigkeit ist gleichwohl durchaus bewusst, dass diese psychologisch-soziologische Dimension der Bildung politischer Gemeinschaft nicht übersehen werden darf.[443] Es sind daher auch gewisse Differenzierungen bei der Beurteilung auszumachen, ob und inwiefern diese Faktoren demokratienotwendig sind. *Möllers* definiert den Begriff der demokratischen Identität von vornherein unabhängig von soziologischen, vorrechtlichen Voraussetzungen.[444] Zu ihrer Beurteilung legt er allein rechtswissenschaftliche Maßstäbe an.[445] Auch *Peters* sieht die Grund-

tionalstaats. Es muss zählen, was das Beste für die Union ist. Dieser Prozess wird auf lange Sicht gemeinsame Werte nähren und verfestigen und schließlich zur Formation einer Gemeinschaft im normativ-affirmativen Sinn führen, *Etzioni*, Journal of Common Market Studies 45 (2007), 23 (39).

440 *Everling*, Die Europäische Union im Spannungsfeld von gemeinschaftlicher und nationaler Politik und Rechtsordnung, in: v. Bogdandy (Hrsg.), Europäisches Verfassungsrecht, S. 847 (890).

441 Die Werte der Bürger in der EU werden zumeist als partikular nationale angesehen. Dennoch scheint es einige geeignete EU-spezifische Werte zu geben, *Etzioni*, Journal of Common Market Studies 45 (2007), 23 (33 f.). Dazu zählen strenges Gewaltverbot, Soziale Marktwirtschaft, Vergangenheitsbewältigung. Hinreichend für die Ausbildung einer demokratiefähigen politischen Gemeinschaft ist aber schon die Bereitschaft, parlamentarische Mehrheitsentscheidungen zu akzeptieren, ohne aktiv am Meinungsbildungsprozess teilhaben zu müssen, *Schilling*, Staatswissenschaften und Staatspraxis 1996, 387 (402).

442 Habermas bemerkt, dass ein ethisch-politisches Selbstverständnis der Bürger kulturhistorisch keine apriorische Voraussetzung von Demokratie ist. Eine präpolitische kollektive Identität sei kommunikationstheoretisch nicht vonnöten, denn was demokratische Willensbildung und kollektive Identität möglich macht, sei nicht Homogenität der Gemeinschaft, sondern rechtlich institutionalisierte Kommunikationsplattformen für die Bürger zu schaffen. Kollektive Identität ist Produkt eines kommunikativen Kontexts, *Habermas*, European Law Journal 1 (1995), 303 (304 ff.).

443 Laut *Weiler* entspringt das Bedürfnis nach ontologischer oder metaphysischer Bedeutung von Zugehörigkeit und Herkunft einem tiefen menschlichen Bedürfnis, *Weiler*, 1 European Law Journal (1995), 219 (245 f.); so auch *Haltern*, Was bedeutet Souveränität?, S. 78, 84 f. Nach *Weiler* war die Gründung des Nationalstaates die Antwort auf dieses Verlangen, was wiederum die Pflege autochthonen Selbstverständnisses befördert. In der aktuellen Debatte weist der Homogenitätsgedanke daher immer noch eine hohe sozialpsychologische Attraktivität auf, die in seiner identitätsstiftenden Wirkung liegt.

444 *Möllers*, Gewaltengliederung, S. 54; ähnlich *Maus*, Zur Aufklärung der Demokratietheorie. Rechts- und demokratietheoretische Überlegungen im Anschluß an *Kant*, S. 210 – Der europäische demos ist eine Rechtsgemeinschaft. Seine Identität ist normativ, nicht soziologisch zu bestimmen.

445 Es ist laut *Möllers* ein Missverständnis über den Bedeutungsgehalt des Demokratieprinzips mit der Forderung nach einem europäischen Volk, die Ausformung eines kollektiven Sub-

lage einer hinreichenden europäischen Identität in einer partizipatorischen Infrastruktur,[446] doch kommt sie nicht ohne soziologische Komponente aus. Die partizipatorische Infrastruktur müsse sich auf kognitive und ethische Voraussetzungen stützen.[447] Dies sind laut *Peters* Wissen über die europäische Gemeinschaft, die ethische Kompetenz, Entschlüsse am europäischen Gemeinwohl auszurichten sowie ein materieller Grundkonsens bezüglich der Verfahren der politischen Entscheidungsfindung, d.h. Mehrheitsprinzip als Konfliktlösungsregel. [448] Hauptproblem europäischer Demokratie sei daher neben der Intransparenz politischer Prozesse die Unterentwicklung einer europäischen Öffentlichkeit und einer europäischen öffentlichen Meinung.[449] *Habermas* sekundiert, dass die rechtlich institutionalisierte Staatsbürgerrolle in eine politische Gemeinschaftskultur eingebettet sein muss. Es bedürfe eines Gemeinbewusstseins. Ein gelebter Verfassungspatriotismus könne als gemeinsamer, verbindender Nenner genügen.[450] Doch stimmen die wesentlichen Protagonisten letztlich darin überein, dass ein Politisierungsdefizit nicht die grundsätzliche Demokratiefähigkeit beseitigt.[451] Außerrechtliche Funktionsbedingungen seien in der Demokratie entwicklungsfähig.[452] Andernfalls würden tatsächliche Funktionsbe-

jekts, das in einem demokratischen Willensbildungsprozess überhaupt erst abgebildet werden könne, zur Demokratievoraussetzung zu erheben, *Möllers*, Demokratie – Zumutungen und Versprechen, S. 89.

446 *Peters*, Elemente einer Theorie der Verfassung Europas, S. 707 ff. - Identität existiert in nuce.

447 *Peters*, Elemente einer Theorie der Verfassung Europas, S. 713 - und zwar anstelle von Sprache als Voraussetzung von Identität und Nationalkultur; vgl. schon zuvor *Hobsbawm*, Nation und Nationalismus. Mythos und Realität seit 1780, S. 59 ff.

448 Vorhandensein muss also über die Einräumung von Mitwirkungsfreiheit an den Angelegenheiten einer politischen Gemeinschaft hinaus ein gewisser politischer Einigungswille und eine transnationale Entscheidungskultur, *Peters*, Elemente einer Theorie der Verfassung Europas, S. 656 f. Hierfür sei ein homogenes Legitimationssubjekt auf supranationaler Ebene nicht entscheidend, sondern die Abwesenheit von fixen Spaltungen als Voraussetzung für Mehrheitsdemokratie (und potentiell wechselnde Mehrheiten), S. 712.

449 *Peters*, Elemente einer Theorie der Verfassung Europas, S. 714 ff.

450 *Habermas*, Faktizität und Geltung, S. 642. Demokratische Staatsbürgerschaft verlangt also die Sozialisation aller Staatsbürger in einer gemeinsamen politischen Kultur. Die wachsenden grenzüberschreitenden Fragestellungen müssen Kommunikationszusammenhänge herstellen, die europaweite Öffentlichkeit hervorbringen. Die kulturelle Abschottung nationaler Öffentlichkeiten muss überwunden werden. Gerade in den legitimationswirksamen Debatten zur Europapolitik verbirgt sich großes Potential zur Entdeckung gemeinsamer politischer Kultur. Erst wenn die Dinge vor dem europäischen Hintergrund und mit Blick auf die Rolle Europas in der Welt des 21. Jahrhunderts gesehen werden, gibt es Hoffnung auf Ausdifferenzierung eines gemeinsamen europäschen politischen Selbstverständnisses.

451 Für eine funktionierende Demokratie seien außerrechtliche Faktoren wie eine gewisse Verstetigung der Mitgliederstruktur und ein gemeinsamer Erfahrungsschatz im Umgang mit Politik zwar wichtig, *Möllers*, Gewaltengliederung, S. 54; so schon *Heller*, Staatslehre, S. 156 ff. Notwendig ist indessen allein das Bestehen essentieller Anlagen, die die Fähigkeit eines demokratischen Subjekts zu einer eigenen Willensbildung verbürgen.

452 *Peters*, Elemente einer Theorie der Verfassung Europas, S. 656.

dingungen unzulässig in den Rang normativer Legitimationskriterien erhoben.[453] Die Verfechter der Demokratiefähigkeit verstehen das Vorhandensein europäischer Identität und europäischer Öffentlichkeit also nicht als vorrechtliche Voraussetzung, sondern einen Vorzug eines gut funktionierenden EU-Mehrebenensystems.[454] Diese sind Folge, nicht Grundlage demokratischer Kultur.

Die gegenwärtig vorfindlichen Defzite sind freilich beträchtlich.Die Abwesenheit von fixen Spaltungen als Voraussetzung für Mehrheitsdemokratie und die assoziative Einbettung in eine politische Gemeinschaftskultur, die mitgliedstaatliche Grenzen transzendiert, lassen sich empirisch noch nicht belegen. Nationale Identitäten und Fixierungen scheinen vielmehr als Spaltkeil zu fungieren. Nicht unerheblich befördert durch die gezielte Instrumentalisierung nationaler Ängste und Präferenzen durch Politiker in den Mitgliedstaaten ist die nationale Staatsangehörigkeit trotz Internationalisierung und Universalisierung der Menschenrechte weiterhin das markanteste personale Unterscheidungskriterium zwischen den Bürgern Europas.[455] Die nationalstaatlich organisierte Kollektivität hat ihre außergewöhnliche Anziehungs- und Beharrungskraft trotz der verstärkten Einbindung des Nationalstaats in internationale oder supranationale Organisationen nicht eingebüßt und ist mit der staatsbürgerlichen Identität untrennbar verbunden.[456] Der Mensch denkt und lebt immer noch

453 *Schliesky*, Souveränität und Legitimität von Herrschaftsgewalt, S. 711 ff. Die Beziehung zwischen öffentlichem Diskurs und Legitimität der EU wirft erhebliche Fragen auf. Welche Auswirkungen die Stabilität der nationalen Öffentlichkeiten auf die Legitimation der EU hat, ist bislang nicht zufrieden stellend beantwortet worden, *B. Peters/Weßler/Sifft/Wimmel/ Brüggemann/Kleinen-von Königslöw*, Die Transnationalisierung von Öffentlichkeiten am Beispiel der Europäischen Union, in: Leibfried/Zürn (Hrsg.), Transformation des Staates?, S. 230 (257). Den meisten Klagen lägen Wertungen zu Grunde. Es fehle an normativ notwendigen Bedingungen von Demokratie. Davon zu unterscheiden sei aber die empirische Legitimität. Bislang gebe es keine überzeugenden Antworten auf die Relevanz empirisch nachweisbarer transnationaler Öffentlichkeit für die Akzeptanz der EU, S. 253 f. Die Autoren selbst halten die Erwartung, dass eine stärkere Europäisierung öffentlicher Diskurse auch zu einem mittelfristigen Anstieg empirischer Legitimität führt, für unrealistisch. Es bestünde nicht einmal ein Hinweis darauf, dass die EU wegen einer fehlenden europäischen Öffentlichkeit an einem empirischen Legitimationsdefizit leide, S. 257.

454 *Peters*, Common Market Law Review 41 (2004), 37 (78) - Die oben genannten Faktoren sind keine a priori Bedingungen demokratischer Herrschaft, sondern können sich auch erst im Rahmen von Herrschaftsstrukturen entfalten, ohne dessen demokratische Legitimation per se in Frage zu stellen.

455 *Grawert*, in: Isensee/Kirchhof (Hrsg.), Handbuch des Staatsrechts, Bd. 2, Staatsvolk und Staatsangehörigkeit, § 16 Rn. 65 – Bestrebungen, dieses Kriterium überflüssig zu machen, werden keinen Erfolg haben, solange Staaten die maßgebenden Akteure im Völkerrechtsverkehr sind. Die funktionale Integration der Völker wird zwar durch Europäisches Parlament und Mehrheitsprinzip im Rat gestärkt, doch bauen die Mitgliedstaaten einer Unitarisierung vor, indem sie sich ihre Position als Herren der Verträge erhalten.

456 Dies scheint auch eine jüngere empirische Studie der Europäisierung von politischen Inhalten, der Europäisierung von kollektiven Identitäten und der Europäisierung des diskursiven Austausches zu unterstreichen, vgl. *B. Peters/Weßler/Sifft/Wimmel/Brüggemann/Kleinen-von Königslöw*, Die Transnationalisierung von Öffentlichkeiten am Beispiel der Europäischen

in den Kategorien des Nationalstaats.[457] Die Nation ist zugleich ein Glaubenssystem, eine *imagined community*, innerhalb derer die einzelnen Mitglieder und ihre Gemeinsamkeiten über ein spirituell-mythisches Band zu einem größeren transpersonalen Ganzen raffiniert werden.[458] Derartige Imaginationskraft vermag die EU nicht zu entfalten, weshalb sie nur in stark reduziertem Maß soziale Kohäsion erzeugt. Supranationalisierung ersetzt noch nicht die Funktionen der Staatsangehörigkeit. Die Staats- bzw. Nationenangehörigkeit begründet ein besonderes wechselseitiges zu Schutz und Treue verpflichtendes, völker- und staatsrechtlich maßgebliches gegenseitiges Rechtsverhältnis zwischen dem sie verleihenden Staat und den ihm dadurch rechtsverbindlich zugeordneten Staatsbürgern.[459] Ein vergleichbares Verhältnis be-

Union, in: Leibfried/Zürn (Hrsg.), Transformation des Staates?, S. 230. Die Studie basiert auf einer Auswertung von fünf angesehenen europäischen Tageszeitungen im Zeitraum von 1982-2003. Sie ergab, dass EU-Institutionen zunehmend häufiger im politischen Diskursen erwähnt werden, ohne dass EU-Themen allerdings die internationale Politik in den Hintergrund drängen würde, S. 241 (Abbildung 7.3, 7.4). Die Autoren bemerken dabei eine vertikale segmentierte Europäisierung. EU-Politik wird verstärkt diskutiert, doch jeweils nur im nationalstaatlichen Rahmen. Europäische Kollektivnamen und Wir-Bezüge tauchen in den untersuchten Medien kaum auf, S. 245 (Abbildung 7.5, 7.6). Eine Europäisierung oder Transnationalisierung kollektiver Identität war nicht auszumachen.

457 Genuin europäische Fragen und Bezüge finden nur schleppend Eingang in die nationale politische Arena, *Ross*, Journal of Common Market Studies 46 (2008), 389 (408). Kommunikationsströme über nationale Grenzen hinweg in Gestalt diskursiver Referenzen ins Ausland oder ausländischer Beiträge haben nicht signifikant zugenommen, *B. Peters/Weßler/Sifft/Wimmel/Brüggemann/Kleinen-von Königslöw*, Die Transnationalisierung von Öffentlichkeiten am Beispiel der Europäischen Union, in: Leibfried/Zürn (Hrsg.), Transformation des Staates?, S. 230 (247 f.). Dass das Netz der transnationalen Kommunikationsflüsse weiterhin lückenhaft ist und sich die Infrastrukturbedingungen zur kollektiven Willens- und Meinungsbildung auf EU-Ebene noch im Aufbau befinden, ist nur eine Erklärung für das Ausbleiben einer Europäisierung des Diskurses. Es fehle überdies an der Voraussetzung einer Diskursgemeinschaft, deren Hintergrund eine geteilte öffentliche Kultur, ein Repertoire an Symbolen, Wissen und Werten bilden, die für die nationale Gemeinschaft wichtig sind, S. 251. Diese sozialen und kulturellen Grundlagen fehlen in der EU ebenso wie institutionelle Strukturen auf politischer Ebene, um Diskurse zu führen, die denjenigen vergleichbar sind, die in Nationalstaaten stattfinden, S. 252 f.

458 Die Ausbildung kultureller Identitäten ist oft konstruiert oder imaginativ, vgl. grundlegend *Anderson*, Imagined Communities: Reflections on the Origin and Spread of Nationalism (1991). Es ist gerade diese Transzendenz, die als politische Theologie hinter politischer Gemeinschaft steht und sinnstiftend sein kann, *Haltern*, FS Tomuschat, S. 867 (882). Dabei nimmt er starke Anleihen bei *Schmitt*, Politische Theologie, S. 43 – "Alle prägnanten Begriffe der modernen Staatslehre sind säkularisierte theologische Begriffe."

459 IGH, Nottebohm Case, ICJ Rep. 1955, 4 (33); *Hillgruber*, in: Isensee/Kirchhof (Hrsg.), Handbuch des Staatsrechts, Bd. 2, Der Nationalstaat in der überstaatlichen Verflechtung, § 32 Rn. 28. Die Staatsangehörigkeit bildet die rechtliche Voraussetzung für den gleichen staatsbürgerlichen Status des Einzelnen, der einerseits gleiche Pflichten, andererseits und insbesondere aber auch die gleichen staatsbürgerlichen Rechte vermittelt, durch deren Ausübung die Staatsgewalt demokratische Legitimation erfährt, BVerfGE 83, 37 (51).

gründet die Unionsbürgerschaft nicht.[460] Trotz Fokussierung auf das Individuum und seine Rechte auf der Grundlage eines menschenrechtlichen Demokratiebegriffs fehlt es an transnationalem Zusammengehörigkeitsgefühl, das regionale, nationale kulturelle oder religiöse Unterschiede überwindet oder zumindest unter wechselseitiger Anerkennung in einen konsentierten paneuropäischen Rahmen setzt. Rechtliche Verbürgungen wie Artikel 6 II EUV, die einen allgemeinen Werterahmen für das Zusammenleben schaffen, haben sich als nicht wirkungsstark genug erwiesen, um der EU als politischer Gemeinschaft Leben einzuhauchen. Es kann daher nicht überraschen, dass auch die Bereitschaft, politische Entscheidungen von den gemeinsamen Interessen aller her zu treffen, bei den Bürgern Europas erst schwach ausgeprägt zu sein scheint. Es besteht ein veritables Defizit an Gemeinschaftlichkeit.[461] Die Emergenz einer transnationalen Gemeinschaft ist jedoch von essentieller Bedeutung für den Übergang der EU zu engeren Integrationsformen und noch vor dem Demokratiedefizit zu lösen.[462] Ob nationale Präferenzen hier unüberwindliche Zentrifugalkräfte erzeugen, mag mit Fug und Recht bezweifelt werden, solange die Ausgestaltung der derzeitigen Politikprozesse und die Politisierung der Gemeinschaft noch erheblichen Spielraum für die Aufarbeitung dieses Gemeinschaftsdefizits lassen. Grundvoraussetzung dafür ist freilich, wie von *Habermas* und *Peters* herausgestellt, ein hinreichendes Wissen über Ziele und Strukturen der EU und das Erleben europarechtlicher Bezüge im eigenen Alltag. Die gemeinsamen Herausforderungen, die zuvor als Triebfeder hinter der gemeinsamen Ausübung von Souveränitätsrechten ausgemacht worden sind, scheinen noch keinen Eingang in das Bewusstsein der Bevölkerung gefunden zu haben. Insbesondere die Globalisierung schafft bislang nur das Gefühl gemeinsamer Betroffenheit, nicht jedoch Gemeinschaftsgefühl auf der Basis gemeinsamer Werte und Überzeugungen.[463] Sinn und Zielrichtung des Gemeinschaftsprojekts sind für die große Masse der EU-Bürger zu undeutlich, als dass sie zur Gemeinschaftsbildung beitragen könnten.[464]

460 Dazu *Kadelbach*, Unionsbürgerschaft in: v. Bogdandy (Hrsg.), Europäisches Verfassungsrecht, S. 539 (545 ff.).

461 *Etzioni*, Journal of Common Market Studies 45 (2007), 23 (39); *Scharpf*, Governing in Europe - Effective and Democratic?, S. 9 – far from having achieved the " thick" collective identity we have come to take for granted in national democracies. Geteilt wird zwar das Ethos des Wohlfahrtsstaats, doch findet eine gemeinsame Sozialpolitik nicht statt. Ebenso bleiben die Steuerpolitiken separiert.

462 *Etzioni*, Journal of Common Market Studies 45 (2007), 23 (31).

463 *Zürn*, Regieren jenseits des Nationalstaats, S. 249. Realitäten und Nutzen der EU-Mehrebenenregierung vor den Herausforderungen der Globalisierungen werden nicht wahrgenommen und wirken schon gar nicht identitätsbildend, *Ross*, Journal of Common Market Studies 46 (2008), 389 (408).

464 Zur Sicherung hinreichender Legitimation fehlten derzeit die großen gemeinsamen Projekte, die dem Bürger vor Augen führen, was der große Sinn und Zweck der EU ist, *Ross*, Journal of Common Market Studies 46 (2008), 389 (404). Der schleichende funktionale und territoriale Erweiterungsprozess hat eine Verwischung der Finalitäten der EU zur Folge und schadet daher der Wahrnehmbarkeit ihrer Funktion und Nützlichkeit, S. 396. Die neu entstandene

Überhaupt mangelt es an einer Politisierung der EU-Agenda.[465] Die europäische Entwicklung vollzieht sich außerhalb des Blickfelds der Öffentlichkeit in seltsam distanzierter Weise. Die Bürger begreifen die EU nicht als ihr Projekt,[466] sondern als eine europäische Sonderform der Regierungskooperation.[467] Hierzu trägt auch bei, dass die Kommission ihre Vorreiterrolle stark eingebüßt hat und nicht mehr entschieden Gemeinschaftsinteressen verficht, sondern ihre Arbeitsweise zunehmend intergouvernementaler wird und infolge dieses Kräfteschwunds gegenüber den Regierungen an Gewicht verliert. [468] Damit ein Bewusstsein europäischer politischer Gemeinschaft reifen kann, bedarf es also insbesondere verbesserter Strukturen zur effektiven Repräsentation und Partizipation. Inhaltlich fehlt es vor allem an einem Kampf um politische Führerschaft zur Bestimmung der EU-Politik auf europäischer Ebene.[469] Politischer Wettstreit ist ein essentielles Element politischer Meinungsbildung. Ein solcher politischer Diskurs kann auch die Wirkung der Identitätsbildung haben.[470] Gravierend erscheint diesbezüglich freilich das Problem der Sprache. Die Mehrsprachigkeit ist zumindest eine Hürde für die Bildung einer kollektiven europäischen Identität.[471]

Der unbefriedigende Verfestigungsgrad politischer Gemeinschaft auf EU-Ebene beseitigt nach dieser Konzeption nicht die Fähigkeit zu demokratischer Herrschaft. Demokratie bleibt ein normatives Konzept.[472] Entscheidend ist allein die Begrün-

Komplexität schadet der Berechenbarkeit und Verständlichkeit von EU-Politik, vor allem gegenüber dem Bürger, S. 397.

465 *Follesdsal/Hix*, Journal of Common Market Studies 44 (2006), S. 533 (557).

466 *Ross*, Journal of Common Market Studies 46 (2008), 389 (396) - little sense of ownership.

467 Es besteht ein großes Missverhältnis zwischen Integrationsgrad und Erweiterung der Kompetenzen gegenüber dem Gemeinschaftsgefühl der Bürger, das weder kongruent noch ähnlich tief ist. Die Aufmerksamkeit der nationalen Öffentlichkeiten für Gegenstände und Akteure der EU-Politik hat sich in den vergangenen zwanzig Jahren erhöht, ohne zu einer stärkeren Identifikation mit Europa und einer verstärkten transnationalen Diskussion zu führen. Der Europäisierungsgrad nationaler Öffentlichkeiten hinkt dem Wandel der Staatlichkeit innerhalb der EU entscheiden hinterher, *B. Peters/Weßler/Sifft/Wimmel/Brüggemann/Kleinen-von Königslöw*, Die Transnationalisierung von Öffentlichkeiten am Beispiel der Europäischen Union, in: Leibfried/Zürn (Hrsg.), Transformation des Staates?, S. 230 (249). Auch nach der empirischen Studie von *Ross*, Journal of Common Market Studies 46 (2008), 389 (409), hülfen Politisierung der EU-Institutionen und Europäisierung des Denkens der Mitgliedstaaten als Gegenmittel. *Ross* führte eine Vielzahl von Interviews mit EU-Eliten, insbesondere EU-Beamten und hohen politischen Verantwortlichen, die der EU Richtung und Bedeutung geben.

468 Ihre Integrationswirkung hat stark nachgelassen, was auf ihre Vergrößerung und Besetzung zurückgeführt wird, *Ross*, Journal of Common Market Studies 46 (2008), 389 (400 f.). Die Veränderung lässt sich auch daran festmachen, dass sich die Kommissare zunehmend als Emissäre nationaler Interessen gerieren.

469 *Follesdal/Hix*, Journal of Common Market Studies 44 (2006), S. 533 (552).

470 *Follesdal/Hix*, Journal of Common Market Studies 44 (2006), S. 533 (550).

471 *Pache*, 117 DVBl. (2002), 1154 (1157, 1159); relativierend *Peters*, Common Market Law Review 41 (2004), 37 (75) - keine conditio sine qua non für demokratischen Diskurs.

472 *Möllers*, Demokratie – Zumutungen und Versprechen, S. 12.

dung der normativen Fähigkeit zur Selbstbestimmung. Repräsentations-, Leitungs- und Entscheidungsstrukturen müssen hervorgebracht werden, damit der *demos* sich stabilisieren und verfestigen kann.[473] Außerrechtliche Funktionsbedingungen müssten insofern als dynamisch erkannt werden.[474] Es gehe um graduelle Prozesse des Anstoßens einer europäischen Willensbildung, die durch Einrichtung demokratischer Entscheidungsverfahren, d. h. institutionelle Angebote, zu fördern sind. Die Fortsetzung dieser bereits begonnenen Entwicklung kann bewusstseinsbildend und loyalitätsverlagernd wirken. Ihre Ausreifung darf innerhalb demokratiefähiger Strukturen im Laufe der Zeit als Produkt gezielter Gemeinschaftsbildung erfolgen.[475] Die dazu zwingend nötigen rechtlichen Anlagen bestehen. Der Reformvertrag brächte diesbezüglich weiteren Fortschritt. Wichtige Ansätze zur Ausbildung von politischer Gemeinschaft sind vorhanden. Zu nennen sind vorrangig Transparenzklausel, Zugang der Öffentlichkeit zu Beratungen des EP und des Rats während der Gesamtphase des Legislativprozesses einschließlich der Publikation sachdienlicher Dokumente, aber auch die europäische Bürgerinitiative mit einem Quorum von 1 Million als Kontrollinstrument der Gubernative. Die diplomatische Natur des Aushandlungs- und Abstimmungsprozesses wirkt freilich kontraproduktiv und strahlt negativ auf das gesamte Vertragswerk aus, das eben nicht den Geist eines "Gemeinschaftswerks“ atmet. Gleichwohl spricht dieser Aspekt nicht grundsätzlich gegen eine dynamische Betrachtungsweise, sondern erhellt nur die Schwierigkeiten, die es beim Beschreiten des evolutiv-dynamischen Wegs noch zu überwinden gilt. Dass dieser Weg gangbar und legitim ist, unterstreichen dabei nicht nur die vorstehenden demokratietheoretischen Überlegungen, sondern auch ein Exkurs in die Rechtsgeschichte. Es sei ahistorisch und unrealistisch, als Vorbedingung einer europäischen Einigung und Demokratisierung die Existenz eines europäischen Volkes zu fordern.[476]

> Es ist offenbar in Vergessenheit geraten, dass die Bürgergesellschaften und Nationalstaaten Europas, insbesondere Deutschland, das Produkt eines ebensolchen politischen Evolutionspro-

473 *Möllers*, Demokratie – Zumutungen und Versprechen, S. 89 – es sei ein Missverständnis über den Bedeutungsgehalt des Demokratieprinzips mit der Forderung nach einem europäischen Volk, die Ausformung eines kollektiven Subjekts, das in einem demokratischen Willensbildungsprozess überhaupt erst abgebildet werden könne, zur Demokratievoraussetzung zu erheben. Die Offenheit nationaler Verfassungen gegenüber der europäischen Integration und ihrem experimentellen, prozesshaften Charakter, so *Lübbe-Wolff*, Sondervotum, NJW 2005, 2289 (2298, 2301), ermöglicht und erfordert einen sukzessiven – und schritthaltenden – Ausbau der Grundlagen demokratischer Herrschaft und damit die schrittweise Herstellung europäischer Demokratie; Baumbach, Vertragswandel und demokratische Legitimation, S. 174, spricht von einer entsprechenden Verpflichtung.

474 *Peters*, Elemente einer Theorie der Verfassung Europas, S. 720.

475 *Peters*, Common Market Law Review 41 (2004), 37 (72, 80). Ein solcher europäischer demos existiert jedenfalls in statu nascendi, vgl. *Habermas*, 1 European Law Journal (1995), 303 (305 f.); *Weiler*, 35 Journal of Common Market Studies (1997), 97 (118-122).

476 *Peters*, Elemente einer Theorie der Verfassung Europas, S. 657.

zesses sind.[477] Ein vorrechtliches Kollektiv, wie es heute vehement zum Schutz des Nationalstaats gefordert wird, war nur höchstselten vorfindlich. Das deutsche Staatsvolk stand in seiner heute postulierten natürlichen Gegebenheit nicht am Anfang des Prozesses der Staatswerdung. Tatsächlich ist nationale kollektive Identität als unbeabsichtigte Nebenfolge des absoluten Territorialstaats entstanden.[478] Nationale Kultur und Nationalstaat kamen erst später.[479] Ihre Identität wurde gezielt durch politische Institutionen geschaffen. Die Nation ist also aus dem Staat hervorgegangen, nicht umgekehrt.[480] Dennoch darf man nicht leichtfertig die Bedeutung von Mythen, die im Verlauf des Aufwachsens durch Erziehung und Erleben gesellschafter Diskurse verinnerlicht werden, unterschätzen; auch wenn sie objektiv oft im Bereich der Fiktion wurzeln. Ein hervorragendes Beispiel liefert die Nationalisierung von Kultur und Geschichte im Deutschland des späten 18. und 19. Jahrhunderts[481]; seien es die borussischen Historiker (v.a. *Droysen, Mommsen, von Treitschke*) des 19. Jahrhunderts, die Preußen als von geschichtlicher Vorsehung auserkoren sahen, die deutsche Nation zu einen, die Suche nach germanischen Wurzeln und Heldensagen bei Tacitus, die Verklärung Hermanns zum deutschen Nationalhelden oder die Vermutung eines Nationalcharakters als schöpfender Geist hinter Sprache und Kultur (transportiert durch Dichtung, Märchen und Liedgut). Geschichte, Religion, Traditionen, Schicksalserlebnisse und Mythen hierüber schürten einen gesellschaftlichen Zusammenhalt[482] und gaben der individuellen Existenz einen höheren Sinn. Das nie Erwiesene aber treu Geglaubte hat nicht nur erhebliche Beharrungskraft, sondern auch mythische Anziehungskräfte.[483] Die Betonung und Erfindung von Kräften und ethnisch-kulturellen Gemeinsamkeiten, durch welche die Nation geprägt und vereint wurde, hatte aber schon damals nicht nur einen romantischen, sondern auch einen handfesten machtpolitischen Hintersinn.[484] Die großen politischen Ideen des 19. Jahrhunderts waren geprägt von gegenseitiger Ergänzung von Nationa-

477 Vgl. *Habermas*, European Law Journal 1 (1995), 303 (307) - Gerade dieser Ansatz entspreche auch dem Entstehungsprozess nationaler Identitäten in Europa. Vgl. dazu auch *Böckenförde*, Staat, Nation, Europa, in: *ders.*, Staat, Nation, Europa, S. 11, 34, 47 ff.; *Grawert*, in: Isensee/Kirchhof (Hrsg.), Handbuch des Staatsrechts, Bd. 2, Staatsvolk und Staatsangehörigkeit, § 16 Rn. 21 ff.

478 *Zürn*, Regieren jenseits des Nationalstaats, S. 44.

479 *Zürn*, Regieren jenseits des Nationalstaats, S. 45.

480 *Grawert*, in: Isensee/Kirchhof (Hrsg.), Handbuch des Staatsrechts, Bd. 2, Staatsvolk und Staatsangehörigkeit, § 16 Rn 1, hält Wechselwirkungen in beide Richtungen für möglich; siehe ferner *Hobsbawm*, Nation und Nationalismus. Mythos und Realität seit 1780, S. 97 ff., 121 ff.

481 Vgl. auch *Grawert*, in: Isensee/Kirchhof (Hrsg.), Handbuch des Staatsrechts, Bd. 2, Staatsvolk und Staatsangehörigkeit, § 16 Rn. 22.

482 Zu den Mythen der Deutschen vgl. jüngst höchst lesenswert *Münkler*, Die Deutschen und ihre Mythen; siehe ferner *Thym*, WHI-Paper 1/97, www.whi-berlin.de/thym.htm, Rn. 20 ff.

483 Das Nationalbewusstsein ist eine Erscheinung kultureller Integration. Das politische Bewusstsein nationaler Zusammengehörigkeit entsteht aus einer Dynamik, die die Bevölkerung erst ergreifen konnte, als diese durch Prozess der wirtschaftlichen und gesellschaftlichen Modernisierung aus ihren ständischen Sozialverbänden herausgerissen und mobilisiert waren. Der Nationalismus ist eine Bewusstseinsformation, die eine durch Geschichtsschreibung und Reflexion gefilterte Aneignung kultureller Überlieferungen voraussetzt, *Habermas*, Faktizität und Geltung, S. 635. Solche sozialpsychologischen Zusammenhänge lassen sich bei Verlust anderer traditioneller Identifikationsstrukturen in der Gesellschaft gezielt zur Überbrückung innergesellschaftlicher Gegensätze nutzen, S. 634 f.

484 Nationen sind als Folge einheitlicher Staatlichkeit bzw. einer massiven politischen Bewegung entstanden, *Peters*, Elemente einer Theorie der Verfassung Europas, S. 656.

lismus und Demokratie.[485] Sie wurden gar als unauflösbar wahrgenommen.[486] Auch heute wird immer noch suggeriert, dass kollektive Identitäten vor allem aus primordalen Faktoren resultieren. Die historische Gewordenheit der Identitäten wird übersehen.[487] Als demokratietheoretische Größe ist die Entstehung kollektiver Identität dennoch historisch als variabel bewiesen. Der historische Exkurs bestätigt, dass außerrechtliche Faktoren nur äußerst bedingt Voraussetzungen eines *demos* sind. Sie entstehen oftmals erst infolge politischer und rechtlicher Gestaltungsentscheidungen einer bestehenden Herrschaftsorganisation für die Menschen, die unter ihr und in ihr leben.

Die notwendigen Anlagen zur Erfüllung der Funktionsbedingungen demokratischer Herrschaft bestehen somit unter den Grundannahmen der in diesem Abschnitt geschilderten Auffassung im Staats- und Europarecht. An dieser Stelle schließt sich der Kreis der Prämissen zur Demokratiefähigkeit. Unterlegt man die strafrechtliche Argumentation mit den Erkenntnissen des integrationsfreundlichen Schrifttums im Europarecht, findet ihre Begründung der demokratischen Legitimation einer Europäisierung des Strafrechts auf den ersten Blick eine solide Grundlage.

C. Konsequenzen dieser Auffassung für die Europäisierung des Strafrechts

Einen unmittelbaren Schluss von Prämissen des europarechtlichen Schrifttums auf die demokratische Legitimität europäischen Strafrechts lassen die obigen Ausführungen gleichwohl nicht zu. Demokratiefähigkeit beinhaltet nach dieser Auffassung nur das Vorliegen der notwendigen Funktionsbedingungen demokratischer Herrschaft. Zu klären bleibt als Zwischenschritt, ob der vorfindbare Entwicklungsgrad auch für das Strafrecht hinreicht. Diese Brücke soll eine Modifikation des *nullum crimen*-Grundsatzes zum allgemeinen Rechtsprinzip des Gemeinschaftsrechts schlagen. Nach Ansicht einer zunehmenden Anzahl von Strafrechtlern ist auf europäischer Ebene schon lange fraglich, inwieweit sich eine Interpretation des Prinzips, das mit absoluter Gewaltenteilung und Volkssouveränität begründet wird und in der Sache einem direkten Transfer nationalstaatlicher Prinzipien auf die supranationale Ebene gleichkommt, durchhalten lässt, da hier aufgrund der Mehrebenenstruktur des supranationalen Föderalismus in der EU eine klare Einteilung in Legislative, Exeku-

485 Erst der Nationalstaat schuf die Grundlage für kulturelle und ethnische Homogenität, auf der sich schließlich die Demokratisierung des Staatswesens durchsetzen konnte, *Habermas*, Faktizität und Geltung, S. 634.

486 *Anderson*, Imagined Communities: Reflections on the Origin and Spread of Nationalism, S. 37 ff., 83 ff. Die Entstehung einer Nation kann eben auch nur die Folge einer zuvor existierenden Herrschaftsorganisation sein, *Oeter*, ZaöRV 55 (1995), 659 (703 f.); *Steinberger*, FS Bernhardt, S. 1313 (1329).

487 *Zürn*, Regieren jenseits des Nationalstaats, S. 253. Allerdings verweisen *Mayer/Palmowski*, Journal of Common Market Studies 42 (2004), 573 (579), zu Recht darauf, dass gerade die historisch-begründete Identität hochgradig spaltend ist. Sie hat auch heute noch zur Folge, dass pan-europäische Geschehnisse vornehmlich im nationalen Kontext und den nationalstaat-spezifischen Auswirkungen wahrgenommen werden.

tive und Judikative kaum möglich ist.[488] Die unversöhnliche Position der Gegenauffassung lasse sich kaum mit den Intentionen des europäischen Einigungsprozesses und den Strukturen, die dieser hervorgebracht hat, vereinbaren. Im Rahmen des suprantionalen Mehrebenensystems müsse der Grundsatz Anpassungen erfahren.[489] Die Rechtsordnung der Europäischen Gemeinschaften sei eine durch ein Zustimmungsgesetz und einen innerstaatlichen Rechtsanwendungsbefehl gebilligte eigenständige Rechtsordnung mit originärer Hoheitsgewalt und eigenen Grundsätzen, die nicht vollständig denen des innerstaatlichen Rechts entsprechen müssten.[490] Auch *Vogel* plädiert für ein Verständnis des strafrechtlichen Gesetzlichkeitsprinzips, das funktionsorientiert in Relation zu den vorherrschenden Gewaltenteilungsstrukturen des politischen Systems, bestimmt wird.[491] Unter Bezugnahme auf Art. 49 der europäischen Grundrechtecharta geht *Eser* in dieser Richtung davon aus, dass auf EU-Ebene die Gesetz*mäßigkeit* und somit eine *Rechts*grundlage (gemessen an den primären und sekundären Rechtsquellen der EU) ausreichen muss und nicht wie im nationalen Bereich ein formelles (Parlaments-)Gesetz notwendig ist.[492]

Umgemünzt auf den Legitimationsfall des Strafrechts folgern *Satzger* und *Gröblinghoff* daraus, dass *nullum crimen sine lege* als allgemeiner Rechtsgrundsatz des Gemeinschaftsrechts nur ein substantielles Minimum parlamentarischer Einflussnahme gegen willkürliche Rechtsetzung verlangt,[493] wobei dieses im Einklang mit den Strukturen des Mehrebenensystems flexibel entweder durch Rückgriff auf das Europäische Parlament oder auf nationale Parlamente gestützt werden kann.[494]

488 Die Bezugnahme auf den Grundsatz *nullum crimen sine lege parlamentaria* genüge nicht um eine exklusive parlamentarische Rechtsetzungskompetenz zu begründen. Die europäische Integration ist von einem Transfer von Hoheitsrechten begleitet, der nicht durch Berufung nationale Strafrechtskonzepte umgekehrt werden kann. Das Demokratieprinzip bleibt von europäischer Strafrechtsetzung vielmehr unberührt, solange die Prozesse auf supranationaler Ebene nicht den Kerngehalt dieser Garantie verletzen, *Appel*, in: Dannecker (Hrsg.), Lebensmittelstrafrecht und Verwaltungssanktionen in der EU, S. 165 (186); *Böse*, GA 2006, 211 (216).

489 *Satzger*, Europäisierung des Strafrechts, S. 132; *Kubiciel*, NStZ 2007, 136 (140); Vogel, ZStW 116 (2004), S. 400 f.

490 Vgl. *Satzger*, Europäisierung des Strafrechts, S. 111 f.

491 *Vogel*, JZ 1995, 331 (338).

492 *Eser*, in: Meyer (Hrsg.), Kommentar zur Charta der Grundrechte der EU, Art. 49, III.2., Rn. 12. Der strenge nationale Grundsatz des nullum crimen könne nicht für Sanktionen gelten, die von EU-Organen verhängt werden und sonstige Zwangsmaßnahmen gelten, die sich auf gültigen Europarecht stützen, Rn. 16; ebenso *Schmidt-Aßmann*, in: Maunz/Dürig (Hrsg.), GG Kommentar, Art. 103 II, V.1., Rn. 247.

493 Auch in der Rechtsprechung des EuGH soll der Gesetzesvorbehalt vor allem vor willkürlichen Eingriffen schützen, *Heitzer*, Punitive Sanktionen im Europäischen Gemeinschaftsrecht, S. 157.

494 *Gröblinghoff*, Die Verpflichtung des deutschen Strafgesetzgebers zum Schutz der Interessen der Europäischen Gemeinschaften, S. 127; *Satzger*, Europäisierung des Strafrechts, S. 113. Wie *Gröblinghoff* und *Satzger* schon zuvor *Heitzer*, die aber wohl die Sanktion der Freiheitsstrafe ausschließen will, da für diesen Eingriff in die Freiheit des einzelnen die nur mittelbare demokratische Legitimation durch Ankopplung des Rats an die nationalen Parlamente und der Kommission an das Europäische Parlament nicht ausreichend ist, sondern ein unmittelbar

Damit gelänge dem strafrechtlichen Schrifttum der Anschluss an das politische System der EU und dessen systeminterne Gewaltengliederung. Folgt man dieser Sichtweise, bereitet die weitere Bestimmung des demokratischen Legitimationsstatus des europäischen Strafrechts keine Schwierigkeiten mehr: Keine substantielle Legitimationskraft steckt danach in den nationalstaatlichen parlamentarischen Umsetzungsakten,[495] da hiermit weder dem Wesen der Unionsrechtsordnung noch dem gewachsenen selbstständigen Legitimationsbedarf auf überstaatlicher Ebene entsprochen würde.[496] Zu suchen ist die demokratische Legitimation stattdessen im komplemen-

demokratisch legitimiertes Organ tätig werden muss, Punitive Sanktionen im Europäischen Gemeinschaftsrecht, S. 165. Ob die heutige Ausweitung des Mitentscheidungsverfahrens diesbezüglich eine positivere Neubewertung bewirken würde, lässt sich nur schwer sagen. Jedenfalls folgert *Ambos*, Internationales Strafrecht, § 11 Rn. 4, dass die Argumentation mit dem nullum crimen-Grundsatz infolge der Einführung des Mitentscheidungsverfahrens an Durchschlagskraft verloren hat.

495 Dagegen Generalanwalt *Colomer*, Rs. C-187/01 and C-385/01, Slg. 2003, I-1347, para 77; schon zuvor in diese Richtung *Sieber*, ZStW 103 (1991), S. 957 (972); *ders.*, FS Geerds, S. 113 (125) – zumindest für Anweisungen zur Strafrechtsetzung folge demokratische Legitimation aus dem nationalen parlamentarischen Umsetzungsakt. Letzterer scheint seine Auffassung vor dem Hintergrund der fortentwickelten Argumentationslage (vgl. insofern auch Fn. 496) neuerdings aber wohl stark zu relativieren, vgl. *Sieber*, ZStW 121 (2009), S. 1 (56).

496 Die Rolle der Parlamente ist in der Rechtswirklichkeit auf diejenige eines parlamentarischen Notars reduziert ist, der supranationale Vorgaben gehorsam implementiert. Da die Verabschiedung des Gesetzes weder in normativer Freiheit noch in gezielter Auseinandersetzung mit den Anliegen der eigenen Staatsbürger erfolgt, wird das hinreichende Maß demokratischer Legitimation nicht erreicht. Ein nationaler Umsetzungsakt kann nur dann demokratische Legitimation stiften, wenn mit der Umsetzungskompetenz ein rechtlich anerkanntes Vetorechts des nationalen Parlaments verbunden ist. Dass nationale Parlamente nicht einmal über ein Vertragsverletzungsverfahren gem. Art. 228 EGV zur Umsetzung gezwungen werden können, ändert daran nichts, dazu ausführlich *Satzger*, Europäisierung des Strafrechts, S. 451 ff. Der behauptete Spielraum ist ein faktischer, kein normativer. Die faktische Möglichkeit zur Verletzung des Gemeinschafts- oder Unionsrechts haben die Mitgliedstaaten immer; auch in der ersten Säule. Einer solchen rechtstatsächlichen Rechtsverletzungsmöglichkeit kann aber schwerlich demokratische Legitimation entspringen. Wollte man anders argumentieren, hieße das, dem nationalen Parlament in jedem Fall supranationaler Strafrechtsetzung ein Vetorecht einzuräumen und damit die Rückkehr zum Intergouvernementalismus einzuläuten. Politisch läuft dies der Idee der Supranationalisierung Europas und dem Integrationsgeist von EGV und EUV zuwider. Die Macht der Einzelstaaten soll durch Vergemeinschaftung, Mehrheitsprinzip und Mitentscheidungsverfahren zu Gunsten der Gemeinschaft vereint werden und nicht durch die Hintertür wieder separiert und vereinzelt werden. Die Stärkung des Mehrheitsprinzips ist gerade eines der Hauptanliegen der EU-Reform. Freilich hat das BVerfG jüngst in der dritten Säule zur Wahrung des demokratischen Prinzips eine verbleibende Gestaltungsmacht des Parlaments konstruiert, da es die Umsetzung verweigern könnte. Aber auch hier gilt, dass eine demokratische Legitimation nicht mit der Freiheit zum Verstoß gegen Unionsrecht begründet werden kann, *Lübbe-Wolff*, NJW 2005, 2289 (2301). Gerade aufgrund der Verpflichtung zur Umsetzung im Rahmen der bindenden Vorgaben des Rahmenbeschlusses ist die parlamentarische Gestaltungsmacht reduziert. Eine Missachtung dieser Vorgaben bliebe jedoch unionsrechtswidrig, auch wenn ein Verstoß keine unmittelbaren Folgen nach sich zieht, Art. 34 II 2 lit. b S. 3 EUV. Bundesverfassungsrichterin *Lübbe-Wolf* hat in ihrem Sondervotum in der Entscheidung zum EuHB-Gesetz klar formuliert, dass man

tären Zusammenwirken von Rat und Europäischem Parlament im Rahmen des Mitentscheidungsverfahrens gem. § 251 EGV. Selbst die Einführung des Mehrheitsprinzips, dem das Risiko des Überstimmtwerdens innewohnt,[497] gefährdet dieses Legitimationskonzept nach Maßgabe der zuvor behandelten Prämissen nicht. Dies gilt für beide relevanten Handlungsformen des EG-Rechts. Auch einer Setzung supranationalen, d. h. unmittelbar geltenden, Strafrechts per Verordnung steht das Demokratieprinzip nicht entgegen. Welche Handlungsform im Einzelfall gewählt wird, hängt mehr von der kompetenzrechtlichen Frage des Integrations- bzw- Regelungsziels ab als von der demokratischen Legitimation.[498] Problematisch erscheint allein die Legitimation nach EU-Recht.[499] Obgleich die Abstimmungsprozesse nicht mehr rein intergouvernementalen Charakters sind, sondern die Notwendigkeit demokratischer Legitimation auf europäischer Ebene haben entstehen lassen, die zumindest für den Rahmenbeschluss der rechtlichen Situation in der ersten Säule stark angenähert ist, mangelt es an einem komplementären Legitimationsmodell, wie es das Mitentscheidungsverfahren bietet. Genügen soll jedoch die Beteiligung der nationalen Parlamente durch ihre Kontrollfunktion gegenüber dem Rat.[500] Dem allgemeinen Rechtsgrundsatz des Gemeinschaftsrechts, der auch in der dritten Säule wegen Art. 6 II EUV zu beachten ist, soll damit Genüge getan sein.

trotz Fehlens eines Vertragsverletzungsverfahrens in der dritten Säule die fortbestehende normative völkerrechtliche Verpflichtung nicht negieren kann, NJW 2005, 2289 (2301).

497 Dieses Risiko hebt *Heger*, JZ 2006, 310 (313), hervor.

498 So z. B. *Tiedemann*, FS Roxin, S. 1401 (1411); *Schwarzburg/Hamdorf*, NStZ 2002, 617 (621 ff.) bzgl. der Instrumente zum Schutz der Finanzinteressen der EG. Entsprechend der Schrankentrias des EGV wäre die erforderliche Regelungsdichte – möglicherweise vor dem Hintergrund eines strafrechtlichen Schonungsgebots, dazu *Satzger*, Europäisierung des Strafrechts, S. 166, 169 f. – auf zweiter und dritter Stufe im Kontext der Prinzipien der Subsidiarität und Verhältnismäßigkeit zu regeln, vgl. *Callies/Ruffert-Callies*, EG-Vertrag, Art. 5 Rn. 1 ff.; *ders.*, ZEuS 2008, S. 3 (5 ff.).

499 Weniger skeptisch *Böse*, FS Tiedemann, S. 1321 (1333 f.) – Zwar entfalle die stützende Funktion des Europäischen Parlaments in der dritten Säule, da das Parlament nur angehört wird. Diese Schwäche werde aber durch die Stärkung der parlamentarischen Kontrolle der Regierungsvertreter, die aufgrund des Einstimmigkeitsprinzips im Unionsrecht wirkmächtiger ist, kompensiert. Anders als bei Mehrheitsentscheiden sei damit eine Rückkopplung aller Regierungsvertreter im Rat gewährleistet, S. 1334. Es ist damit Sache der Mitgliedstaaten, die notwendigen Vorkehrungen zu treffen, um diesen Einflusskanal effektiv auszugestalten, vgl. auch *Lübbe-Wolff*, BVerfGE 113, 273 (337). Das Demokratiedefizit ließe sich deshalb teilweise durch Parlamentsvorbehalte in Rahmenbeschlüssen abbauen, dazu *Wasmeier*, ZEuS 2006, 23 (31).

500 *Böse*, FS Tiedemann, S. 1321 (1334).

Kapitel 7: Ertrag und verbleibende Unsicherheiten

Die Aufdeckung der Prämissen könnte den intradisziplinären Dialog nachhaltig befördern. Die Verankerung der widerstreitenden Auffassungen in ihren Prämissen erlaubt es, die wissenschaftliche Auseinandersetzung stärker auf diese grundsätzlichen Aspekte zu konzentrieren. Auf diese Weise lassen sich auch die Erkenntnisse der Staatstheorie und des Europarechts besser im strafrechtlichen Kontext fruchtbar machen und die Implikationen der vertretenen Auffassungen besser verstehen. Eingedenk des hitzigen, oft gezielt polemischen Charakters des gegenwärtigen Meinungsstreits ebnet dieser Perspektivwechsel den Weg für eine Versachlichung des Gedankenaustauschs. Die Zunahme der Argumentationstiefe verhindert vor allem, dass Demokratie als der in den Worten *Kelsens* missbrauchteste aller politischen Begriffe zu einer konventionellen Phrase degradiert wird.[501] Allerdings deckt die Aufhellung der Prämissen nicht nur die potentielle Anschlussfähigkeit der Argumentation auf, sondern fundiert auch Inkompatibilitäten und damit letztlich eine gewisse Ausweglosigkeit, auf argumentativem Weg zu einer verträglichen Lösung zu gelangen. Denn gerade beim Demokratieprinzip prallen Glaubenssysteme aufeinander.

Die neu gewonnenen Erkenntnisse laden in dieser Hinsicht jedoch nicht allein zu einer Neudimensionierung der Kritik an der jeweiligen Gegenauffassung ein, sondern geben dringenden Anlass, die eigene Sichtweise kritisch zu reflektieren.[502] Die Grundannahmen des jeweiligen eigenen Rechtsdenkens sind ausdrücklich zu machen und zu rechtfertigen. Ohne an diesem Punkt der Untersuchung in eine vertiefte Diskussion der vertretenen Ansätze einsteigen zu können, will der Verfasser nicht verhehlen, dass er in der Sache stark der integrationsfreundlichen Auffassung zuneigt. Man darf die Augen vor der entfalteten Integrationsdynamik und den rechtlichen Realitäten und Möglichkeiten, die diese geschaffen hat, nicht verschließen. Mehrebenensysteme sind zwar in der Tat, wie von *Lüderssen* ausgeführt, keine legitimatorische Wundertüte, wohl aber ein plausibles analytisches Instrument, das Regierungsstrukturen und Gewaltengliederung in der EU offen legt und damit ein soli-

501 *Kelsen*, Vom Wesen und Wert der Demokratie, S. 1.

502 Ohne Verankerung der Legitimationsstränge in einem kohärenten demokratietheoretischen Repräsentationskonzept sind profunde Aussagen über den demokratischen Legitimationszustand von vornherein ausgeschlossen. Ob und welchen additiven Effekt einzelne Legitimationsstränge haben oder ob sie womöglich gar miteinander inkompatibel sind, weil sie kollidierende demokratietheoretische Grundannahmen ausdrücken, kann in einem solchen Fall auch bei sorgfältigster phänomenologischer Differenzierung nur erahnt werden. So macht *Sieber*, ZStW 121 (2009), S. 1 (53 ff.), jüngst zwar sogar fünf verschiedene Legitimationsstränge ausfindig. Um ihrer Kumulation aber eine hinreichende Legitimationswirkung attestieren zu können, bedarf es jedoch der vorherigen Klärung der rechtstheorisch-konzeptuellen Beurteilungsgrundlage.

des Fundament für die Rekonstruktion des Demokratieprinzips innerhalb dieser Strukturen schafft. Staatsformen sollten nicht idealisiert, sondern in ihrer relativen Geeignetheit, abhängig von den jeweiligen geschichtlichen, kulturellen und sozialen Gegebenheiten und in ihrer Interdependenz mit anderen Organisationsprinzipien gesehen werden.[503] Wenn heute zunehmend das Selbstbestimmungsrecht der Unionsbürger neben den Mitgliedstaaten und ihren Staatsbürgern demokratietheoretisch ins Zentrum gerückt wird, dann ist nicht einsichtig, warum die Bürger Europas sich nicht als supranationale Allgemeinheit mit einem spezifisch arrangierten Set von Institutionen und Verfahren, die der komplementären Natur der Union Rechnung tragen, eigene unmittelbar geltende Gesetze geben sollten, die Materien supranationalen Gemeinwohlinteresses betreffen und unter den Gesichtspunkten der Subsidiarität und Verhältnismäßigkeit nicht national bewältigt werden könnten.[504] Diesen potentiellen Mehrwert von Strafrechtsetzung per Richtlinie oder gar Verordnung übergehen die Kritiker mit ihrer Betonung des nationalstaatlichen Gewaltmonopols unter Ausblendung der begrenzten Problemlösungskapazitäten des einzelnen Staates.[505]

Gleichwohl gilt es, mehr als es die apologetische Sektion der deutschen Strafrechtswissenschaft derzeit tut, nicht bloß unter Rekurs auf einen funktional modifizierten bzw. materiell kupierten allgemeinen Rechtsgrundsatz des Gemeinschaftsrechts die Legitimation der jeweils primärrechtlich verfügbaren Rechtsetzungsprozesse nachzuvollziehen, sondern kritisch zur Kenntnis zu nehmen, dass die festgestellten Entwicklungsdefizite, die auch vom europarechtlichen Schrifttum konstatiert werden, den gegenwärtigen Legitimationsstatus des europäischen Strafrechts prekär erscheinen lassen. Indem man sich ausschließlich auf die Parlamentskomponente und das „Irgendwie" seiner Beteiligung konzentriert, werden die grundsätzlichen Vorbedingungen demokratischer Verfasstheit der supranationalen EU jenseits der mitgliedstaatlichen Gemeinwesen aus dem Blick verloren und letztlich das Kernproblem des Transfers des nationalen Strafanspruchs übersehen. Dies führt letztlich zu dem bestenfalls erstaunlichen Ergebnis, dass Strafgesetzgebung, die in nationalstaatlichen Gemeinwesen die relativ höchsten Hürden meistern muss, nach diesen Stimmen auf EU-Ebene zu Bedingungen zulässig sein soll, die selbst nach den vorherrschenden Ansichten im integrationsfreundlichen Europa- und Staatsrecht nicht einmal den Anforderungen des Demokratieprinzips an Rechtsetzung auf EU-Ebene im Allgemeinen genügen würden. Die Probleme liegen aus dieser Sicht primär bei der zweiten und vierten Prämisse. Der dargelegte Begründungsansatz hinterlässt wegen der kategorialen Schwierigkeiten bei der Begründung eines schlüssigen kom-

503 *Merten*, Rechtsstaat und Gewaltmonopol, S. 8.

504 So auch *Schomburg*, 1 European Journal of Crime, Criminal Law and Criminal Justice 2000, 51 (57) - Man sollte auf lange Sicht nicht versuchen, spezifische europäische Interessen, zumal finanzielle, durch nationale Jurisdiktionen und ihre gegebenenfalls erforderliche Erweiterung zu schützen, sondern sich auf eine gemeinsame europäische Gerichtsbarkeit besinnen.

505 Da die Vollzugskompetenz weiterhin bei den Mitgliedstaaten liegt, wird nicht einmal das tatsächliche staatliche Gewaltmonopol entscheidend ausgehöhlt.

plementären Repräsentationskonzepts[506] und des eingeräumten soziopolitischen Gemeinschaftsdefizits einen fragilen Eindruck. Zum Abschluss des Beitrags sollen daher stellvertretend die verbleibenden Unsicherheiten angesprochen und deren Konsequenzen hinterfragt werden. Zum einen ist immer noch unklar, was der entscheidende Maßstab für die Bestimmung des demokratietheoretischen Legitimationsniveaus ist und wie sich die einzelnen, vermeintlich komplementären Stränge – in wechselseitiger Ergänzung – zusammenfügen sollen; zumal mit Blick auf das Rechtsgebiet des Strafrechts. Zum anderen darf man es ebenfalls als fraglich erachten, ob trotz Unterentwicklung einer europäischen Öffentlichkeit auf das Heranwachsen europäischer Bürgerlichkeit im demokratischen Prozess vertraut werden darf. Die Schwäche des Legitimationssubjekts kann und sollte direkten Einfluss auf die normative Verfügbarkeit von demokratischen Herrschafts- und Abstimmungsmodi haben.

A. Repräsentation und Mehrheitsprinzip

Auch wenn die Herleitung eines kategorial stimmigen Repräsentationskonzepts schwierig erscheint, so ist sie doch möglich, soweit man anerkennt, dass das Wesen der Union idiosynkratische Muster nicht nur zulässt, sondern auch fordert, so dass sich auch Legitimationsstränge, die auf unterschiedlichen Repräsentationskategorien basieren, integrieren lassen.[507] Da die Einzelstränge normativ fest im Primärrecht und dem Verfassungsrecht der Mitgliedstaaten verankert sind, besteht auch kein Grund für übertriebene Besorgnis, sich dabei dem Vorwurf eines naturalistischen Fehlschlusses auszusetzen. Die langsame Erstreckung des Mehrheitsprinzips auf das Gebiet Strafrecht, die mit der Ratifizierung des Vertrags von Lissabon in eine flächendeckende Vergemeinschaft der Materie umschlagen wird, bereitet größere legitimatorische Schwierigkeiten. Es steht für eine gesteigerte Form der Integration, die sich von einem rein intergouvernementalen Herrschaftsmodus abhebt. Wegen der kompetenziellen und repräsentationsspezifischen Schwächen des Europäischen Parlaments wird die stärkere legitimatorische Wirkung zur Zeit jedoch noch durch die Tätigkeit des Rats entfaltet; und zwar über die Rückkopplung an die Staatsvölker. Wird ein Staat im Rat überstimmt, wird diese demokratische Lebensader durchtrennt. Die Interessen des vom mitgliedstaatlichen Vertreter im Rat mittelbar reprä-

506 Vgl. oben Fn. 353, 354. Nicht nur eine zu starke Konzentration von Handlungsbefugnissen im Parlament, vgl. *Schröder*, Europäische Richtlinien und deutsches Strafrecht, S. 130, oder ein weiterer Ausbau des Mehrheitsprinzip, vgl. *Majone*, European Law Journal 4 (1998), 5 (12), schwächen die Idee der doppelten Legitimation. Sie ist vielmehr schon mit einem schweren Geburtsfehler behaftet.

507 Vgl. grundsätzlich zur Legitimität des idiosynkratisch-zukunftsorientierten Musters der sich entwickelnden europäischen Verbundverfassung, *Weiler*, in: Nicolaidis/Howse (Hrsg.), The Federal Vision – Legitimacy and Levels of Government in the United States and the European Union, S. 54 (70).

sentierten Volkes finden keine Berücksichtigung mehr. Statt der Verwirklichung des demokratischen Leitbildes der Selbstherrschaft herrscht Fremdbestimmung.[508] Daran ändert auch der Hinweis auf die mögliche Erhaltung eines strukturangepassten Zurechnungszusammenhangs zum eigenen Staatsvolk durch den nationalen Zustimmungsakt zu den primärrechtlichen Normen, die das Mehrheitskonzept einführten, und Rückkopplung der späteren Arbeit des Rats an die nationalen Parlamente nichts.[509] Die partielle demokratische Selbstenteignung des nationalen Souveräns durch Zustimmung zur künftigen Anwendung des Mehrheitsprinzips im Rat wird weder durch das Europäische Parlament kompensiert, da es nicht das nationale Staatsvolk und dessen Präferenzen vertritt, noch durch die Beteiligung der nationalen Parlamente abgefedert, da deren Partizipationsmöglichkeiten in diesem Fall leer laufen.[510] Der in diesem Zusammenhang häufiger anzutreffende Verweis auf das Wesen der Supranationalität, das die Besonderheit des hohen Integrationsgrads ausdrücken soll, dient dazu, eine solche Bindung gegen den Willen einzelner Mitgliedstaaten zu rechtfertigen.[511] Er vermag jedoch nicht, diese legitimatorische Funktion auch wirklich zu erfüllen. Die Einführung des Mehrheitsprinzips setzt, wie gesehen, ein Legitimationssubjekt voraus, das sich unter Anerkennung der Mehrheitsregel bewusst zu einer politischen Herrschafts- und Selbstbestimmungseinheit zusammengefunden hat.[512] Auch wenn die Zusammenführung der Völker der EU in ein supranationales Legitimationssubjekt nicht das Aufgehen der Staatsvölker in einem

508 *Callies*, FS Ress, S. 399 (405).

509 Ausführlich *Streinz*, Europarecht, Rn. 326, der anmerkt, dass auch das BVerfG unter diesen Voraussetzungen kein Problem mit dem Mehrheitsprinzip hat.

510 Versucht man ansonsten aus der Option der Abwahl der eigenen Regierung in Ermangelung der Wahlmöglichkeit einer europäischen Führung demokratische Legitimation zu ziehen, erscheinen die legitimatorischen Konsequenzen des Überstimmtwerdens nach Maßgabe des Mehrheitsprinzips noch gravierender, da nicht einmal mehr die indirekte Abwahl eines Teil des Legislativorgans offen steht. Daraus kann allerdings nicht gefolgert werden, dass als Ausgleich eine direkte Beteiligung der Parlamente notwendig ist. *Schünemann* hält eine Erweiterung der Rechte des Bundestages im Hinblick auf Art. 23 GG für erforderlich, um die traditionelle Rolle der Parlamente als Bastion bürgerlicher Freiheit zu behaupten, *Schünemann*, ZIS 2007, 535 (536). Der Willensbildungsprozess ist jedoch auf die Repräsentation der Bürger Europas in ihrer europäischen, nicht in ihrer nationalen Identität hin ausgelegt. Nationalparlamentarische Repräsentation im supranationalen Kontext wäre deshalb verfassungsparadigmatisch systemfremd, so auch *Sander*, Repräsentation und Kompetenzverteilung, S. 616. In der dualen Repräsentationsstruktur, die derzeit vorfindbar ist, besteht kein konzeptioneller Raum für direkte national-parlamentarische Partizipation auf europäischer Ebene. Es besteht auch rechtsprinzipiell keine Notwendigkeit den nationalparlamentarischen Repräsentationszusammenhang in die abweichende Verfassungsidentität des europäischen Komplementärverbundes einzubeziehen, *Sander*, S. 616. Der Reformvertrag verleiht dem Frühwarnsystem daher konsequenterweise keinen rechtlich hindernden Charakter.

511 Vgl. *Satzger*, Das Strafrecht als Gegenstand europäischer Gesetzgebungstätigkeit, KritV 2008, 17 (37).

512 Das Minoritätsargument als Rechtfertigung für ein Mehrheitsprinzip, wonach eine Minderheit der Mehrheit in einem demokratisch verfassten Gemeinwesen nicht ihre Meinung aufzwingen darf, gilt im Hinblick auf Staaten gerade nicht. In einem Gremium, das mit Staaten besetzt ist, schwächt das Mehrheitsprinzip vielmehr die Kontrolle nationaler Parlamente.

europäischen Volk erfordert, bedarf es doch eines Transformationsprozesses, an dessen Ende eine europäische Identität steht, die den nationalstaatlichen Imaginationszusammenhang zumindest ergänzt und die Anwendung der Mehrheitsregel in diesem Rahmen demokratietheoretisch trägt. Zwar mögen die Auswirkungen der Mehrheitsregel in der Praxis der europäischen Gemeinschaft weniger dramatisch sein als es die formale Betrachtung erkennen lässt, denn ein praktisch wirksames Konkordanzprinzip gleicht hier die zentrifugalen Kräfte des Pluralismus aus[513] und sorgt in der Praxis des politischen Prozesses dafür, dass die realen Aushandlungsprozesse im Hintergrund durch konsensorientiertes Aushandeln von Kompromissen geprägt sind und es nur höchstselten zur ultimativen Nagelprobe einer Kampfabstimmung kommt.[514] Im Übrigen kann es selbst beim Einstimmigkeitsprinzip verdeckte Mehrheitsentscheidungen geben, die zur Verfälschung materieller nationalstaatlicher Präferenzen führen können. Ferner mag der Hinweis auf die Entwicklungspotentiale des Legitimationssubjekts im demokratischen Prozess auf den ersten Blick Bedenken zerstreuen, obgleich die Einführung des Mehrheitsprinzips auf Ratsebene damit letztlich durch seine konsequente Umsetzung zur Schaffung seiner eigenen Legitimationsvoraussetzungen beitragen soll.

Gerade im Hinblick auf den rechtstheoretischen Begründungszusammenhang des Grundsatzes der Strafgesetzlichkeit muss demgegenüber aber gefragt werden, ob für das Strafrecht nicht generell anderes gelten muss. Strafgesetze betreffen grundlegende Normen und ihre Verletzung im Verhältnis zwischen verfasster Allgemeinheit und Person.[515] Ihrer Setzung liegen interpersonale Rechtsverhältnisse voraus, die im Wege repräsentativer Vermittlung eines allgemeinen Rechtswillens durch die Mitglieder dieser Allgemeinheit regelungsfähig sind. Entsprechend bedürfen die supranationale Setzung von Strafnormen oder deren supranationale Anweisung der Anbindung an eine supranationale Allgemeinheit und deren allgemeinen Rechtswillen. Ohne hinreichend integrierte europäische Öffentlichkeit ist daher schon der strafrechtstheoretische Ausgangspunkt eines supranationalen Strafrechts inexistent. Aus der mangelnden Artikulationsfähigkeit und der schwachen Politisierung der Bürger

513 *Hix*, The Political System of the European Union, S. 173.

514 *Oeter*, Föderalismus, in: v. Bogdandy (Hrsg.), Europäisches Verfassungsrecht, S. 59 (105), unterstreicht, dass föderale Gebilde multinationaler Prägung starker Elemente der Konkordanz bedürfen, um das mangelnde – im Nationalstaat als selbstverständlich vorausgesetzte – Einverständnis der jeweils überstimmten Minderheit, gegen sie getroffene Entscheidungen als legitim anzuerkennen, auszugleichen und Fremdbestimmung zu verhindern; Peters, Elemente einer Theorie der Verfassung Europas, S. 55 f. Ein Ausgleich wird oft über package deals realisiert. Gefragt seien daher keine starren Abstimmungsgrundsätze, sondern umsichtige Nuancierungen, da Mehrheitsprinzip allein nicht selig macht, z. B. doppelte Mehrheiten, um Repräsentation angemessener zu machen. Die doppelte Mehrheit kommt auch dem institutionellen Charakter des Rats entgegen, nämlich als föderales Organ, das die Mitgliedstaaten repräsentiert und – neben dem Parlament – als wichtiger Repräsentant der Bürger agiert; dagegen *Weiler*, Yale Law Journal 100 (1991), S. 2403 (2473) – Vetomacht ist das am stärksten legitimierende Element.

515 *Köhler*, Strafrecht, Allgemeiner Teil, S. 74.

Europas auf supranationaler Ebene folgt aber kein Zwang zu einem Moratorium für europäische Strafrechtsetzung. Man wird stärker zwischen verschiedenen Arten des Strafrechts in seinen internationalen Bezügen zu unterscheiden haben. Die deskriptive Erfassung der gegenwärtigen funktionalen und instrumentellen Entwicklungslinien ist dabei nur der erste Schritt, an den sich die Erfassung des präskriptiven Kerns verschiedener Spielarten transnationalen Strafrechts anschließen muss.[516]

B. Herrschaftsmodi und Spielarten transnationalen Strafrechts

Unter dem Oberbegriff des transnationalen Strafrechts werden ganz unterschiedliche Kategorien von Delikten zusammengefasst.[517] Er kennzeichnet abstrakt und in Abgrenzung zu den Kernelementen des Völkerstrafrechts das international-arbeitsteilige Vorgehen mit dem Mittel nationalen Strafrechts zur Verwirklichung gemeinsamer staatlicher Strafverfolgungsinteressen, die aus der transnationalen Bedeutung eines Belangs oder der internationalen Notwendigkeit gemeinsamen Vorgehens re-

516 Es ist eine zentrale Aufgabe der Grundlagenforschung in diesem Bereich, Erkenntnisse über die grundlegenden Strukturen und Zusammenhänge des überstaatlichen Strafrechts zu sammeln und zu ordnen, damit sich die Phänomene der Rechtsentwicklung verdichten und die Komplexität der Rechtsetzungsprozesse reduzieren lassen. Die Auseinandersetzung mit den Strafrechtsarten transnationalen Strafrechts gestattet diese Reduktion und ein echtes theoriebasiertes Verstehen der Phänomene. Sammelt man diese lediglich unter dem Blickwinkel der Rechtsharmonisierung und deren Triebkräften, wird es dagegen schwer, die deskriptive Ebene zu verlassen. Die bisherigen Erfahrungen zeigen sogar, dass Ansatzpunkte für Differenzierungen eher verwischt werden, vgl. *Sieber*, The Forces Behind the Harmonization of Criminal Law, in: Delmas-Marty/Pieth/Sieber (Hrsg.), Les chemins de l'harmonisation pénale, S. 385 (388 ff.). Über die komplexitätsreduzierende Beschreibung des Rechtsstoffs hinaus, ergibt sich als theoriegeleitete Dimension der Fragestellung die Suche nach dem Wesen übernationales Strafrecht. In gleicher Richtung wies *Kreß* im Völkerstrafrecht darauf, hin dass man das transnationale Strafrecht strenger vom Völkerstrafrecht im engeren Sinn abgrenzen muss, Völkerstrafrecht der dritten Generation gegen transnationale Gewalt Privater?, in: Hankel (Hrsg.), Die Macht und das Recht, S. 323 (332 f.) - mit dem Schritt in das Völkerstrafrecht werde gegenüber dem transnationalen Strafrecht eine andere Tonart angeschlagen; gleichwohl wird dieser möglichen Weichenstellung noch wenig Aufmerksamkeit geschenkt, statt vieler *Bassiouni*, Policy Considerations on Inter-State Cooperation in Criminal Matters, in: Eser/Lagodny (Hrsg.), Principles and Procedures for a New Transnational Criminal Law, S. 807 ff.

517 *Boister*, 14 European Journal of International Law (2003), 953 (955) - indirect suppression by international law through domestic penal law of criminal activities that have actual or potential trans-boundary effects; *Kreß*, Völkerstrafrecht der dritten Generation gegen transnationale Gewalt Privater?, in: Hankel (Hrsg.), Die Macht und das Recht, S. 323 (332) - transnationales Strafrecht kennzeichne die international-arbeitsteilige Verwirklichung kongruenter staatlicher Strafverfolgungsinteressen. Die Straftaten blieben solche der nationalen Rechtsordnungen; demgegenüber sei das Völkerstrafrecht im formellen Sinn die Gesamtheit der völkerrechtlichen Strafnormen.

sultiert.[518] Die Aspekte, die eine solche Kooperation auszulösen vermögen, sind zahl- und facettenreich. Sie reichen von der Beseitigung von Inseln der Straflosigkeit und der Bewältigung neuer Kriminalitätsformen über die umfassende Pönalisierung bestimmter Verhaltensweisen zur Verbesserung der Rechtshilfe, die wechselseitige Vertrauensbildung – z. B. in Form von Strafrechtsharmonisierung als Grundlage eines Verzichts auf den Grundsatz der beiderseitigen Strafbarkeit – oder die Sicherung selbstvertretender Strafrechtspflege und universaler Gerichtsbarkeit bis hin zu transnationalen wirtschafts- und sicherheitspolitischen Interessen.[519] Ungeachtet ihrer Breite geht es in der Sache jedoch stets um die Koordinierung nationalstaatlicher Strafansprüche auf internationaler Ebene im Rahmen eines intergouvernementalen Forums. Der öffentliche Strafanspruch bei transnationalem Kooperationsstrafrecht bleibt ein nationaler.[520] Der gewählte Herrschaftsmodus ist Intergouvernementalismus und das Mehrheitsprinzip in diesem Kontext wesensfremd, da ein Überstimmtwerden sich in der Negierung eines nationalstaatlichen Strafanspruchs niederschlüge. Stimmte ein nationales Parlament einem anderen Entscheidungsmodus zu, würde es *ultra vires* handeln.

Wird eine vorgeschlagene Strafnorm aber mit ihrer Notwendigkeit zur effektiven Verwirklichung von Gemeinschaftspolitiken oder eigenständigen Interessen einer supranationalen Gemeinschaft begründet, fällt diese Materie in eine andere rechtliche Kategorie, da es nicht mehr um den genuin nationalstaatlichen Strafanspruch eines Mitgliedstaats geht, den es durch internationale Kooperation und Koordination zu effektuieren gilt. Vielmehr stehen die Interessen eines alle Mitgliedstaaten und deren Bürger umgreifenden Herrschaftsverbands im Mittelpunkt. Die Verhängung öffentlicher Strafe würde als Ausdruck der Interessen dieser supranationalen Gemeinschaft erfolgen. Wenn dieses Kollektiv aber nicht hinreichend als politische Gemeinschaft verfasst und integriert ist, dann kann ihm nicht die konstitutive Fähigkeit zur repräsentativen Willensbildung zugestanden und auch keine öffentliche Strafe in seinem Namen ausgesprochen werden. Ein europäischer *demos in statu nascendi* ist für Strafrechtsetzung nicht genug.[521]

518 *Boister*, 14 European Journal of International Law (2003), 953 (971); *Bassiouni*, International Criminal Law, Band 1: Crimes, S. 32, 62 ff. – Kriminalisierungsgründe unterscheiden sich nach Schwere, Schutzgehalt und Adressatenkreis; *Yarnold*, 8 Temple International & Comparative Law Journal 85 (1994), 107 ff., differenziert nach Fallgruppen, die primär rechtspolitisch (policy) orientiert sind und solchen, denen rechtsprinzipielle Erwägungen (principle) zu Grunde liegen. vgl. ferner *Schmidt*, Externe Strafpflichten (2002).

519 Vgl dazu z. B. die Arbeiten im Sammelband Delmas-Marty/Pieth/Sieber (Hrsg.), Les chemins de l'harmonisation pénale (2008), in dem die Problematik allerdings auf die Frage der Rechtsharmonisierung verkürzt wird.

520 Zum Begriff des öffentlichen Strafanspruchs siehe schon unten Fn. 178.

521 Eine Differenzierung nach der erforderlichen Dichte der übernationalen Identität nach Rechtsbereichen steht offen. Für besonders intensive Eingriffe wie Sicherheits- und Strafrecht ist ein Maß erforderlich, das die Erfordernisse anderer Materien wie regulative oder distributive Politikbereiche übersteigt.

Die Konsequenzen liegen damit auf der Hand. Im Hinblick auf das transnationale Kooperationsstrafrecht muss es bei der Einstimmigkeitsregel im intergouvernementalen Kopplungsorgan bleiben. Dies betrifft vor allem die strafrechtlichen Materien der dritten Säule, die durch den Lissabonner Vertrag im Kapitel „Raum der Freiheit, Sicherheit und des Rechts“ vergemeinschaftet, ausdifferenziert und mit gemeinschaftsrechtlich basierten Strafrechtsregelungen zusammengeführt werden sollen. Einer dramatischen Verschärfung des Demokratiedefizits durch diese Amalgamierung lässt sich allerdings zumindest entgegen wirken. Trotz Erstreckung des Mitentscheidungsverfahrens auf diesen Sachbereich verbirgt sich hier der Intergouvernementalismus im Gewande eines gesteigerten Supranationalismus. Die Einführung eines Notbremsenmechanismus erinnert in seiner Funktionsweise an die Luxemburger Vereinbarung[522] und verleiht überstimmten Nationalstaaten damit ein Instrument zum Schutz seiner essentiellen Interessen, das freilich unter Einwirkung der nationalen Parlamente in adäquater Form genutzt werden müsste. Schwieriger gestaltet sich eine abschließende Beurteilung des genuin supranationalen Strafrechts. Solange sich die Union nicht als Gemeinwesen qualifizieren lässt, dem sich Bürger Europas zugehörig fühlen, gebricht es der Herrschaftsausübung an (sozialer) Legitimation. Demokratische Selbstbestimmung in Gestalt supranationaler Strafrechtsetzung setzt supranationale Bürgerschaft voraus. Im europäischen Kontext denkt der Unionsbürger jedoch nicht in der Dimension der Selbstbestimmung. Ein echtes „Europäisches Strafrecht“ ist daher derzeit nur als regulatorisch-administratives Sanktionsrecht der supranationalen Exekutivorgane vorstellbar, das ohne die Schärfe und den inhärenten sozialethischen Missbilligungscharakter des Kriminalstrafrechts auf ordnungsrechtliche oder marktspezifische Verstöße reagiert. Die Setzung supranationalen Kriminalstrafrechts ist im gegenwärtigen Rahmen hingegen äußerst erheblichen Einwänden ausgesetzt.

C. Moratorium für ein supranationales Strafrecht?

Doch scheint auch hier kein Moratorium geboten zu sein. Supranationale Rechtsetzungsvorhaben müssen sich ihre Legitimationsschwächen aber klar vor Augen führen. Um den Anforderungen des Demokratieprinzips zu genügen, könnten sie sich der Prozeduren des zuvor skizzierten transnationalen Kooperationsstrafrechts bedienen, bis das potentielle Legitimationssubjekt der politischen Gemeinschaft der Bürger Europas hinreichend feste Konturen annimmt. Andererseits ließe sich auch ein Entscheidungsmodus jenseits des (gesteigerten) Intergouvernementalismus rechtfertigen, soweit anstelle eines Mehrheitsprinzips strenger und ausdrücklicher dem Prinzip der Konkordanz gefolgt wird. Hierfür würde auch der Lissabonner Vertrag Impulse liefern, da er diverse Konkordanz erzwingende Elemente enthält. Nur in aller Kürze sei hier auf den Notbremsenmechanismus, Transparenzklauseln zur Förde-

522 Siehe dazu *Streinz*, Europarecht, Rn. 304.

rung von *good governance* und der Beteiligung der Zivilgesellschaft sowie das Frühwarnsystem im Protokoll über die Anwendung der Grundsätze der Subsidiarität und Verhältnismäßigkeit verwiesen. Die Emergenz eines Legitimationssubjekts der politischen Gemeinschaft der Bürger Europas muss daher nicht zwingend aus einem lethargisch-lähmenden Wartezustand verfolgt werden. Die Mitgliedstaaten können durch die Art des Einsatzes des Strafrechts und dessen Deliberation im Rahmen der EU einen gezielten Beitrag zur Politisierung der Unionsbürger und damit zur Verfestigung politischer Gemeinschaft auf europäischer Ebene leisten, indem sie strafrechtliche Reformvorhaben in einen transeuropäischen Diskussionskontext einbetten. Die souveränitätsverlagernde Wirkung harmonisierender oder sonstiger übernationaler Rechtsetzung kann durch Betonung der gemeinschaftlichen Betroffenheit und des Mehrwerts eines vereinten Vorgehens für die Gemeinschaft der europäischen Bürger ins Positive gewendet werden. Es besteht also eine evolutiv-politische Wechselbeziehung zwischen Konkordanznotwendigkeit und der Nutzung des Strafrechts als Instrument zur Erzeugung europäischer Gemeinschaftlichkeit.[523]

Um diesen Weg fruchtbar zu gestalten, ist allerdings der Beginn eines Denkprozesses über den Gegenstand supranationalen Strafrechts geboten. Es fehlt bislang an einer stimmig konzipierten europäischen Kriminalpolitik bzw. einer sinnstiftenden, theoretisch untergründeten Idee eines Europäischen Strafrechts.[524] Vonnöten erscheint ebenso die Konzeption eines wirksamen Abgrenzungskriteriums, über das strafrechtliche Problemfelder trennscharf den einzelnen Systemebenen zugewiesen werden können.[525] Insgesamt muss Strafrecht im europäischen Kontext viel zielgerichteter, d. h. mit klaren Konzepten und Entwicklungszielen sowie um die politischen wie verfassungstheoretischen Implikationen wissend, eingesetzt werden. Dabei könnte sich eine normative, nicht funktional-politische Scheidelinie zwischen Deliktsbereichen ergeben, die nachwievor eigene Angelegenheit des Staates bleiben und auch in ihren Wirkungen nach außen und von außen abgeschirmt sind, gegenüber den Deliktsgruppen, die transnationale Interessen berühren bzw. transnationale Implikationen haben und schließlich jenen potentiellen Delikten, denen Verletzungen eigenständiger Interessen einer supranationalen Bürgerschaft zu Grunde liegen.[526]

523 Je stärker europäischer Gemeinsinn wächst und transnational gleiche Partizipationsrechte eingeräumt werden, desto geringer fällt das Bedürfnis nach Beachtung des Grundsatzes der Konkordanz aus.

524 Insofern hülfe auch ein Modellstrafgesetzbuch nicht weiter. Ein solches Vorgehen beließe zwar den Nationalstaaten größere Autonomie, doch könnte die gewährte Freiheit sich geradezu als kontraproduktiv erweisen. Ohnehin ist die Vorfrage der zulässigen oder gar gebotenen Inhalte nicht mit der Auswahl des Implementierungsinstrumentariums gelöst.

525 Der Grundsatz der Subsidiarität hat sich hierbei in der europarechtlichen Praxis nicht zuletzt wegen der doppelten Effizienzprüfung als unbrauchbar erwiesen.

526 An diesem Punkt offenbart sich ein Kriminalpolitikdefizit, das auf einem Mangel an konsistenten materiellen Differenzierungskriterien beruht. Die Inkohärenz des Vorgehens der Kommission bei der Durchsetzung von Gemeinschaftspolitiken belegt und rügt *Vervaele*, FS Tiedemann, S. 1353 (1368 ff.). Auch *Hassemer*, ZStW 116 (2004), S. 304 (319), beklagt,

Dieser Ansatz verspricht reichen Lohn. Zunächst fließen in diesem Punkt inhaltliche Aspekte und demokratische Legitimation zusammen. Die von den Inhalten abhängige kreative Nutzung des Strafrechts in Europa vermag eigenständige demokratische Legitimation zu schaffen. Die konzeptgestützte Differenzierung der Deliktsbereiche böte zudem materiell verbesserten Schutz gegen den Kompetenzdrift zu Gunsten der EU.[527] Die neuere EuGH-Rechtsprechung zur strafrechtlichen Anweisungskompetenz der EG liefert hierzu das paradigmatische Beispiel. Ferner ließe sich das wahrgenommene Ausmaß der Risiken einer fortschreitenden Europäisierung des Strafrechts reduzieren. Ungebremste Integration setzt die errungene Stabilität institutioneller Ordnungen und politischer Gemeinschaften aufs Spiel, auf der positives europäisches Gemeinschaftsrecht beruht. Die Furcht der Mitgliedstaaten, ihre Identität als Schlüsselbegriff integrierter Staatlichkeit im Zuge der Europäisierung zu verlieren,[528] die möglicherweise hinter dem Festhalten an strafrechtlicher Exklusivkompetenz steht, weil es sich aus der Sicht des Nationalstaats um ein essentielles Mittel handelt, sich seiner eigenen Bedeutung zu versichern und seine Staatlichkeit zu bestätigen, könnte entscheidend abgemildert werden. Das avisierte Vorgehen sichert die Eigenständigkeit des Nationalstaats in genuin nationalen Belangen. Es macht sich darüber hinaus die starke Integrationswirkung von Strafrecht zunutze. Strafrecht besitzt eine besondere Bedeutung für die Bildung und Festigung des Rechtsbewusstseins einer Bevölkerung. Gelingen Vertiefung und Politisierung der Beratung von Strafrechtsetzung auf überstaatlicher Ebene, lassen sich ergänzende Loyalitäten mit eigenständigen Repräsentationsfiguren fundieren, die zur Überwindung der bestehenden sozialpsychologischen Barrieren gegenüber supranationalem Strafrecht führen können.[529]

Die Kulturgebundenheit des Strafrechts steht dieser Aussicht nicht entgegen. Es erscheint zweifelhaft und politisch gefährlich, eine spezifische Rechtskultur an die Nation binden zu wollen.[530] Eine solche Sichtweise leistet wegen ihrer ethnozentrischen Anfälligkeit Rechtschauvinismus und Einzigartigkeitsattitüden Vorschub. Recht ist aber weder gänzlich durch einen einzigen Faktor noch die Gesamtheit der

dass die Frage, was Gegenstand eines europäischen Strafrechts sein kann und was Gegenstand einer nationalen Strafrechtsordnung bleiben muss, noch nicht einmal allgemein formuliert, geschweige denn geklärt ist.

527 Zum Kompetenzdrift *Haltern*, Europarecht – Dogmatik im Kontext, Rn 264.

528 *Grawert*, in: Isensee/Kirchhof (Hrsg.), Handbuch des Staatsrechts, Bd. 2, Staatsvolk und Staatsangehörigkeit, § 16 Rn. 11.

529 Vgl. auch *Hildebrandt*, Criminal Law and Philosophy 1 (2007), S. 57 (73, 76) - *may transform European criminal law in the Union to EU criminal law of the Union, thus producing an identity of the Union next to the identities prevalent in the Union.*

530 *Knieper*, RabelsZ 72 (2008), S. 88 (103); zu den möglichen Elementen einer europäischen Strafrechtskultur vgl. *Quintero Olivares*, FS Tiedemann, S. 1339 (1343 ff.). *Hildebrandt*, Criminal Law and Philosophy 1 (2007), S. 57 (59), löst sich hingegen vom Kulturbegriff und bemüht den Begriff der Rechtstradition in Anlehnung an Glenn (Legal Cultures and Legal Traditions, in: van Hoecke (Hrsg.), Epistemology and Methodology of Comparative Law, S. 7-21), um europäische Identität zu diskutieren.

Umstände bestimmt, die das sozio-kulturelle Eigenbild eines Nationalstaats prägen.[531] In Fragen der Bürgerrechte und wirtschaftlichen Freiheiten hat sich die nationale Affinität demografisch als weniger relevant erwiesen als die allgemeine politische Orientierung der befragten Unionsbürger.[532] Es besteht weit größere Offenheit und Adaptationsfähigkeit als reflexartig behauptet wird.[533] Kulturelle Prägungen haben sich zudem noch stets als kontingent erwiesen. Kulturelle Entwicklungen vollziehen sich immer zugleich regional, national, kontinental, so dass abgeschichtete Identitäten empirisch nicht ausgeschlossen sind. Auch *Montesquieu* als Kronzeuge für die nationale Spezifik von Rechtsordnungen betont die historisch-empirische Relativität des Rechts[534] und bekennt, dass Gesetze letztlich nichts weiter sind als die Anwendungsfälle der menschlichen Vernunft.[535] Das Einlassen auf neuartige Herausforderungen und den gesellschaftlichen Regelungskontext ist für die Rechtsent-

531 *Rehm*, RabelsZ 72 (2008), S. 1 (31). Dennoch wollen renommierte Rechtsvergleicher auch heute noch einen unlösbaren Zusammenhang zwischen Nation und Recht erkennen, vgl. *Legrand*, Maastricht Journal of European Comparative Law 4 (1997), S. 111 (116). Jede Rechtsregel sei letztlich eine inkorporierte kulturell determinierte Figur. Auch die Bürger selbst würden von Geburt an in einem bestimmten Rechtsverständnis sozialisiert, von dem sich das Denken nicht mehr frei machen kann. Rechtsregeln haben deshalb in jedem nationalen kulturellen und sozialen Kontext eine andere Bedeutung, so dass eine supranational gesetzte Norm in jedem Mitgliedstaaten eine andere Bedeutung annehmen würde. Eine vollständige Kongruenz lässt sich freilich nicht belegen. Die Nation ist nur eine Gruppe, die für Sozialisation und Werteprägung eines Menschen in der Gesellschaft verantwortlich ist, *Rehm*, RabelsZ 72 (2008), S. 1 (21). Sie konkurriert mit Kirchen, Familie, Schule, Parteien oder Vereinen. Auch sind Nationalstaaten eine relativ junge Erscheinung, deren Entwicklung sogar parallel zur Verwirklichung von Rechtseinheit erfolgen kann. Rechtskultur variiert auch innerhalb der Gesellschaft stark, *Knieper*, RabelsZ 72 (2008), S. 88 (104). Die Argumentation Legrands greift daher sachlich und historisch zu kurz. Es scheint auch zu pauschal, anzunehmen, dass jeder Bürger den Geist seiner Rechtsordnung verinnerlicht hat und unausweichlich in seinem Denken und der Akzeptanz von Rechtsnormen von deren Grundwertungen bestimmt wird.

532 *Hix*, The Political System of the European Union, S. 174.

533 Je intensiver in der Lebenswirklichkeit eine Durchdringung strafrechtlicher und sozialer Normen ist, desto intensiver dürften in einer Gesellschaft, welche von Migration und Internationalisierung gekennzeichnet ist, fremde kulturelle Normen auf Strafrechtsnormen einwirken, *Hassemer*, Vielfalt und Wandel, Kommentar in: Höffe, Gibt es ein interkulturelles Strafrecht?, S. 157 (171).

534 „Gesetze ergeben sich notwendig aus der Natur der Dinge". Zudem ließen sich *Montesquieus* Aussagen eben nicht auf die französische Nation insgesamt münzen. Er sah Frankreich als Zusammenschluss vieler Völker mit eigenständigen Präferenzen, L'Esprit des Lois, in: Caillois (Hrsg.), Montesquieu: Oeuvres Complètes, Tome 2, 1951, Liv. XXIII, Chap. 24. In ähnlicher Weise glaubte *Voltaire* in „Geist der Nationen" vernunftbedingt an universelle Einsicht in existentielle Rechtsgrundsätze, hielt eine einheitliche positive Gesetzgebung selbst innerhalb von Frankreich aber für undenkbar und unangebracht, *Voltaire*, Essai sur les moeurs et l'esprit des nations et sur les principaux faits de l'histoire depuis Charlemagne jusqu'a Louis XIII (1756), Bd. II, S. 936.

535 *Montesquieu*, L'Esprit des Lois, in: Caillois (Hrsg.), Montesquieu: Oeuvres Complètes, Tome 2, 1951, Liv. I, Chap. 3.

wicklung mithin unerlässlich.[536] Konzepte wie Volksgeist oder die historische Rechtsschule finden hier natürliche Grenzen,[537] da Umbrüche im sozio-ökonomischen Bereich wie einst Industrialisierung und heutzutage Globalisierung von ihrer Programmatik nicht verarbeitet werden können. In modernen Staaten entstehen fortlaufend neue Regelungsbereiche, die keinesfalls im Rechtsbewusstsein der Bevölkerung präsent sind. Man denke nur an die abstrakten Finanzinteressen supranationaler Gemeinschaften. Eine Selbstbeschränkung auf national-kulturell determinierte Lösungen wird diesen Herausforderungen an den Gesetzgeber des 21. Jahrhunderts nicht gerecht. Es wäre deshalb bei paneuropäischer Überformung der Auseinandersetzung über die Nutzung des Strafrechts auf europäischer Ebene durchaus denkbar, dass es zwei unterschiedliche Strafrechtsebenen bzw. -identitäten im selben Territorium gibt, die vermittelt durch unterschiedliche Institutionen an unterschiedliche Legitimationssubjekte rückgekoppelt sind.[538]

Ob sich ein supranationales Strafrecht tatsächlich in diese Richtung bewegen wird, ist angesichts des dominierenden rein funktionalistischen Verständnisses des Konzepts eines Raums der Freiheit, Sicherheit und des Rechts ungewiss. Der Entwicklungshorizont wird maßgeblich vom Lissabonner Reformvertrag bestimmt. Eine kohärente Vision für ein europäisches Strafrecht ist ihm jedoch nicht zu entnehmen. Auch insgesamt folgt der Reformprozess erneut stur einem legalistischen Muster, ohne sich um politische Legitimation zu sorgen. Das Scheitern des Irland-Referendums ist insofern ein Segen, da es Einhalt gebietet und Anlass zum Nachdenken nicht nur darüber gibt, ob die EU mit ihren Regeln und Institutionen überhaupt noch die geeignete Plattform für den Einigungsprozess Europas ist oder welcher wirtschaftspolitischen Konzeption sie künftig folgen soll, sondern auch was die EU über den Binnenmarkt hinaus bedeutet und im Bereich „Justiz und Inneres“ einen Raum der Freiheit, der Sicherheit und des Rechts ausmacht. Auf all diese Fragen hat der Lissaboner Vertrag, obgleich er die Natur der Union nachhaltig ändern soll, keine Antworten.

536 Aus der Sicht der aktuellen Sicht eines Reformberaters, *Knieper*, RabelsZ 72 (2008), S. 88 (98 ff.).

537 *Würtenberger*, Zeitgeist und Recht, S. 67. Dieser bezeichnet die Auffassung zudem als antirationalistisch und antiaufklärerisch. Der Volksgeist ist ein geheimnisvolles Walten, einer Erklärung oder Berechnung nicht zugänglich, S. 61.

538 In diesem Sinne wohl auch *Frisch*, GA 2007, 250 (266 ff., insb. S. 270 f.) oder *Hildebrandt*, Criminal Law and Philosophy 1 (2007), S. 57 (60). In empirischer Hinsicht ergaben Umfragen des Instituts für Demoskopie Allensbach, dass einheitliche Regelungen in der EU für die Kriminalitätsbekämpfung und Strafverfolgung in Europa von einer überwältigenden Mehrheit der Befragten (93 %) befürwortet wurden, Quelle: Frankfurter Allgemeine Zeitung, 21. Mai 2008, Nr. 117, S. 5.

Kapitel 8: Ausblick

Die aktuelle Debatte darf nicht auf die Frage der Gesetzgebungszuständigkeit verkürzt werden, sondern muss sich der Herausforderungen der Mehrebenensysteme an das strafrechtliche Denken annehmen. Es besteht eine Notwendigkeit des Überdenkens straftheoretischer Legitimationsfiguren und ihrer Rekonstruktion in Mehrebenensystemen. Dabei sollte die Aufmerksamkeit nicht allein der formalen demokratischen Legitimation gelten, sondern frühzeitig eine rechtswissenschaftliche Diskussion über die potentiellen Inhalte und Grenzen eines Kriminalrechts für Europa geführt werden, dessen Inhalte die staatlichen Souveränitäten materiell transzendieren können.[539] Den substantiellen Divergenzen zwischen den Spielarten transnationalen Strafrechts ist dabei stärkere Beachtung zu schenken.[540] Als mögliche Grenzen der politischen Gestaltungsfreiheit eines demokratischen Gesetzgebers kommen nicht zuletzt grundrechtliche Gewährleistungen in Betracht.[541] Diese Wertbindungen ergeben sich nicht aus der Demokratie als solcher heraus, sondern aus deren grundrechtlichen und rechtsprinzipiellen Begrenzungen.[542] Vor allem die Gemeinschaftsgrundrechte, Grundfreiheiten und allgemeinen Rechtsprinzipien – bald auch die Charta der Grundrechte – sind fruchtbar zu machen, um die inhaltlichen Grenzen zu konkretisieren, die auch einem demokratisch legitimierten europäischen Strafrecht

539 So schon *Prittwitz*, ZStW 113 (2001), S. 774 ff.; *Braum*, wistra 2006, 121 (122) - politische Opportunität ist das wichtigste Charakteristikum europäischer Strafrechtsetzung; sowie jüngst *Vervaele*, FS Tiedemann, S. 1353 (1361, 1365, 1383 f.) – „The Member States and the European Union need a commonly supported criminal law policy. ... [I]t is high time to focus on a European Agenda of criminal law values".

540 Auch diese Frage wird in der Auseinandersetzung zwischen Rat und Kommission unzulässig auf die Kompetenzfrage verkürzt und durch das inkohärente Agieren der Kommission überspielt.

541 *Böckenförde*, in: Isensee/Kirchhof (Hrsg.), Handbuch des Staatsrechts, Bd. 2, Demokratie als Verfassungsprinzip, § 24 Rn 8. *Vogel*, GA 2003, 314 (333), weist in dieser Hinsicht darauf hin, dass niemand die Augen davor verschließen solle, dass die europäischen Gesellschaften punitiver werden und das Resultat der Umsetzung, was ihre Gesellschaften wünschen, durch die vereinigten europäischen Regierungen in einer Demokratie bis zur Grenze der Menschenrechts- und Rechtsstaatswidrigkeit anerkannt werden muss.

542 *Böckenförde*, in: Isensee/Kirchhof (Hrsg.), Handbuch des Staatsrechts, Bd. 2, Demokratie als Verfassungsprinzip, § 24 Rn 38, 92 f. So ist die Ewigkeitsgarantie nicht Ausdruck demokratischer Freiheit, sondern eine inhaltliche Beschränkung derselben *Böckenförde*, in: Isensee/Kirchhof (Hrsg.), Handbuch des Staatsrechts, Bd. 2, Demokratie als Verfassungsprinzip, § 24 Rn. 39; a.A. wohl *Hillgruber*, in: Isensee/Kirchhof (Hrsg.), Handbuch des Staatsrechts, Bd. 2, Der Nationalstaat in der überstaatlichen Verflechtung, § 32 Rn. 51. Als pouvoir constituant sei das Volk keinen verfassungsrechtlichen Bindungen unterworfen. Kraft seiner verfassungsgebenden Gewalt erzeuge das Volk die Verfassung in ihrem normativen Geltungsanspruch und vermag diese Geltung auch wieder aufzuheben.

gesetzt sind.[543] In diesem Prozess muss auch die Strafrechtswissenschaft größere Initiative zeigen, um verlorenes Terrain zurückzugewinnen. Das Beharren auf nationaler Exklusivität und der vehemente Widerstand gegen die Internationalisierung des Strafrechts finden ihre Ursache zumindest teilweise in einem spürbaren Verlust der Einflussmöglichkeiten der nationalen Akteure in Wissenschaft und Strafjustizsystemen auf die Kriterien und Dialoge in der aktuellen Rechtsentwicklung. Die erforderlichen Analysen auf dem Weg zu einer rationalen Kriminalpolitik und ihrer strafrechtstheoretischen Unterfütterung im Mehrebenensystem der EU eröffnen neue Einflusskänale zur Einbringung von Ideen in den Politik- und Legislativprozess. Gerade die fundamentalen Theorien des Strafrechts sind darauf eingestellt, auch über nationale Grenzen hinweg zu wirken,[544] wenn es gelingt, traditionsbeladenen aber normativ leeren Ballast abzuwerfen und die Strafbegrenzungskriterien des Strafrechts durch Bezugnahme auf ihre materiellen Wurzeln in Verfassungstheorie und Freiheitsrechten anschlussfähig zu machen.[545]

543 So auch *Dannecker*, ZStW 117 (2005), S. 697 (744, 748). Eine Dogmatik europäischer Grundrechte, die Individualrechte operationalisiert und ihnen gegenüber expansiver Strafgesetzgebung Zähne verleiht, ist leider jedoch noch nicht vorfindlich, *Weigend*, ZStW 116 (2004), S. 275 (278); siehe aber erste Ansätze bei *Diehm*, Die Menschenrechte der EMRK und ihr Einfluss auf das deutsche Strafgesetzbuch (2006). *Quintero Olivares*, FS Tiedemann, S. 1339 (1348 ff.), sieht die Prinzipien des demokratischen, sozialen Rechtsstaats als elementaren Bestandteil einer europäischen Strafrechtskultur zum Schutz gegen willkürliche Strafrechtsetzung. Eine gemeinsame europäische Kriminalpolitik müsse auch grundlegende Strafrechtsprinzipien übernehmen, damit europäische Grund- und Menschenrechte nicht erodieren, S. 1350. Von zentraler Bedeutung wäre es in diesem Zusammenhang auch, für Fälle von Strafrechtssetzung auf supranationaler oder transnationaler Ebene, ein Gericht mit der Kontrollfunktion auszustatten, Inhalte der Strafgesetzgebung zu kontrollieren und den politisch nicht disponiblen Bereich verfassungsrechtlicher und menschenrechtlicher Freiheitsgarantien abzusichern, zum Erfordernis einer solchen Kontrolle *Stiebig*, EuR 2005, 466 (482), unter Verweis auf *Jung*, JuS 2000, 417 (423).

544 Vgl. *Hassemer*, Vielfalt und Wandel, Kommentar in: *Höffe*, Gibt es ein interkulturelles Strafrecht?, 1999, S. 157 (165 f.) - Das Prinzip des Rechtsgüterschutzes z.B. bildet eine geeignete Plattform für die Diskussion schutzwürdiger interkultureller Strafnormen. Der Rechtsgutsgedanke könnte der Diskussion sogar besonderen Halt geben.

545 Vgl. schon *Hassemer*, KritV 1999, S. 133 (139), sowie exemplarisch *Frisch*, GA 2007, 250 (266 ff.).

Literaturverzeichnis

Albrecht, Peter-Alexis, Europäischer Strafrechtsraum: Ein Albtraum?, ZRP 2004, S. 1-4.

Ders., Die vergessene Freiheit – Strafrechtsprinzipien in der europäischen Sicherheitsdebatte, 2. Aufl., Berlin 2006.

Albrecht, Peter-Alexis/Braum, Stefan, Defizite europäischer Strafrechtsentwicklung, KritV 98, S. 460-481.

Alexy, Robert, Begriff und Geltung des Rechts, Freiburg/München 2002.

Almond, Gabriel, Comparative Political Systems, Journal of Politics 18 (1956), 391-409.

Ambos, Kai, Internationales Strafrecht, 2. Aufl., München 2008.

Anderson, Benedict, Imagined Communities: Reflections on the Origin and Spread of Nationalism, Revised Edition, London 1991.

Appel, Ivo, Kompetenzen der Europäischen Gemeinschaft zur Überwachung und sanktionsrechtlichen Ausgestaltung des Lebensmittelrechts, in: Dannecker (Hrsg.), Lebensmittelstrafrecht und Verwaltungssanktionen in der Europäischen Union, Köln 1994, S. 165–192.

Augustin, Angela, Das Volk in der Europäischen Union: Zu Inhalt und Kritik eines normativen Begriffs, Berlin 2000.

Badura, Peter, § 25 – Die parlamentarische Demokratie, in: Isensee/Kirchhof (Hrsg..), Handbuch des Staatsrechts der Bundesrepublik Deutschland, Bd. 2 (Verfassungsstaat), 3. Aufl., Heidelberg 2004.

Ders., Erster Beratungsgegenstand, Bewahrung und Veränderung demokratischer und rechtsstaatlicher Verfassungsstruktur in den internationalen Gemeinschaften (2. Bericht), Veröffentlichungen der Vereinigung der Deutschen Staatsrechtslehrer 23 (1966), S. 34–96.

Ders., Leitsätze zum ersten Beratungsgegenstand: Bewahrung und Veränderung demokratischer und rechtsstaatlicher Verfassungsstruktur in den internationalen Gemeinschaften (2. Bericht), Veröffentlichungen der Vereinigung der Deutschen Staatsrechtslehrer 23 (1966), S. 97–104.

Bassiouni, Cherif M., International Criminal Law, Band 1: Crimes, 2. Aufl., Dobbs Ferry, NY, et al. 1999.

Ders., Policy Considerations on Inter-State Cooperation in Criminal Matters, in: Eser/Lagodny (Hrsg.), Principles and Procedures for a New Transnational Criminal Law, Freiburg 1992, S. 807-826.

Baumbach, Martin, Vertragswandel und demokratische Legitimation, Berlin 2008.

Berlin, Isaiah, Three Critics of the Enlightenment, Vico, Hamann, Herder, Princeton 2000.

Badie, Bertrand/Birnbaum, Pierre, The Sociology of the State, Chicago 1983.

Blanke, Thomas, Funktionale Selbstverwaltung und Demokratieprinzip, in: Redaktion Kritische Justiz (Hrsg.), Demokratie und Grundgesetz. Eine Auseinandersetzung mit der verfassungsgerichtlichen Rechtsprechung, 2000, S. 32-58.

Bleckmann, Albert, Das europäische Demokratieprinzip, JZ 2001, S. 53–58.

Bodin, Jean, Les six livres de la République, 2. Neudruck der Ausgabe von 1583, Aalen 1977.

Böckenförde, Ernst Wolfgang, Die historische Rechtsschule und das Problem der Geschichtlichkeit des Rechts, in: Festschrift für Joachim Ritter, Basel 1965, S. 9-36.

Ders., Mittelbare/Repräsentative Demokratie als eigentliche Form der Demokratie, in: Festschrift für Kurt Eichenberger, Basel/Frankfurt a.M. 1982, S. 301-328.

Ders., Die verfassungsgebende Gewalt des Volkes – ein Grenzbegriff des Verfassungsrecht, in: Preuß (Hrsg.), Zum Begriff der Verfassung, 1994, S. 58-82.

Ders., Staat, Nation, Europa, Frankfurt a. M. 1999.

Ders., § 24 – Demokratie als Verfassungsprinzip, in: Isensee/Kirchhof (Hrsg.), Handbuch des Staatsrechts der Bundesrepublik Deutschland, Bd. 2 (Verfassungsstaat). 3. Aufl., Heidelberg 2004.

Ders., § 34 - Demokratische Willensbildung und Repräsentation, in: Isensee/Kirchhof (Hrsg.), Handbuch des Staatsrechts, Bd. 3, 3. Aufl., Heidelberg 2005.

Ders., Recht, Staat, Freiheit, Frankfurt a.M. 2006 (erweiterte Ausgabe).

Böse, Martin, Die Zuständigkeit der Europäischen Gemeinschaft für das Strafrecht. Zugleich Anmerkung zu EuGH, U. v. 13.09.2005 - Rs. C-176/03, Goltdammer's Archiv für Strafrecht 2006, S. 211–224.

Ders., Vorrang des Unionsrechts?, Festschrift für Klaus Tiedemann zum 70. Geburtstag, Köln München 2008, S. 1321-1337.

von Bogdandy, Armin, Gubernative Rechtsetzung, Tübingen 2000.

Ders., The European Union as a Human Rights Organization? Human Rights and the Core of the European Union, Common Market Law Review 2000, S. 1307–1338.

Ders., (Hrsg.), Europäisches Verfassungsrecht – Theoretische und dogmatische Grundzüge, Berlin/Heidelberg 2003.

Ders., Theoretische und dogmatische Grundzüge, Europäische Prinzipienlehre, in: von Bogdandy (Hrsg.), Europäisches Verfassungsrecht Theoretische und dogmatische Grundzüge. Berlin/Heidelberg 2003, S. 149–203.

Ders., Demokratie, Globalisierung, Zukunft des Völkerrechts – eine Bestandsaufnahme. Zeitschrift für ausländisches öffentliches Recht und Völkerrecht 63 (2003), S. 853–877.

Ders., Zur Übertragbarkeit staatsrechtlicher Figuren auf die Europäische Union, in: Festschrift für Peter Badura, Tübingen 2004, S. 1033–1052.

von Bogdandy, Armin/Bast, Jürgen/Arndt, Felix, Handlungsformen im Unionsrecht. Empirische Analysen und dogmatische Strukturen in einem vermeintlichen Dschungel, ZaöRV 62 (2002), S. 77-161.

Boister, Neil, Transnational Criminal Law?, 14 European Journal of International Law (2003), S. 953-976.

Braum, *Stefan*, Europäische Strafgesetzlichkeit, Frankfurt a.M. 2003.

Ders., Das Prinzip der gegenseitigen Anerkennung. Historische Grundlagen und Perspektiven europäischer Strafrechtsentwicklung. Goltdammer's Archiv für Strafrecht 2005, S. 681–699.

Ders., Europäische Strafgesetzgebung: Demokratische Strafgesetzlichkeit oder administrative Opportunität? Anmerkung zu EuGH, U. v. 13.09.2005 - Rs. C-176/03 -wistra 2006, S. 121-125.

Bredt, Stephan, Die demokratische Legitimation unabhängiger Institutionen. Vom funktionalen zum politikfeldbezogenen Demokratieprinzip, Berlin 2006.

Broberg, *Morten*, Access to documents: a general principle of Community law? European Law Review 27 (2002), S. 194–205.

Brosius-Gersdorf, Frauke, Die doppelte Legitimationsbasis der Europäischen Union. Zu den verfassungsrechtlichen Grundlagen der demokratischen Legitimation der Europäischen Union. Europarecht 34 (1999), 133–169.

Bryde, Brun-Otto, Das Demokratieprinzip des Grundgesetzes als Optimierungsaufgabe, in: Demokratie und Grundgesetz, Sonderheft der Kritischen Justiz, 2000, S. 59-70.

Ders., Die bundesrepublikanische Volksdemokratie als Irrweg der Demokratietheorie, in: Staatswissenschaft und Staatspraxis 1994, S. 305-330.

Burgess, Michael, Federalism and the European Union: The Building of Europe, 1950-2000, London 2000.

Burmeister, Günther, Herkunft, Inhalt und Stellung des institutionellen Gesetzesvorbehalts, Berlin, 1991.

Callies, Christian, Demokratieprinzip im Europäischen Staaten- und Verfassungsverbund, in: Festschrift für Georg Ress, Köln/Berlin/München 2005, S. 399-421.

Callies, Christian/Ruffert, Matthias (Hrsg.), Kommentar zu EU-Vertrag und EG-Vertrag., 2. Auf., Neuwied Kriftel 2002.

Ders., Art. 5 EGV, in: Callies/Ruffert (Hrsg.) EG-Vertrag, Art. 5 Rn. 1 ff.

Ders., Auf dem Weg zu einem einheitlichen Europäischen Strafrecht? Kompetenzgrundlagen und Kompetenzgrenzen eine dynamischen Entwicklung, ZEuS 2008, S. 3-43.

Chayes, Abram/Chayes, Antonio Handler, The New Sovereignty: Compliance with International Regulatory Agreements, Harvard 1998.

Corbett,Richard/Jacobs,Francis/Shackleton,Michael, The European Parliament, 6. Aufl., London 2005.

Crawford, James, Democracy and International Law, in: Brownlie/Bowett (Hrsg.), British Yearbook of International Law 64 (1993), S. 113-133.

Dahm, Georg/Delbrück, Jost/Wolfrum, Rüdiger, Völkerrecht, Bd. I/1, 2. Aufl. Berlin 1989.

Dann, Philipp, Parlamente im Exekutivföderalismus, Berlin/Heidelberg et al. 2004.

Dannecker, Gerhard, Die Dynamik des materiellen Strafrechts unter dem Einfluss europäischer und internationaler Entwicklungen, Zeitschrift für die gesamte Strafrechtswissenschaft 117 (2005), S. 697-748.

Dawes, Anthony/Lynskey, Orla, The ever longer arm of EC law: the extension of community competence into the field of criminal law, Common Market Law Review 45 (2008), S. 131-158.

Delbrück, Jost, Globalization of Law, Politics, and Markets – Implications for Domestic law – A European Perspective, 1 Indiana Journal of Global Legal Studies (1993), S. 9-36.

Ders., Das Staatsvolk und die „Offene Republik", Festschrift für Bernhardt, Berlin/Heidelberg et al. 1995, S. 777-796.

Denninger, Erhard, Vom Ende nationalstaatlicher Souveränität in Europa, JZ 2000, S. 1121-1126.

Di Fabio, Udo, Der neue Art. 23 des Grundgesetzes. Positivierung vollzogenen Verfassungswandels oder Verfassungsneuschöpfung?, Der Staat 32 (1993), 191-217.

Dieblich, Franz, Der strafrechtliche Schutz der Rechtsgüter der Europäischen Gemeinschaften, Köln 1985.

Diehm, Dirk, Die Menschenrechte der EMRK und ihr Einfluss auf das deutsche Strafgesetzbuch, Berlin 2006.

Dupuy, Pierre-Marie, International Law: Torn between Coexistence, Cooperation and Globalization, General Conclusions, 9 European Journal of International Law (1998), S. 278-286.

Eisele, Jörg, Besprechung EuGH v. 23.10.2007, Az. C-440/05, Nichtigkeit des Rahmenbeschlusses zur Verstärkung des strafrechtlichen Rahmens zur Bekämpfung der Verschmutzung durch Schiffe, JZ 2008, S. 251-254.

Elkins, David J., Beyond Sovereignty, Territory and Political Economy in the Twenty-first Century, Toronto 1995.

Emde, Ernst Thomas, Die demokratische Legitimation der funktionellen Selbstverwaltung, Berlin1991.

Eser, Albin, Artikel 49, in: J. Meyer (Hrsg.), Kommentar zur Charta der Grundrechte der Europäischen Union, Baden-Baden 2003.

Etzioni, Amitai, Journal of Common Market Studies 45 (2007), S. 23-42.

Everling, Ulrich, Die Europäische Union im Spannungsfeld von gemeinschaftlicher und nationaler Politik und Rechtsordnung, in: von Bogdandy (Hrsg.), Europäisches Verfassungsrecht, 2003, S. 847-892.

Ewald, William, Comparative Jurisprudence (II), The Logic of Legal Transplants, American Journal of Comparative Law, 43 (1995), S. 489-510.

Featherstone, Kevin, Jean Monnet and the 'Democratic Deficit' in the European Union, Journal of Common Market Studies 32 (1994), S. 149-170.

Fichte, Johann Gottlieb, Reden an die deutsche Nation, in: I. Fichte (Hrsg.), Fichtes Werke, Band VII – Zur Politik, Moral und Philosophie der Geschichte, Berlin 1971.

Follesdal, Andreas/Hix, Simon, Why There is a Democratic Deficit in the EU: A Response to Majone and Moravcsik, Journal of Common Market Studies 44 (2006), S. 533-562.

Francis, Emerich, Ethnos und Demos. Soziologische Beiträge zur Volkstheorie, Berlin 1965.

Friedmann, Lawrence M., The Concept of Legal Culture: A Reply, in: Nelken (Hrsg.), Comparing Legal Cultures, Brookfield 1997, S. 33-39.

Fromm, Ingo Erasmus, Der strafrechtliche Schutz der Finanzinteressen der EG, Berlin/Heidelberg 2004.

Franck, Thomas M., The Emerging Right to Democratic Governance, 86 American Journal of International Law (1992), S. 46-91.

Frisch, Wolfgang, Rechtsphilosophie und Strafrecht in Europa, GA 2007, S. 250-273.

Frowein, Jochen Abr., Die Verfassung der Europäischen Union aus der Sicht der Mitgliedstaaten, EuR 1995, S. 315 – 333.

Grande, Edgar, Demokratische Legitimation und Europäische Integration, Leviathan 24 (1996), S. 339-360.

Ders., Auflösung, Modernisierung oder Transformation? Zum Wandel des modernen Staates in Europa, in: Grande/Prätorius (Hrsg.), Modernisierung des Staates, Baden-Baden 1997, S. 45-63.

Grawert, Rolf, § 16 - Staatsvolk und Staatsangehörigkeit, in: Isensee/Kirchhof (Hrsg.), Handbuch des Staatsrechts, Bd. 2, 3. Aufl. 2004.

Ders., Demokratische Regierungssysteme. Qualitätsanforderungen an die Regierungssysteme der Mitgliedstaaten der Europäischen Union, FS Quaritsch, Berlin 2000, S. 95-121.

Greenwood, Justin, Interest Representation in the European Union, Hampshire 2003.

Grimm, Dieter, Braucht Europa eine Verfassung? Juristenzeitung 95, S. 581–591.

Gröblinghoff, Stefan, Die Verpflichtung des deutschen Strafgesetzgebers zum Schutz der Interessen der Europäischen Gemeinschaften, Heidelberg 1996.

Gröschner, Rolf, § 23 – Die Republik, in: Isensee/Kirchhof (Hrsg.), Handbuch des Staatsrechts, Bd. 2, 3. Aufl. 2004.

Grünwald, Gerald, Bedeutung und Begründung des Satzes "nulla poena sine lege", ZStW 76 (1964), S. 1-18.

Guéhenno, Jean-Marie, Das Ende der Demokratie, München 1994.

Haas, Volker, Strafbegriff, Staatsverständnis und Prozessstruktur: Zur Ausübung hoheitlicher Gewalt durch Staatsanwaltschaft und erkennendes Gericht im deutschen Strafverfahren, Tübingen 2008.

Habermas, Jürgen, Remarks on Dieter Grimm's 'Does Europe Need a Constitution?', European Law Journal 1 (1995), S. 303-307.

Ders., Faktizität und Geltung, 5. Aufl, Frankfurt a.M. 1997.

Ders., Konstitutionalisierung des Völkerrechts und andere Legitimationsprobleme einer verfassten Weltgesellschaft, in: Brugger/Neumann/Kirste (Hrsg.), Rechtsphilosophie im 21. Jahrhundert, Frankfurt a. M. 2008, S. 360-379.

Haltern, Ulrich, Tomuschats Traum: Zur Bedeutung von Souveränität im Völkerrecht, in: Festschrift für Christian Tomuschat, Kehl 2006, S. 867-898.

Ders., Europarecht – Dogmatik im Kontext. 2. Aufl., Tübingen 2007.

Ders., Was bedeutet Souveränität?, Tübingen 2007.

Hanebeck, Alexander, Bundesverfassungsgericht und Demokratieprinzip. Zwischen monistischem und pluralistischem Demokratieverständnis, DÖV 2004, S. 901 – 909.

Hassemer, Winfried, Vielfalt und Wandel, Kommentar in: Höffe, Gibt es ein interkulturelles Strafrecht?, 1999, S. 157-180.

Ders., Corpus Juris: Auf dem Weg zu einem europäischen Strafrecht? KritV 1999, S. 133-140.

Ders., Strafrecht in einem europäischen Verfassungsvertrag, ZStW 116 (2004), S. 304-319.

Hattenhauer, Hans, Die geistesgeschichtlichen Grundlagen des deutschen Rechts, 4. Aufl. 1996.

Hecker, Bernd, Europäisches Strafrecht, 2. Aufl., Berlin/Heidelberg 2007.

Hefendehl, Roland, Europäischer Umweltschutz: Demokratiespritze für Europa oder Brüsseler Putsch?, ZIS 2007, S. 161-167

Hegel, Georg Wilhelm Friedrich, Grundlinien der Philosophie des Rechts: mit Hegels eigenhändigen Randmerkungen in seinem Handexemplar der Rechtsphilosophie, Hoffmeister (Hrsg.), Hamburg 1995.

Heger, Martin, Anmerkung zu EuGH, Urteil v. 13.09.2005 - Rs. C-176/03 - (Harmonisierung des europäischen Umweltstrafrechts? Kommission ./. Rat), JZ 2006, S. 310–313.

Ders., Die Europäisierung des deutschen Umweltstrafrechts, Tübingen 2009.

Heitzer, Anne, Punitive Sanktionen im Europäischen Gemeinschaftsrecht, Heidelberg 1997.

Heller, Hermann, Die Souveränität. Ein Beitrag zur Theorie des Staats- und Völkerrechts, Berlin 1927.

Ders., Staatslehre, 6. Aufl., Tübingen 1983.

Herdegen, Matthias, Europarecht. 9. Aufl., München 2007.

Ders., Erster Beratungsgegenstand: Leistungsgrenzen des Verfassungsrechts. 1. Bericht: Informalisierung und Entparlamentarisierung politischer Entscheidungen als Gefährdungen der Verfassung? Veröffentlichungen der Vereinigung der Deutschen Staatsrechtslehrer 62 (2003), S. 7–32.

Herder, Johann Gottfried, Sämtliche Werke, Suphan (Hrsg.), Bd. XIV, Nachdruck der Ausgabe 1909, Hildesheim 1967.

Hildebrandt, Mireille, European Criminal Law and European Identity, Criminal Law and Philosophy 1 (2007), S. 57-78.

Herzog, Roman, Von der Akzeptanz des Rechts, in: Rüthers/Stern (Hrsg.), Freiheit und Verantwortung im Verfassungsstaat, Festgabe zum 10-jährigen Jubiläum der Gesellschaft für Rechtspolitik, München 1984, S. 127-138.

Hillgruber, Christian, Die Herrschaft der Mehrheit. Grundlagen und Grenzen des demokratischen Majoritätsprinzips, AöR 127 (2002), S. 460– 473.

Ders., § 32 - Der Nationalstaat in der überstaatlichen Verflechtung in: Isensee/Kirchhof (Hrsg.), Handbuch des Staatsrechts, Bd. 2, 3. Aufl. 2004.

Hix, Simon, The Political System of the European Union, 2. Aufl., Hampshire 2005.

Hobbes, Thomas, Leviathan, Neudruck der Ausgabe von 1651, London 1985.

Hobe, Stephan, Der offene Verfassungsstaat zwischen Souveränität und Interdependenz, Berlin 1998.

Ders., Der kooperationsoffene Verfassungsstaat, Der Staat 37 (1998), S. 521-546.

Ders., Die Zukunft des Völkerrechts im Zeitalter der Globalisierung, Archiv des Völkerrechts 37 (1999), S. 253-282.

Hobsbawm, Eric, Nation und Nationalismus. Mythos und Realität seit 1780, Frankfurt a.M. 2004.

Hofmann, Hasso, Einführung in die Rechts- und Staatsphilosophie, 3. Aufl., Darmstadt 2006.

Hörnle, Tatjana, Unterschiede zwischen Strafverfahrensordnungen und ihre kulturellen Hintergründe, ZStW 117 (2005), S. 801-838.

Huber, Peter M., Demokratie ohne Volk oder Demokratie der Völker? – Zur Demokratiefähigkeit der Europäischen Union, in: Drexl/Kreuzer/Scheuing/Sieber (Hrsg.), Europäische Demokratie, Ius Europaeum, Bd. 6, Baden-Baden 1999, S. 27–58.

Ders., Europäisches und nationales Verfassungsrecht, VVDStRL 60 (2001), 194-241.

Ders., Art. 192 EGV, in: Streinz (Hrsg.), EGV/EUV Kommentar, München 2003.

Hugger, Heiner, Strafrechtliche Anweisungen der Europäischen Gemeinschaft, Baden-Baden 2000.

Isensee, Josef, § 57 - Gemeinwohl und Staatsaufgaben im Verfassungsstaat, in: Isensee/Kirchhof (Hrsg.), Handbuch des Staatsrechts, Bd. III, 2. Aufl. 1996.

Ders., Nationalstaat und Verfassungsstaat - wechselseitige Bedingtheit, Festschrift für Gerd Roellecke, Stuttgart 1997, S. 137-163.

Ders., Die alte Frage nach der Rechtfertigung des Staates. Stationen in einem laufenden Prozeß, JZ 1999, S. 265–278.

Ipsen, Hans Peter, Fusionsverfassung Europäische Gemeinschaften, Bad Homburg/Berlin/Zürich 1969.

Ders., Europäisches Gemeinschaftsrecht, Tübingen 1972.

Ders., Zehn Glossen zum Maastricht-Urteil. BVerfG, Urteil v. 12.10.1993 - 2 BvR 2134/92 u. 2 BvR 2159/92 -, Europarecht 1994, S. 1–21.

Jachtenfuchs, Markus, Das Gewaltmonopol: Denationalisierung oder Fortbestand?, in: Leibfried/ Zürn (Hrsg.), Transformation des Staates?, Frankfurt a. M. 2006, S. 69-91.

Jachtenfuchs, Markus/Kohler-Koch, Beate, *Einleitung*: Regieren im dynamischen Mehrebenensystem, in: dies. (Hrsg.), Europäische Integration, Opladen, 1996, S. 15-46.

Jarass, Hans D./Pieroth, Bodo, Grundgesetz, 9. Aufl., München 2007.

Jellinek, Georg, Allgemeine Staatslehre, 3. Aufl. 1928, 7. Neudruck, Bad Homburg 1960.

Jescheck, Hans-Heinrich, Neuere Entwicklungen im nationalen, europäischen und internationalen Strafrecht: Perspektiven für eine Kriminalpolitik im 21. Jahrhundert?, Festschrift für Albin Eser, München 2005, S. 991-1003.

Jescheck, Hans-Heinrich/Weigend, Thomas, Lehrbuch des Strafrechts, 5. Aufl., Berlin 1996.

Joerges, Christian/Mény, Yves/Weiler, Joseph H.H. (Hrsg.), Mountain or Molehill? A critical appraisal of the Commission White Paper on Governance, Jean Monnet Working Paper Series No. 6/01

Jung, Heike/ Schroth, Hans-Jürgen, Das Strafrecht als Gegenstand der Rechtsangleichung in Europa, Goltdammer's Archiv für Strafrecht 1983, S. 241-272.

Jung, Heike, Strafverteidigung in Europa, StV 1990, S. 509-517.

Ders., Konturen und Perspektiven des europäischen Strafrechts, JuS 2000, S. 417–424.

Kadelbach, Stefan, Unionsbürgerschaft, in: v. Bogdandy (Hrsg.), Europäisches Verfassungsrecht, 2003, S. 539-582.

Kahn-Freund, Otto, On Uses and Misuses of Comparative Law, Modern Law Review 37 (1974), S. 1-27.

Kaufmann, Marcel, Europäische Integration und Demokratieprinzip, Baden-Baden 1997.

Keijzer, Nico, The Double Criminality Requirement, in: Blekxtoon et al. (Hrsg.), Handbook on the European Arrest Warrant, Den Haag 2005, S. 137–163.

Kelsen, Hans, Allgemeine Staatslehre, Nachdruck der 1. Auflage von 1925, Bad Homburg 1966.

Ders., Reine Rechtslehre, 2. Aufl., Wien 1960.

Ders., Vom Wesen und Wert der Demokratie, Neudruck der 2. Auflage 1929, Aalen 1963.

Kielmansegg, Peter Graf, Volkssouveränität. Eine Untersuchung der Bedingungen demokratischer Legitimität, Stuttgart 1977.

Ders., Integration und Demokratie, in: Jachtenfuchs/Kohler-Koch (Hrsg.), Europäische Integration, Opladen1996, S. 47-71.

Kirchhof, Paul, § 183 - Der deutsche Staat im Prozess der europäischen Integration, in: Isensee/Kirchhof (Hrsg.), Handbuch des Staatsrechts, Bd. VII, 1992.

Ders., Die Gewaltenbalance zwischen staatlichen und europäischen Organen, JZ 1998, S. 965 – 974.

Ders., Demokratie ohne parlamentarische Gesetzgebung? NJW 2001, S. 1332-1334.

Ders., Die rechtliche Struktur der Europäischen Union als Staatenverbund. In: von Bogdandy (Hrsg.), Europäisches Verfassungsrecht, Berlin/Heidelberg 2003, S. 893–929.

Ders., § 20 – Deutsche Sprache, in: Isensee/Kirchhof (Hrsg.), Handbuch des Staatsrechts, Bd. 2, 3. Aufl., Heidelberg 2004.

Ders., Die Zukunft der Demokratie im Verfassungsstaat, JZ 2004, S. 981-986.

Klose, Peter, Ius puniendi und Grundgesetz, ZStW, 86 (1974), S. 32-67.

Kluth, Winfried, Die demokratische Legitimation der Europäischen Union, Berlin 1995.

Knieper, Rolf, Möglichkeiten und Grenzen der Verpflanzbarkeit von Recht. Juristische Zusammenarbeit aus der Sicht eines Beraters, RabelsZ 72 (2008), S. 88-113.

Köhler, Michael, Strafrecht, Allgemeiner Teil, Berlin 1997.

Kokott, Juliane, Souveräne Gleichheit und Demokratie im Völkerrecht. Zeitschrift für ausländisches öffentliches Recht und Völkerrecht 64 (2004), S. 517–533.

Kreß, Claus, Tagungsbericht: Das Strafrecht auf der Schwelle zum europäischen Verfassungsvertrag. Ein Rückblick auf die außerordentliche Strafrechtslehrertagung am 07.–08.11.2003 in Dresden, Zeitschrift für die gesamte Strafrechtswissenschaft 116 (2004), S. 445–474.

Ders., Völkerstrafrecht der dritten Generation gegen transnationale Gewalt Privater?, in: Hankel (Hrsg.), Die Macht und das Recht, Hamburg 2008, S. 323-413.

Krey, Volker, Keine Strafe ohne Gesetz. Einführung in die Dogmengeschichte des Satzes "nullum crimen, nulla poena sine lege", Berlin et al. 1983.

Kubiciel, Michael, Grund und Grenzen strafrechtlicher Anweisungskompetenz der Europäischen Gemeinschaft, (Zugleich Anmerkung zu EuGH, U. v. 13.09.2006 - Rs. C-176/03 -), Neue Zeitschrift für Strafrecht 2007, S. 136–141.

Ders., Korruptionsbekämpfung - Internationale Rechtsentwicklung und Rechtswandel in Transitionsstaaten, ZStW 120 (2008), S. 429-446.

Laband, Paul, Deutsches Reichsstaatsrecht, 4. Aufl., Tübingen 1907.

Legrand, Pierre, Review Article – Comparative Legal Studies and Commitment to Theory, Modern Law Review 58 (1995), S. 262-273.

Ders., The Impossibility of "Legal Transplants", Maastricht Journal of European Comparative Law 4 (1997), S. 111-124.

Leibfried, Stephan/Zürn, Michael (Hrsg.), Transformation des Staates?, Frankfurt a. M. 2006.

Lepsius, M. Rainer, "Ethnos" und "Demos". Zur Anwendung zweier Kategorien von Emerich Francis auf das nationale Selbstverständnis der Bundesrepublik und auf die Europäische Einigung, KZfSS 38 (1986), S. 751-759.

Lepsius, Oliver, Steuerungsdiskussion, Systemtheorie und Parlamentarismuskritik, Tübingen 1999.

Lindseth, Peter L., Democratic Legitimacy and the Administrative Character of Supranationalism: The Example of the European Community, Columbia Law Review 99 (1999), S. 628–738.

Lord, Christopher, Assessing Democracy in a Contested Polity, Journal of Common Market Studies 39 (2001), S. 641-661.

Lübbe-Wolff, Gertrude, Europäisches und nationales Verfassungsrecht. Veröffentlichungen der Vereinigung der Deutschen Staatsrechtslehrer 60 (2001), S. 246–287.

Lüderssen, Klaus, Europäisierung des Strafrechts und gubernative Rechtssetzung, Goltdammers Archiv für Strafrecht 2003, S. 71-84.

MacCormick, Neil, Beyond the Sovereign State, Modern Law Review 56 (1993), S. 1-18.

Ders., The Maastricht-Urteil: Sovereignty Now, European Law Journal 1 (1995), S. 259-266.

Majone, Giandomenico, Europe's "Democratic Deficit": the Question of Standards. European Law Journal 4 (1998), S. 5–28.

Ders., Dilemmas of European Integration: The Ambiguities and Pitfalls of Integration by Stealth, Oxford et al. 2005.

Mancini, *G. Federico*, Europe: The Case for Statehood, European Law Journal 4 (1998), S. 29-42.

Maus, Ingeborg, Zur Aufklärung der Demokratietheorie. Rechts- und demokratietheoretische Überlegungen im Anschluß an Kant, Frankfurt a. M. 1992.

Dies., Vom Nationalstaat zum Globalstaat, oder: der Niedergang der Demokratie", in: Lutz-Bachmann/Bohmann (Hrsg.), Weltstaat oder Staatenwelt? Für und wider die Idee einer Weltrepublik, Frankfurt a. M. 2002, S. 226-259.

Dies., Zur Ideengeschichte der Gewaltenteilung und der Funktionsweise der Justiz, Festschrift für Heidrun Abromeit, Wiesbaden 2005, S. 224-262.

Mayer, Franz C./Palmowski, Jan, European Identities and the EU – The Ties that Bind the Peoples of Europe, Journal of Common Market Studies 42 (2004), S. 573-598.

Mény, Yves, De La Démocratie en Europe: Old Concepts and New Challenges, Journal of Common Market Studies 41 (2003), S. 1-13.

Meyer, Frank, EU Terror Lists in the Eye of the Rule of Law, eucrim 1-2/2008, S. 79-86

Merten, Detlef, Rechtsstaat und Gewaltmonopol, Tübingen 1975.

Möllers, Christoph, Gewaltengliederung, Tübingen 2005.

Ders., Demokratie – Zumutungen und Versprechen, Berlin 2008.

Montesquieu, Charles Louis de Secondat: L'Esprit des Lois, in: Caillois (Hrsg.), Montesquieu: Oeuvres Complètes, Tome 2, Paris 1951.

Moravcsik, Andrew, Preferences and Power in the European Community: A Liberal Intergovernmentalist Approach, Journal of Common Market Studies 31 (1993) S. 473-524.

Ders., Reassessing Legitimacy in the European Union, Journal of Common Market Studies 40 (2002), S. 603-624.

Münkler, Herfried, Die Deutschen und ihre Mythen, Berlin 2009.

Murswiek, Dietrich, Maastricht und der Pouvoir Constituant. Zur Bedeutung der verfassunggebenden Gewalt im Prozeß der europäischen Integration, Der Staat 32 (1993), S. 161-191.

Naucke, Wolfgang, Die Aufhebung des strafrechtlichen Analogieverbots 1935, in: Institut für Zeitgeschichte (Hrsg.), NS-Recht in historischer Perspektive, München Wien 1981, S. 71-108.

Nelles, Ursula, Europäisierung des Strafverfahrens – Strafprozeßrecht für Europa? Zeitschrift für die gesamte Strafrechtswissenschaft 109 (1997), S. 727–755.

Neßler, Volker, Deutsche und europäische Parteien. Beziehungen und Wechselwirkungen im Prozeß der Demokratisierung der Europäischen Union, EuGRZ 1998, 191-196.

Nettesheim, Martin, Die politische Gemeinschaft der Europäer, Festschrift für Häberle, Tübingen 2004, S. 193-206.

Nugent, Neill, The Government and Politics of the European Union, 6. Aufl., Hampshire 2006.

Oehler, Dietrich, Fragen zum Strafrecht der Europäischen Gemeinschaft, Festschrift für Jescheck, Bd. II, Berlin 1985, S. 1399-1410.

Oeter, Stefan, Souveränität und Demokratie als Probleme in der „Verfassungsentwicklung" der Europäischen Union. Zeitschrift für ausländisches öffentliches Recht und Völkerrecht 55 (1995), S. 659–712.

Ders., Föderalismus, in: v. Bogdandy (Hrsg.), Europäisches Verfassungsrecht, 2003, S. 59-119.

Oppermann, Thomas, Die Europäische Union von Lissabon, DVBl. 2008, S. 473-483.

Ossenbühl, Fritz, Maastricht und das Grundgesetz – eine verfassungsrechtliche Wende? Deutsches Verwaltungsblatt 1993, S. 629–637.

Pache, Eckhard, Europäische und nationale Identität: Integration durch Verfassungsrecht?, DVBl. (2002), S. 1154-1167.

Peers, Steve, Mutual Recognition and Criminal Law in the European Union: Has the Council Got It Wrong? Common Market Law Review 41 (2004), S. 5–36.

Peters, Bernhard/Weßler, Hartmut/Sifft, Stefanie/Wimmel, Andreas/Brüggemann, Michael/Kleinen-von Königslöw, Katharina, Die Transnationalisierung von Öffentlichkeiten am Beispiel der Europäischen Union, in: Leibfried/Zürn (Hrsg.), Transformation des Staates?, Frankfurt a. M. 2006, S. 230-261.

Pernice, Ingolf, Maastricht, Staat und Demokratie, Die Verwaltung 29 (1993), S. 449-488.

Ders., Carl Schmitt, Rudolf Smend und die europäische Integration, (Peter Häberle zu Ehren), AöR 120 (1995), S. 100-120.

Ders., Die Dritte Gewalt im europäischen Verfassungsverbund, (Antrittsvorlesung Frankfurt), EuR 1996, S. 27-43.

Ders., Multilevel Constitutionalism and the Treaty of Amsterdam: European Constitutionmaking Revisited? Common Market Law Review 36 (1999), S. 703-750.

Ders., Europäisches und nationales Verfassungsrecht, VDStRL 60 (2001), S. 148-188.

Perron, Walter, Sind die nationalen Grenzen des Strafrechts überwindbar? Überlegungen zu den strukturellen Voraussetzungen der Angleichung und Vereinheitlichung unterschiedlicher Strafrechtssysteme. Zeitschrift für die gesamte Strafrechtswissenschaft 109 (1997), S. 281–301.

Peters, Anne, Elemente einer Theorie der Verfassung Europas, Berlin 2001.

Dies., European Democracy after the 2003 Convention, Common Market Law Review 41 (2004), S. 37-85.

Pollak, Johannes/Slominski, Peter, Das politische System der EU. Wien 2006.

Prittwitz, Cornelius, Nachgeholte Prolegomena zu einem künftigen Corpus Juris Criminalis für Europa. Zeitschrift für die gesamte Strafrechtswissenschaft 113 (2001), S. 774–799.

Quaritsch, Helmut, Staat und Souveränität, Frankfurt a. M., 1970.

Quintero Olivares, Gonzalo, Der Europagedanke und die Harmonisierung des Strafrechts sowie der Strafjustiz, in: Festschrift für Tiedemann, Köln München 2008, S. 1339-1352.

Randelzhofer, Albrecht, Zum behaupteten Demokratiedefizit in der Europäischen Gemeinschaft, in: Hommelhoff/Kirchhof (Hrsg.), Der Staatenverbund der Europäischen Union, Heidelberg 1994, S. 39-55.

Ders., § 17 – Staatsgewalt und Souveränität, in: Isensee/Kirchhof (Hrsg.), Handbuch des Staatsrechts der Bundesrepublik Deutschland, Bd. 2 (Verfassungsstaat). 3. Aufl., Heidelberg 2004.

Rehm, Gebhard M., Rechtstransplantate als Instrument der Rechtsreform und -transformation, (Andreas Heldrich gewidmet, RabelsZ 72 (2008), S. 1-42.

Ress, Georg, Über die Notwendigkeit der parlamentarischen Legitimierung der Rechtsetzung der Europäischen Gemeinschaften, in: Gedächtnisschrift für Wilhelm Karl Geck, Köln et al. 1989, S. 625–684.

Rittberger, Berthold, Building Europe's Parliament, Oxford/New York 2005.

Ross, George, What do 'Europeans' Think? Analyses of the European Union's Current Crisis by European Elites, Journal of Common Market Studies 46 (2008), S. 389-412.

Roxin, Claus, Strafrecht Allgemeiner Teil, Band I: Grundlagen. Der Aufbau der Verbrechenslehre, 4. Aufl., München 2006.

Rüter, Frederik, Harmonie trotz Dissonanz. Gedanken zur Erhaltung eines funktionsfähigen Strafrechts im grenzenlosen Europa, ZStW 105 (1993), S. 30-47.

Saladin, Peter, Wozu noch Staaten? Zu den Funktionen eines modernen demokratischen Rechtsstaats in einer zunehmend überstaatlichen Welt, 1995, S. 87.

Sandel, Michael J., Democracy's Discontent, America in Search of a Public Philosophy, Cambridge, Mass. 1996.

Sander, Florian, Repräsentation und Kompetenzverteilung. Das Handlungsformensystem des Mehrebenenverbundes als Ausdruck einer legitimitätsorientierten Kompetenzbalance zwischen Europäischer Union und ihren Mitgliedstaaten, Berlin 2005.

Satzger, Helmut, Die Europäisierung des Strafrechts, Köln et al. 2001.

Ders., Das Strafrecht als Gegenstand europäischer Gesetzgebungstätigkeit, KritV 2008, S. 17-38.

Ders., Internationales und Europäisches Strafrecht, 2. Aufl., Baden-Baden 2008.

v. Savigny, Friedrich Carl, Vom Beruf unserer Zeit für Gesetzgebung und Rechtswissenschaft, 1814, Nachdruck Aalen 1973.

Ders., System des heutigen römischen Rechts, Bd. I , Berlin 1840.

Scharpf, Fritz W., Die Handlungsfähigkeit des Staates am Ende des Zwanzigsten Jahrhunderts, Politische Vierteljahresschrift 32 (1991), S. 621-634.

Ders., Crisis and Choice in European Social Democracy, Ithaca/London 1991.

Ders., Governing in Europe - Effective and Democratic?, Oxford/New York 1999.

Schermers, Henry G., Different Aspects of Sovereignty, in: Kreijen (Hrsg.), State, Sovereignty, and International Governance, Oxford 2002, S. 185-192.

Scheuner, Ulrich, Mehrheitsprinzip in der Demokratie, Opladen 1973.

Schilling, Theodor, Die Verfassung Europas, Staatswissenschaften und Staatspraxis 7 (1996), S. 387-417.

Schliesky, Utz, Der Beitrag des Subsidiaritätsprinzips gem. Art. 5 Abs. 2 EGV zur Legitimation supranationaler Herrschaftsgewalt, in: Schliesky/Schürmann (Hrsg.), Rechtsprobleme der Verzahnung von Herrschaftsgewalt in Mehrebenensystemen, Köln 2001, S. 23.

Ders., Souveränität und Legitimität von Herrschaftsgewalt, Tübingen 2004.

Schmidt, Eberhard, Einführung in die Geschichte der deutschen Strafrechtspflege, 3. Aufl., Göttingen 1965.

Schmidt, Manfred, Demokratietheorien. Eine Einführung, 4. Aufl., Wiesbaden 2008.

Schmidt, Martin, Externe Strafpflichten, Frankfurt a.M./Berlin et al. 2002.

Schmidt-Aßmann, Eberhard, Art. 103 GG, in: Maunz/Dürig (Hrsg.), Grundgesetz Kommentar, 50. Ergänzungslieferung, München 2007.

Schmitz, Thomas, Integration in der Supranationalen Union, Baden-Baden 2001..

Schmitt, Carl, Politische Theologie, 1922, 7. Aufl. 1996.

Ders., Die geistesgeschichtliche Lage des heutigen Parlamentarismus, Nachdruck der 2. Aufl. 1926, 1996.

Ders., Verfassungslehre, 1928, 5. unveränderte Auslage, München 1970.

Schomburg, Wolfgang, Are We on the Road to a European Law-Enforcement Area? International Cooperation in Criminal Matters. What Place for Justice? European Journal of Crime, Criminal Law and Criminal Justice 8 (2000), S. 51–60.

Schröder, Christian, Europäische Richtlinien und deutsches Strafrecht, Berlin 2002.

Schünemann, Bernd, Nulla poena sine lege?, Berlin et al. 1978.

Ders., Das Strafrecht im Zeichen der Globalisierung, Goltdammer's Archiv für Strafrecht 2003, S. 299-313.

Ders., Fortschritte und Fehltritte in der Strafrechtspflege der EU, Goltdammer's Archiv für Strafrecht 2004, S. 193-209.

Ders., Europas verschmitzte Usurpierung einer furchtbaren Gewalt, ZIS 2007, 535-536.

Ders., Europäischer Sicherheitsstaat = europäischer Polizeistaat?, ZIS 2007, 528-534.

Schwarzburg, Peter/Hamdorf, Kai, Brauchen wir ein EU-Finanz-Strafgesetzbuch? Materiellrechtliche Folgerungen aus dem Vorschlag der EU-Kommission zur Schaffung einer Europäischen Staatsanwaltschaft, NStZ 2002, S. 617-624.

Schwarze, Jürgen, Europapolitik unter deutschem Verfassungsrichtervorbehalt. Anmerkungen zum Maastricht-Urteil des BVerfG vom 12.10.1993, NJ 1994, S. 1 – 5.

Sieber, Ulrich, Europäische Einigung und Europäisches Strafrecht, Zeitschrift für die gesamte Strafrechtswissenschaft 103 (1991), S. 957–979.

Ders., Das Sanktionensystem zum Schutz der europäischen Gemeinschaftsinteressen, in: Festschrift für Friedrich Geerds. Lübeck 1995, S. 113–127.

Ders., The Forces Behind the Harmonization of Criminal Law, in: Delmas-Marty/Pieth/Sieber (Hrsg.), Les chemins de l'harmonisation pénale, 2008, S. 385-417.

Ders., Die Zukunft des Europäischen Strafrechts. Ein neuer Ansatz zu den Zielen und Modellen des europäischen Strafrechtssystems, Zeitschrift für die gesamte Strafrechtswissenschaft 121 (2009), S. 1-67.

Sieyès, Emmanuel Joseph, Was ist der dritte Stand?, in: Politische Schriften 1788-1790. Mit Glossar und kritischer Sieyes-Bibliographie, übersetzt und herausgegeben von Eberhard Schmitt und Rolf Reichardt, 2. überarbeitete und erweiterte Aufl., München 1981.

Skach, Cindy, We, the Peoples? Constitutionalizing the European Union, Journal of Common Market Studies 43 (2005), S. 149-170.

Slaughter, Anne-Marie., International Law in a World of Liberal States, 6 European Journal of International Law (1995), S. 503-538.

Sommermann, Karl-Peter, Demokratie als Herausforderung des Völkerrechts, Festschrift für Christian Tomuschat, Kehl et al. 2006, S. 1051-1065.

Speer, Benedikt, Die Europäische Union als Wertegemeinschaft. Wert- und rechtskonformes Verhalten als konditionierendes Element der Mitgliedschaft, DÖV 2001, S. 980-988.

Starck, Christian, Allgemeine Staatslehre in Zeiten der Europäischen Union, in Festschrift für Jost Delbrück, Berlin 2005, S. 711-726.

Steiger, Heinhard, Geht das Zeitalter des souveränen Staates zu Ende? (Abschiedsvorlesung Gießen), Der Staat 41 (2002), S. 331-357.

Stiebig, Volker, Strafrechtsetzungskompetenz der Europäischen Gemeinschaft und Europäisches Strafrecht: Skylla und Charybdis einer europäischen Odyssee?, EuR 2005, S. 466-493.

Stein, Torsten, Demokratische Legitimation auf supranationaler und internationaler Ebene, ZaöRV 64 (2004), S. 563-570.

Steinberger, Helmut, Erster Beratungsgegenstand: Der Verfassungsstaat als Glied einer europäischen Gemeinschaft, (1. Bericht), VVDStRl 50 (1991), S. 9-49.

Streinz, Rudolf, Die demokratische Legitimation der Europäischen Gemeinschaft nach dem Vertrag von Maastricht und ihre Bedeutung für deren Sanktionskompetenzen, in: Dannecker (Hrsg.), Lebensmittelstrafrecht und Verwaltungssanktionen in der Europäischen Union, Köln 1994, S. 219-226.

Ders., Europarecht, 7. Aufl., Heidelberg 2005.

Ders. (Hrsg.), EGV/EUV Kommentar, München 2003.

Ders., Art. 5 EGV, in: Streinz (Hrsg.).

Tiedemann, Klaus, Tatbestandsfunktionen im Nebenstrafrecht, Tübingen 1969.

Ders., EG und EU als Rechtsquellen des Strafrechts, in: Festschrift für Claus Roxin, München 2001, S. 1401-1413.

Thym, Daniel, Die verfassungsgebende Gewalt in demokratischen Gesellschaften: Homogenität als Voraussetzung oder Ziel, Volksbegriff, Staat und 'Civil Society', WHI-Paper 1/97, www.whi-berlin.de/thym.htm.

Tomuschat, Christian, Die Europäische Union unter der Aufsicht des Bundesverfassungsgerichts, EuGRZ 1993, S. 489-496.

Ders., Art. 24 GG, Bonner Kommentar, Loseblattsammlung 42. Lieferung, Heidelberg 1981.

Tsatsos, Dimitris Th., Die Europäische Unionsgrundordnung im Schatten der Effektivitätsdiskussion. Prolegomena zur Regierungskonferenz 2000 und die Verfassungsfrage, EuGRZ 2000, S. 517-524.

Uhle, Arnd, Freiheitlicher Verfassungsstaat und kulturelle Identität, Tübingen 2004.

Vervaele, John A.E., The European Community and Harmonization of the Criminal Law Enforcement of Community Policy: Ignoti nulla cupido?, Festschrift für Klaus Tiedemann, Köln München 2008, S. 1353-1384.

Voltaire (*François-Marie Arouet*), Essai sur les moeurs et l'esprit des nations et sur les principaux faits de l'histoire depuis Charlemagne jusqu'a Louis XIII (1756), Bd. II, Paris 1962.

Vogel, Joachim, Harmonisierung des Strafrechts in der Europäischen Union, Goltdammer's Archiv für Strafrecht 2003, S. 314-334.

Ders., Licht und Schatten im Alternativ-Entwurf Europäische Strafverfolgung. Zeitschrift für die gesamte Strafrechtswissenschaft 116 (2004), S. 400–423.

Ders., Wege zu europäisch-einheitlichen Regelungen im allgemeinen Teil des Strafrechts. Kompetenzrechtliche, methodische und inhaltliche Grundfragen, JZ 1995, S. 331–341.

Volkmann, Uwe, Setzt Demokratie den Staat voraus? (Antrittsvorlesung Mainz), AöR 127 (2002), S. 575-611.

Wahl, Rainer, Erklären staatstheoretische Leitbegriffe die Europäische Union? In: Festschrift für Hasso Hofmann. Berlin 2005, S. 114–149.

Ders., Verfassungsstaat, Europäisierung, Internationalisierung, Frankfurt a. M. 2003.

Wasmeier, Martin, Der Europäische Haftebefehl vor dem Bundesverfassungsgericht – Zur Verzahnung des nationalen und des europäischen Strafrechts, ZEuS 2006, S. 23-39.

Watson, Alan, Legal Transplants and Law Reform, Law Quarterly Review 92 (1976), S. 79-84.

Ders., Aspects of Reception of Law, American Journal of Comparative Law 44 (1996), S. 335-351.

Weber, Albrecht, Zur künftigen Verfassung der Europäischen Gemeinschaft. Föderalismus und Demokratie als Strukturelemente einer Europäischen Verfassung, JZ 1993, S. 325-330.

Weber, Max, Wirtschaft und Gesellschaft: Grundriß der verstehenden Soziologie, 5. rev. Aufl. besorgt von Winckelmann, Tübingen 1980.

Weigend, Thomas, Strafrecht durch internationale Vereinbarungen – Verlust an nationaler Strafrechtskultur?, ZStW 105 (1993), S. 774-802.

Weigend, Thomas, Der Entwurf einer Europäischen Verfassung und das Strafrecht. Zeitschrift für die gesamte Strafrechtswissenschaft 116 (2004), S. 275–303.

Weiler, Joseph H.H., The Transformation of Europe, Yale Law Journal 100 (1991), S. 2403-2483.

Ders., Does Europe Need a Constitution? Demos, Telos and the German Maastricht Decision European Law Journal 1 (1995), 219-258.

Ders., Europe: The Case Against the Case for Statehood., European Law Journal 4 (1998), S. 43-62.

Ders., The Reformation of European Constitutionalism, Journal of Common Market Studies 35 (1997), S. 97-131.

Ders., Federalism without Constitutionalism: Europe's Sonderweg, in: Nicolaidis/Howse (Hrsg.), The Federal Vision – Legitimacy and Levels of Government in the United States and the European Union, Oxford 2001, S. 54-70.

Weiler, Joseph H.H./Haltern, Ulrich/Mayer, Franz C., European Democracy and its Critique – Five Uneasy Pieces, EUI Working Paper RSC No. 95/11, 1995.

Wessels, Wolfgang, Entwicklung der Europäischen Integration – Charakteristika eines politischen Systems, in: Ohr (Hrsg.), Europäische Integration, Stuttgart et al. 1996, S. 14-45.

Ders., Die Öffnung des Staates, Modelle und Wirklichkeit grenzüberschreitender Verwaltungspraxis, 1960-1995, Wiesbaden 2000.

Ders., The Constitutional Treaty – Three Readings from a Fusion Perspective, Journal of Common Market Studies 43 (2005), S. 11-36.

Wincott, Daniel, European Political Development, Regulatory Governance, and the European Social Model, the Challenge of Substantive Legitimacy, European Law Journal 12 (2006), S. 743-763.

Wolf, Sebastian, Demokratische Legitimation in der EU aus Sicht des Bundesverfassungsgerichts nach dem Urteil zum Europäischen Haftbefehlsgesetz, (Zugleich Anmerkung zu BVerfG, U. v. 18.07.2005 - 2 BvR 2236/04 -), KJ 2005, 350-358.

Würtenberger, Thomas, Zeitgeist und Recht, 2. Aufl., Tübingen 1991.

Yarnold, Barbara M., Doctrinal Basis for the International Criminalization Process, 8 Temple International & Comparative Law Journal (1994), S. 85-115.

Zammito, John H., Kant, Herder, and the Birth of Anthropology, Chicago 2002.

Zieschang, Frank, Chancen und Risiken der Europäisierung des Strafrechts. Zeitschrift für die gesamte Strafrechtswissenschaft 113 (2001), S. 255–270.

Ders., Der Einfluss der Europäischen Union auf das deutsche Strafrecht, in: Festschrift für Klaus Tiedemann, Köln München 2008, S. 1303-1319.

Zippelius, Reinhold, Rechtsphilosophie, 5. Aufl., München 2007.

Zürn, Michael, Regieren jenseits des Nationalstaats, Frankfurt a. M. 1998.

Zuleeg, Manfred, Demokratie in der Europäischen Gemeinschaft, JZ 1993, S. 1069-1074.

Ders., Die Europäische Gemeinschaft als Rechtsgemeinschaft, NJW 1994, S. 545-549.

FSC
www.fsc.org
MIX
Papier | Fördert gute Waldnutzung
FSC® C083411

Kolibri 360 GmbH
Ferdinand-Jühlke-Straße 7
99095 Erfurt, Deutschland
produktsicherheit@kolibri360.de